国家社科基金
GUOJIA SHEKE JIJIN HOUQI ZIZHU XIANGMU
后期资助项目

马来西亚民族国家建构研究

A Study on Nation Building in Malaysia

齐顺利　著

中国社会科学出版社

图书在版编目（CIP）数据

马来西亚民族国家建构研究 / 齐顺利著. -- 北京：
中国社会科学出版社，2024. 10. -- ISBN 978-7-5227
-4128-4

Ⅰ. D733.862

中国国家版本馆 CIP 数据核字第 2024KK5986 号

出 版 人	赵剑英	
选题策划	宋燕鹏	
责任编辑	王正英	宋燕鹏
责任校对	李　硕	
责任印制	李寡寡	

出　　版	中国社会科学出版社	
社　　址	北京鼓楼西大街甲 158 号	
邮　　编	100720	
网　　址	http://www.csspw.cn	
发 行 部	010 - 84083685	
门 市 部	010 - 84029450	
经　　销	新华书店及其他书店	

印　　刷	北京君升印刷有限公司
装　　订	廊坊市广阳区广增装订厂
版　　次	2024 年 10 月第 1 版
印　　次	2024 年 10 月第 1 次印刷

开　　本	710×1000　1/16
印　　张	16
字　　数	292 千字
定　　价	98.00 元

国家社科基金后期资助项目

出 版 说 明

　　后期资助项目是国家社科基金设立的一类重要项目，旨在鼓励广大社科研究者潜心治学，支持基础研究多出优秀成果。它是经过严格评审，从接近完成的科研成果中遴选立项的。为扩大后期资助项目的影响，更好地推动学术发展，促进成果转化，全国哲学社会科学工作办公室按照"统一设计、统一标识、统一版式、形成系列"的总体要求，组织出版国家社科基金后期资助项目成果。

全国哲学社会科学工作办公室

目　　录

第一章　绪论

第一节　问题的提出及意义

国家这种政治形式出现后，就一直处在演变中。历史学家波拉德这样说道，古代历史基本上是城邦（city-state）的历史，中世纪是普世国家（universal world-state）的历史，近代历史是民族国家（nation-state）的历史。[①] 可以说，这是对西欧地区国家形态演变的总结。其实在民族国家出现之前还有一个较为短暂的王朝国家（dynasty-state）时期。14 世纪，随着资本主义萌芽在西欧的出现，一批市民阶级涌现出来。面对地方封建割据势力和罗马教皇的精神统治，市民阶级和王权结成联盟，经过几番斗争，最终建立了独立且拥有主权的王朝国家，取代了基督教普世国家。王朝国家成立后，通过日趋强大的中央权力对其统治下分散的臣民进行政治、经济和文化整合，日益将他们塑造成稳定的人群共同体，这有力地促进了近代民族的形成。

在王朝国家中，尽管君主的一些举措和行为促进了民族的形成与发展，但是专制君主的目的主要是维护王权和封建特权，这在根本上阻碍着民族的最终形成。18 世纪启蒙思想家们日益认为"专制之下无祖国"。这句话的含义为，当广大人民身为专制统治之下的臣民，不是独立的个体之时，他们就不会产生热爱与忠诚祖国的强烈感情，而这种感情正是近代民族国家建立的必要基础。[②] 在法国大革命期间，资产阶级高举反封建的大旗，推翻了王权，将人民主权确立为这个新型国家的中心，从此，国家不再是由君主和臣民组成，而是所有公民出于共同利益

---

① A. F. Pollard，1907：*Factors in Modern History*，London：A. Constable and Co. Ltd. ，p. 3.

② 李宏图：《论近代西欧民族主义和民族国家》，《世界历史》1994 年第 6 期。

结成的共同体，正如法国史学家索布尔所言："民族是一个整体，全体公民都汇成一体，等级和阶级都不复存在，全体法国人组成了法兰西民族。"①

在民族与国家结合的过程中，民族取得了国家的形式，国家拥有了民族的内涵，这意味着民族国家的出现。近代民族主义是在创建民族国家的过程中产生的，它不仅是一种与民族相联系的情感或态度，更是一种追求建立政治共同体的思想或活动，正如厄内斯特·盖尔纳所言，民族主义就是"为使文化和政体一致，努力让文化拥有自己的政治屋顶"②。

那些出现于西欧地区的民族国家是一种现代化程度较高的内生形态的民族国家，显示出了前所未有的活力。一方面，民族国家为新兴的民族披上了政治的外衣，为民族的利益建造了一个坚固的政治屋顶，提供了强大而有力的利益保障，从而激发了民族共同体巨大的创造活力，促进了民族的强盛；另一方面，日益兴盛起来的民族又为国家的发展注入了不竭的动力，推动着国家走向强盛。③ 与以往的国家形态相比，民族国家有着无可比拟的活力，一经产生，便迅速在全球扩展，成为当今世界最基本的国家形态和国际关系的基本主体。

那些受到西方民族国家影响（非自然演进）而建立起来的民族国家，通常试图将国内的多个族群整合为一个统一的民族（nation），并希冀在这样的"民族"基础上构建民族国家。问题在于这些族群之间的界限并没有消失，并长期存在，甚至在一定的社会条件下会继续扩大，这样民族（nation）的融合度和整体性都较为有限，与西方内生形态民族国家的民族有着很大的不同。在此背景下，族群之间的矛盾和冲突会一直困扰着民族国家，形成所谓的"（国家）民族困境"，在极端的情形下，一些国家甚至会出现族群分离主义活动。

于春洋根据近代以来世界范围内的民族国家建构的历史性和阶段性特征将它区分为"内生形态""衍生形态"与"外生形态"三种类型。他将西欧创建的民族国家称为"内生形态"，把以欧洲移民为主要人口来

---

① 〔法〕阿尔贝·索布尔：《法国大革命史》，马胜利等译，北京，中国社会科学出版社，1989，第475页。

② 〔英〕厄内斯特·盖尔纳：《民族与民族主义》，韩红译，北京，中央编译出版社，2002，第57~58页。

③ 周平：《民族国家时代的民族与国家》，《云南民族大学学报（哲学社会科学版）》2013年第5期。

源，创建于北美洲、拉丁美洲与大洋洲上的民族国家归为"衍生形态"，而把伴随三大帝国解体、亚非广大殖民地半殖民地的民族解放运动和苏东剧变而形成的民族国家称为"外生形态"。① 他之所以将亚非地区通过民族解放运动形成的民族国家称为"外生形态"，是因为这类民族国家建构的开启更多是由于受到了外部力量的刺激。马来西亚的民族国家建构自然属于"外生形态"。

英国殖民政府在马来半岛的统治对马来人、华人和印度人产生了强烈的刺激，并唤醒了三大族群的意识。在三大族群的共同努力下，国家最终取得独立。但是国家的建立并不意味着民族国家建构的完成，反而是民族国家建构的新起点。马来西亚的民族国家建构深受西欧内生形态民族国家建构的影响，即一个国家的国民就是一个民族，马来西亚试图将其领土范围内的族群整合成一个民族，即"马来西亚民族"，在学术界也有人称之为"马来西亚国族"。马来西亚通过创建国家民族来进行民族国家建构的做法在国际社会中是比较常见的，正如王希恩所言："近代以来的世界政治普遍涂饰了民族主义的色彩，借助国家行为建造与国民等同的'民族'成为各国政治和文化建设的普遍追求。"②

马来西亚是在英国殖民地基础上建立起来的新兴国家。尽管马来半岛在历史上曾经有过短暂而强大的马六甲王朝，但是它和今天的马来西亚（包括马来半岛和婆罗洲的沙巴与沙捞越）是不可同日而语的。在英国统治马来半岛期间，英国人为开发马来亚，引入了和马来人数量上大体相当的华人和印度人。由于英国人采取分而治之的策略，三大族群之间缺乏沟通和融合。马来亚独立前，马来半岛的三大族群在不同的领域内各有所长，没有一个族群在当时可以一家独大，因此也很难确认谁才是马来亚的主体族群。对于当时马来人和华人势均力敌的情形，身为矿主和银行家的李孝式深有体会，他指出："华人所具有的只是百分之二十的橡胶园和百分之二十五的锡矿，如果我们要维护这些利益，我们必须掌握一定的政治权力。我们自己无法做到这一点。而马来人也无法自己取得统治权，我们所能走的道路就是团结马来人。"③ 马来西亚第一任首相东姑·拉赫曼对此有着类似的观点，他认为，没有华人、印度人的支持，马来人无法向英

---

① 于春洋：《现代民族国家建构：理论、历史与现实》，北京，中国社会科学出版社，2016，第 94 页。

② 王希恩：《论"民族建设"》，《中国社会科学院研究生院学报》2004 年第 3 期。

③ Edmund Terence Gomez, 1990: *Politics in Business: UMNO's Corporate Investments*, Kuala Lumpur: Forum Enterprise, p. 3.

国人争取独立。① 1957 年，在马来族、华族和印度族的共同努力下，马来亚联合邦成立。1963 年，新加坡、沙巴、沙捞越加入马来亚，马来亚联合邦扩大为马来西亚联邦。两年之后，新加坡退出马来西亚。

马来西亚各族群拥有共同被征服的经历和被殖民政府统一管理的体验，但这些共通性并不足以让人们在国家内部形成休戚与共的一体感。建国之后，如何将三大族群紧密团结起来，让他们产生休戚与共的一体感，形成一个共同的马来西亚民族，让马来西亚成为一个真正的民族国家，就成为马来西亚政府一项长期而艰巨的任务。

马来西亚民族建构②一直以来都是马来西亚朝野所关心的问题。它不仅被马来西亚曾经最大的执政党马来人全国团结组织（United Malays National Organization，简称"巫统"），列入党纲，③ 而且也是颇有实力的华人政党民主行动党的奋斗宗旨。20 世纪 90 年代，时任首相马哈蒂尔在国家长期规划《2020 年宏愿》中甚至将其作为马来西亚能否成为先进国的第一项挑战。马来西亚在 2018 年大选中第一次实现了政党轮替。希望联盟政府的执政纲领之一也是要建立一个以 2020 宏愿为核心，富有诚信和团结互助精神的马来西亚民族。④

建国到现在，马来西亚一直以政治稳定、经济发展而著称，三大族群之间大体上也能够和平相处，那么马来西亚民族建构的状况又是如何？对马哈蒂尔而言，民族建构在马来西亚仍是一项任重而道远的任务，他在第一次执政的最后一年中多次表达了对马来西亚民族建构的关注，希望马来西亚族群之间有更多的融合。⑤ 马来西亚前首相纳吉布在阐述"一个马来西亚"的理念时，强调各族要超越容忍的阶段，真正地去接纳对方，"容忍"意味着不大喜欢，但无从选择，必须接受。⑥ 马来西亚族群之间没有

---

① 耿虎、曾少聪：《教育政策和民族问题——以马来西亚华文教育为例》，《当代亚太》2007 年第 6 期。

② "马来西亚民族建构"在马来西亚学术界并不是统一的称谓，有很多著作用"马来西亚国族建构"来表述这一概念，本书在此一般采用"马来西亚民族建构"这一称谓。

③ 巫统在党纲第六条中规定：本着基本人权和马来人与土著的特权，促进族群间的合作以形塑一个坚强和团结的马来西亚民族。参见〔马〕陈中和《马来西亚伊斯兰政党政治——巫统和伊斯兰党之比较》，吉隆坡，新纪元学院马来西亚族群研究中心和策略资讯中心，2006，第 99 页。

④ 希望联盟：《希望宣言：拥抱希望，重建家园》，2018，第 10 页。

⑤ Lee Kam Hing, 2004: "Differing Perspectives on Integration and Nation Building in Malaysia", in Leo Suryadinata, ed. , *Ethnic Relations and Nation-building in Southeast Asia：The Case of Ethnic Chinese*, Singapore：The Institute of Southeast Asian Studies Press, p. 82.

⑥ 〔马〕纳吉：《一个马来西亚的概念》，http：//www. malaysiaeconomy. net/OneMalaysia/satu_ malaysia1/1Malaysia_ concept/2010 - 03 - 29/4588. html，2011 年 7 月 8 日。

较好地融合也为马来西亚华人公会（以下简称"马华公会"）前总会长翁诗杰认同，他曾说，大马建国五十年来，各族仍未真正交融，各族仍然停留在容忍的阶段，容忍是被动的、有限度的，不晓得何时会崩溃决堤。①

　　一些学者的研究也表明马来西亚民族到现在一直未能形成。卡尔·H. 兰德（Carl H. Lande）在 *Ethnic Conflict，Ethnic Accomodation，and Nation-Building in Southeast Asia* 中指出，在东南亚海岛国家中，马来西亚的民族身份（Malaysia's nationhood）看起来是最有问题的。② 马来学者加沙里·沙菲（Ghazali Shafie）也认为："到目前为止，我们还少了一个可明确地被大家接纳的民族，即'马来西亚民族'。在国外，国人可轻易地自称'我是马来西亚人'。但这只局于'国人'之意，而不是所谓的'国族'。"③ 周福堂在《2020 宏愿中的马来西亚民族概念》中认为："其实，根据联合国宪章的条规，马来亚（即现在的马来西亚）民族，早在 1957 年从英政府手中取得独立时，或迟至 1963 年马来西亚成立时，就应该产生了。不过，由于种种错综复杂的种族政治和人为因素，马来亚或马来西亚国民意识一直不能顺利建立起来。"④

　　笔者曾在马来西亚实地考察，发现马来西亚三大族群边界清晰，且互动不多，族群之间并没有多少融合。⑤ 笔者采访过的华人基本上都明确表示，除了在工作场合中和马来人接触较多外，私下里他们的马来人朋友较少，对马来社会了解不多，他们不认为马来西亚民族（Bangsa Malaysia）已经在马来西亚出现。

　　民族国家建构是要在一国疆域之内具有不同族裔文化背景差异的人口中间创造民族性和民族认同。这是一项没有终点，却又必须持续不断努力的重要使命。

　　每个国家的政治、历史、文化和族群构成不尽相同，在进行民族国家

①　〔马〕翁诗杰：《大马虽建国五十年·各族仍未真正交融》，http://www.sinchew.com.my/node/69552，2009 年 6 月 1 日。

②　Carl H. Lande，"Ethnic Conflict，Ethnic Accommodation，and Nation-Building in Southeast Asia"，*Studies in Comparative International Development*，Vol. 33，No. 4，Winter 1999.

③　〔马〕加沙里·沙菲：《马来西亚国族的塑造》，叶瑞生译，《资料与研究》1996 年第 23 期。

④　〔马〕周福堂：《2020 宏愿中的马来西亚概念》，《资料与研究》1993 年第 6 期。

⑤　马来西亚融合程度低的一个表现是，马来西亚异族通婚现象非常少，人们较为排斥异族通婚，就像邓国宏所言，马来西亚华族对跨族通婚观念上不能接受，特别反感，华族同主体民族的跨族通婚率方面处于最低的程度。参见邓国宏《东南亚华族和主体民族的融合》，博士学位论文，北京大学，2006，第 27、35、49 页。

建构时选择的道路也林林总总。周少青认为民族国家建构的模式或路径大致有三种，第一种是"公民民族主义"（civic nationalism）模式，此种模式强调"民族"的政治属性，并将其视为享有平等公民权利和自由的个体的联合体（共同体）。公民民族主义的国家凝聚力建设建立在全体公民共同的政治信念和价值观之上，即使这些公民有着明显的肤色、种族和宗教差异。第二种是"族裔（种族）民族主义"（ethnic nationalism）模式，该模式强调族裔、文化和血统等"非选择性"因素，在国家凝聚力或社会团结构建中的作用，认为凝聚人心和促进团结的力量，不是抽象的价值原则，而是"血缘""种族"或"出身"。第三种某种程度上可以说是介于公民民族主义和族裔（种族）民族主义之间，该模式既承认共同的政治信念对国家凝聚力建设和社会团结的作用，也重视共同的"起源"等"非选择性"因素的作用。实践中，绝大部分（多）民族国家都属于这一模式，区别仅在于侧重于公民民族主义和族裔（种族）民族主义的程度。①

本质上来说，民族国家建构模式或路径有两种，一种可以称为"亲公民民族主义"模式，另一种是"亲族裔（种族）民族主义"模式。对于马来西亚民族国家建构的路径选择，马来西亚历来有两种思想，即"马来人的马来西亚（亲族裔民族主义）"和"马来西亚人的马来西亚（亲公民民族主义）"。在实践中，马来西亚巫统政府选择了"马来人的马来西亚"的方案来建构其想象中的民族国家。

马来西亚如何进行民族国家建构，以及马来西亚民族建构为何会陷入困境的问题是本书研究的重点内容。

本书的研究意义

1. 本书将从马来民族主义入手来探讨马来西亚民族国家建构，希望了解和揭示马来人的诉求和期望，促进马来人和华人的了解、交流和融合，推动马来西亚华人际遇的改善。今天，许多学者对马来西亚华人的研究都表明：如果要改变华人的命运，让华人在未来有更好的际遇，必须加强对马来人的研究。何启良在研究马来西亚华人政治时曾指出："马华政治与巫人政治，在许多领域里是息息相通、休戚相关的，是一个不可分割的整体。马华政治的发展，有许多地方是附庸于巫人政治的发展的，尤其是独立以后，官方的许多政策，直接地冲击马华政治。说得严重一点，马

---

① 周少青：《中西比较视野下的中国民族交融发展道路》，《民族研究》2019 年第 3 期。

华政治是处于一个从属地位。"① 新加坡学者王赓武也认为，如果当前马来世界的华人和马来人两族相互理解的努力不成功的话，想进一步改善两族的关系将是困难的。因此，他呼吁学者多研究马来世界，以增进华人对马来人的了解。②

2. 本书主要对马来西亚民族国家建构展开研究，在此基础上将对马来西亚、新加坡、菲律宾的民族国家建构进行比较研究。这有助于分析、探讨民族国家建构的内在逻辑，看清国家民族的本质，认识不同建构模式的利弊，从而在厘清民族国家建构基本问题的基础上，在民族国家构建的路径选择上得出较为理性的结论。民族国家是当今世界最基本的国家形态。民族国家建构问题不仅关系如何在多元文化背景下保持国家的统一与稳定，也关系如何在一个多族群的基础上建立一个公平正义的社会。这是许多国家都面临的根本性问题。对马来西亚而言，民族国家的建构与国家民族的创建其实是一个问题的两个方面。马来西亚通过创建国家民族来进行民族国家建构的做法在国际社会中具有一定的代表性。本书既可以为新时期中华民族建构的实践提供有价值的借鉴和有意义的启示，也可推动民族国家建构理论的创新发展。

3. 本书将对瑞士学者安德烈亚斯·威默（Andreas Wimmer）的民族国家建构理论进行探讨。本书在结合相关理论的基础上，引入安德烈亚斯·威默（以下简称威默）的民族国家建构理论进行分析。21 世纪以来，威默的民族国家建构理论引起了极大的关注，在西方学界有着广泛的影响，他在名著《民族国家建构——聚合与崩溃》中，通过定量和定性的研究方法，来解读民族国家建构背后决定性因素的复杂网络，他强调长期、缓慢移动的过程。然而威默的民族认同理论仍有需要探究的地方，即："政治代表性及其所提供的象征性包容就够了，还是只有在代表性还能提升公共物品获取的情况下，个人才能认同建构中的民族？"③ 本书将考察马来西亚、菲律宾两国少数族群获取政治代表性与公共服务的情况对所在国民族国家建构的影响。

---

① 〔马〕何启良：《政治动员与官僚参与——大马华人政治论述》，吉隆坡，华社资料研究中心，1995，第 165 页。

② 〔澳〕王赓武：《华人政治文化和关于马来世界的华人学术著作》，薛学了译，《南洋问题研究》2004 年第 1 期。

③ Andreas Wimmer, 2018: *Nation Building*：*Why Some Countries Come Together While Others Fall Apart*, Princeton：Princeton University Press, p. 228.

第二节　文献综述

马来西亚民族建构虽然致力于推进马来人和华人的团结和融合，但是马来人和华人对马来西亚民族却有着完全不同的想象，此外，马来西亚民族建构进程的复杂性以及"马来西亚民族"这一概念的含糊性和争论性，都使得马来西亚民族建构问题在很多方面存在着分歧和争论。在马来西亚民族应具有什么内涵以及如何建构的问题上，马来人和华人展开了激烈的争论。学术界对这个问题也颇为关注并积极地进行探讨。

一　马来人对"马来西亚民族"概念的界定

马来人想象中的马来西亚民族主要有两种：威权式的马来西亚民族和同化式的马来西亚民族。威权式的马来西亚民族以马哈蒂尔早期所提出的马来民族国家观念为代表。他认为，马来亚为马来人所有，马来人享有这个国家的主权和特权，外来移民若想成为这个国家的公民，必须接受这个国家的马来人特征和政策。① 马来西亚国民大学讲师阿都·马吉沙列（Abdul Majisalek）认为："马来西亚民族意识的塑造，必须根据马来民族或土著意识为根基。"② 此外，马来学者阿兹·德拉曼（Aziz Deraman）认为，马来西亚民族应以国家文化原则为其文化内涵，③ 而所谓的国家文化实际上是以马来文化为核心的文化。威权式的马来西亚民族观念在马来社会占主流地位。马来人希望以马来文化为马来西亚民族的核心和特征，其他族群在私人领域保持自己文化的同时要向马来文化表示认同和效忠，从而将马来西亚建成马来民族国家。

同化式的马来西亚民族以马来西亚国民大学甘马鲁仃·赛益（Kamarudin Said）和阿旺·哈士马迪（Awang Hasmadi）对马来西亚民族的认识为代表。甘马鲁仃·赛益认为："'马来西亚民族'的形成，有待各族群的文化思想、政治意识、内在心态与外在行为的表现，完完全全与马来人或土

---

① Mahathir bin Monhamad, 1981：*The Malay Dilemma*, Kuala Lumpur：Federal Publications SDN BHD, pp. 121 ~ 153.

② 〔马〕周福堂：《2020 年宏愿中的马来西亚民族概念》，《资料与研究》1993 年第 6 期。

③ 〔马〕叶瑞生整理：《马来学术界对"马来西亚国族"的讨论和看法》，《资料与研究》1996 年第 23 期。

著同化之后，始能达致。"① 同化式的马来西亚民族观念比威权式的马来西亚民族观念更加强烈和炽热，它几乎消除了其他族群文化的生存空间。

马来社会也有关于马来西亚民族概念的第三种声音，不过这种声音一般被马来人认为是异端。加沙里·沙菲在他的专著《2020 年：马来族群与马来西亚民族》认为，马来西亚公民权是形成马来西亚民族的基础，只要某人是马来西亚国民、以马来西亚文化为生活方式以及以马来西亚语为日常用语，就可以成为马来西亚民族的一员。加沙里·沙菲不主张以马来文化为马来西亚文化的核心，认为目前最难形成的是马来西亚文化。② 加沙里·沙菲的马来西亚民族概念和华人的"马来西亚人的马来西亚"基本上是同义的。

马哈蒂尔的马来西亚民族概念有着广泛的影响，但是他的马来西亚民族概念更像是理想和现实的矛盾结合体，一直处在变动之中。马哈蒂尔早期是以激进的马来民族主义者的面貌出现的，他理想中的马来西亚实际上是以马来文化为中心的马来民族国家。在新经济政策拉近了马来人和华人的经济差距，疏远了两族关系时，马哈蒂尔于 1991 年 2 月 28 日在马来西亚商业理事会上，提出了马来西亚要在 2020 年成为先进国的宏图大计，即《2020 年宏愿》。他认为马来西亚在 2020 年能否成为先进国所面临的第一项挑战是："建立一个团结、具有共同目标的马来西亚。国家和平、领土完整、族群融合、生活和谐、充分合作，塑造一个忠于君国和为国献身的马来西亚民族（Bangsa Malaysia）。"③ 马哈蒂尔在《2020 年宏愿》中所提出的"马来西亚民族"概念在华人社会中引起了强烈的反响，尽管赞同和批评的声音都有，但是赞同的声音是主流。马来社会中的一般民众对这个概念的反应却非常冷淡。马来西亚策略与国际研究所（ISIS）高级研究员鲁斯坦·A. 沙尼（Rustam A. Sani）认为："马来人新的信心仍未能消除原有的忧患意识。困扰他们的主要问题是：当'马来西亚民族'将来形成之时，当我国成为先进工业国之后，马来人是否能在其他更先进的族群之中获得应有的地位。"④ 为了回应马来社会的疑虑，马哈蒂尔在

---

① 〔马〕周福堂：《2020 年宏愿中的马来西亚民族概念》，《资料与研究》1993 年第 6 期。

② 〔马〕加沙里·沙菲：《马来西亚国的塑造》，叶瑞生译，《资料与研究》1996 年第 23 期。

③ 〔马〕马哈蒂尔：《马来西亚：迈向前路（2020 年宏愿）》，陈亚才等译，载曾庆豹《与2020 共舞：——新马来人思潮与文化霸权（附录二）》，吉隆坡，华社资料研究中心，1996，第 92～93 页。

④ 〔马〕鲁斯坦·A. 沙尼：《新马来人：一个理念的发展和影响》，《资料与研究》1993 年第 6 期。

1991 年 11 月巫统代表大会上提出了"新马来人"的概念，认为新马来人"拥有可以适应时代演变的文化，他们准备面对各种挑战，他们可以在没有援助之下与人竞争，他们受过教育、有知识，是尖端的、忠诚的、有纪律的、可信赖的和有效率的"①。新马来人一般被认为是在政治和经济方面有成就的马来人。可见，马哈蒂尔对民族建构最初的理想是马来民族国家，在其执政期间他提出了不分族群的"马来西亚民族"的概念，之后为了回应马来人的疑虑他又抛出了"新马来人"的概念，他的马来西亚民族概念总是会随着形势和权力的需要而发生变动。此外，由于马哈蒂尔没有清晰地界定马来西亚民族的内涵，华人知识分子精英和马来人知识分子精英于是围绕着马来西亚民族的内涵展开了激烈的争论。在这场争论中，华人知识分子精英主要以曾庆豹、周福堂和葛兰东为代表，马来人的知识分子精英则以阿兹·德拉曼、阿都·马吉沙列和甘马鲁汀·赛益为主。双方纷纷著书立说，争辩不休。

二　华人对"马来西亚民族"概念的界定

在华人社会中流传最广、影响最大的"马来西亚民族"概念是新马合并时李光耀提出的"马来西亚人的马来西亚"。在 1964 年的全国大选中，李光耀针对马来人特权首次提出了"马来西亚人的马来西亚"的口号。然而李光耀领导下的人民行动党却在这次大选中惨败，11 名候选人，只有 1 人中选。1965 年，在人民行动党的领导下，反对党会议在新加坡召开，并成立了"马来西亚团结机构"（Malaysian Solidarity Convention）。这次会议发表了"马来西亚人的马来西亚"的宣言。该宣言称："马来西亚人的马来西亚就意味着国家不等同于某个族群或种族在这个国家有着特殊的地位、福利和利益。马来西亚人的马来西亚不是马来人的马来西亚，华人的马来西亚，达雅人的马来西亚，印度人的马来西亚或卡达山人的马来西亚等等。不同族群特殊的和合法的利益必须在所有种族集体的权利、利益和责任的框架下被保护和促进。"② 可见，李光耀的"马来西亚人的马来西亚"的理念是以平等公民权为武器来反击"马来人的马来西亚"理念下的马来人特权。

---

① 〔马〕马哈蒂尔：《巫统为塑造新马来人而展开的圣战》，刘务求译，载曾庆豹《与 2020 共舞：——新马来人思潮与文化霸权（附录三）》，吉隆坡，华社资料研究中心，1996，第 128 页。

② 〔新加坡〕李光耀：《风雨独立之路：李光耀回忆录》，北京，外文出版社，1998，第 477 页。

新加坡退出马来西亚后，在马来西亚活动的人民行动党更名为"民主行动党"。民主行动党继承了"马来西亚人的马来西亚"理念，在该党举行十五周年党庆时，发表了《八打灵宣言》，进一步解释了这一理念："我们相信如果是基于强调和将马来西亚人划分为'土著'和'非土著'，则国家的建国政策将无法成功。只有每位马来西亚人不追溯其源流，而率先认同自己是马来西亚人，其所属种族居次，并接受不论是马来人、华人、印度人、伊班人、卡达山人，必须归属于马来西亚人的概念时，种族偏激才能受到制止……我们认为马来西亚的建国目标只有在下列的情况下达致：把不同的种族融汇成一个民族，在原则和实践上，接受所有的马来西亚人，不论他们是什么原籍，皆成为马来西亚的伙伴；并创造一个新的马来西亚人的身份认同——这不是把马来人变成一名华人或将一名华人变成一名马来人，而是一个新的身份，它保有其最优秀的传统，文化与价值，但超越种族而全然从属于一个马来西亚人的实体。"① 民主行动党倡导的"马来西亚人的马来西亚"的理念是在平等的公民权的基础上将不同族群融合成为一个新的马来西亚民族，以此来解决国内连绵不断的族群问题和族群矛盾。

除了"马来西亚人的马来西亚"的理念之外，马哈蒂尔的"马来西亚民族"概念在华人社会也产生了极大的影响。20 世纪 90 年代，马来西亚政府对华人实行比较宽松的政策，当时政策的一个鲜明特征就是"开放"。这一时期，马哈蒂尔在《2020 年宏愿》中提出了不分族群的"马来西亚民族"概念。华人社会对"2020 年宏愿政策"积极响应，对马来西亚民族也相当着迷。之后国民阵线政府提出了重在发展的"国家发展政策"与"2020 年宏愿政策"，这两个政策一举扭转了国民阵线政府政策对华人不利的印象。国民阵线政府在政治策略上获得了空前的成功。

华人社会对马哈蒂尔的"马来西亚民族"概念积极响应的同时，也有着许多的怀疑和不安。华人主要担忧马哈蒂尔的"马来西亚民族"概念是否隐藏着马来民族主义的意识形态以及对其他族群的同化要求。日本学者原不二夫敏锐发现华人执政党和在野党对马哈蒂尔的"马来西亚民族"概念反应不同，其研究揭示了华人社会正在围绕这个问题产生裂痕。② 主导民主行动党舆论的是当时的民主行动党社会主义青年团教宣部

① 〔马〕民主行动党编：《民主行动党二十五周年纪念特刊》，转引自〔马〕丘光耀《超越教条与务实：马来西亚民族行动党研究》，吉隆坡，大将出版社，2007，第 112 页。
② 〔日〕原不二夫：《马来西亚华人眼中的"马来西亚民族"》，《南洋资料译丛》2001 年第 2 期。

长丘光耀。他认为马哈蒂尔提出的"马来西亚国族"极具政治欺骗性，马哈蒂尔企图在不动摇"土著"与"非土著"二分法的种族主义原则下，只是利用"开放"的小动作来对华人族群的平等需求给予"假满足"，这是马哈蒂尔收编华人"造反"意识最成功的怀柔诀窍，实际上，"马来西亚国族"至今为止已沦为一句空话，因为"马来西亚国族"的理念仅仅反映在时任副首相安瓦尔（Anwar）在 1995 年大选前的一句口头禅——"我们都是一家人"上而已。①

此外，马来西亚华人学者曾庆豹和葛兰东也对马哈蒂尔的"马来西亚民族"概念展开了犀利的批判。曾庆豹在其专著《与 2020 共舞——新马来人思潮与文化霸权》中坚持将 Bangsa Malaysia 翻译为"国族"，认为马来知识分子精英和巫统主导的政府已经形成了知识与权力的共犯结构，这种官学结合体提出"新马来人"来对"马来西亚国族"进行诠释，"新马来人"这一提法事实上是马来文化霸权的体现。他们企图把"马来西亚国族"的主体界定为"新马来人"，而其他族群在这个前提下就被相应地边缘化了，2020 年宏愿也就成了新马来人的宏愿。②

葛兰东则在《塑造"马来西亚国族"》中致力从根本上解构"马来西亚国族"这一概念。他认为"国族"是建构的、人为的，而非"自然"的产物。"国族打造"的目的是统治集团可以获得"国族"对其统治合法性及既得利益的认可。马哈蒂尔是从国家角度而不是马来民族的角度来提出"马来西亚国族"的。马哈蒂尔努力塑造的"马来西亚国族"是一个"驯服的客体"——一个忠于君国和为国献身的马来西亚国族。这种国族是一种压迫性的工具，它的作用在于要求弱势群体为国献身。葛兰东要求塑造一个非马来人、非华人、弱势社群和边缘社群的"非马来西亚国族"，试图从根本上否定"马来西亚国族"的建构。③ 从上述可知，尽管华人对建构马来西亚民族有怀疑的声音，但是华人社会深知与马来人处理好关系的重要性，明白马来西亚纷争不已的族群关系并非国家之福。对华人来说，致力于族群融合的民族建构无疑是解决马来西亚族群问题的根本之路，但是他们要求马来西亚民族的建构必须基于平等的公民权。

---

① 〔马〕丘光耀：《第三条道路：马来西亚华人政治选择批判》，八打灵，地球村网络有限公司，1997，第 22 ~ 27、41 ~ 48 页。

② 〔马〕曾庆豹：《与 2020 共舞——新马来人思潮与文化霸权（自序）》，吉隆坡，华社资料研究中心，1996，第 1 ~ 10 页。

③ 〔马〕葛兰东：《塑造"马来西亚国族"》，《资料与研究》1996 年第 23 期。

三　印度人、原住民与马来西亚民族国家建构

马来西亚是东南亚地区印度人最多的国家。印度人占马来西亚总人口的7%，是仅次于马来人、华人的第三大族群。① 独立前，由于语言、宗教、阶层的不同，印度人内部的纠纷不断，独立后出于现实的需要，各个群体接受了"马来西亚印度人"这个称谓，逐渐确立起新的认同。

国内外学界对马来西亚印度人的研究关注不多，研究成果较少。国外相关研究主要以英语发表于国际期刊。如 Amarjit Kaur 的论文 *Tappers And Weeders*：*South Indian Plantation Workers In Peninsular Malaysia*，1880 ~ 1970②，Anantha Raman Govindasamy 的论文 *Indians And Rural Displacement*：*Exclusion From Region Building In Malaysia*③，此外还有洪丽芬以中文发表的论文《马来西亚印度人社群研究——以印度人社群语言状况为例》④。国内研究马来西亚印度人的主要论著有：石沧金等人的著作《马来西亚华人和印度人政治参与历史比较研究》⑤、梁英明的论文《马来西亚种族政治下的华人和印度人社会》⑥、罗圣荣的论文《马来西亚印度人的由来及其困境研究》⑦ 等。

印度人成为马来西亚公民后，开始积极地参与当地政治，既有长期处于执政党阵营中的印度国大党，也有一些较为活跃的反对党。可以说，印度人在马来西亚的政治参与具有普遍性，但总的来说，印度人在马来西亚政治中的作用是无足轻重的。成立于1946年的印度国大党是印度人在马来西亚的政治代言人。它成立之日，就面临着先天不足的缺陷，一开始就没有广泛而坚实的群众基础，只代表了马来西亚印度人上层社会特别是切

---

① 2016 年，以马来人为主的土著占人口总数的68.6%，华人为23.4%，印度人为7%。参见 Department of Statistics Malaysia，*Current Population Estimates*，*Malaysia*，*2014 ~ 2016*，22 July 2016，p. 3。

② Amarjit Kaur，1998："Tappers And Weeders：South Indian Plantation Workers In Peninsular Malaysia，1880 ~ 1970"，*Journal of South Asian Studies*，Vol. 21，No. 1。

③ Anantha Raman Govindasamy，2010："Indians And Rural Displacement：Exclusion From Region Building In Malaysia"，*Asian Journal of Political Science*，Vol. 18，No. 1。

④ 〔马〕洪丽芬：《马来西亚印度人社群研究——以印度人社群语言状况为例》，《南洋问题研究》2011 年第 4 期。

⑤ 石沧金等：《马来西亚华人和印度人政治参与历史比较研究》，北京，中国社会科学出版社，2020。

⑥ 梁英明：《马来西亚种族政治下的华人和印度人社会》，《华侨华人历史研究》1992 年第 1 期。

⑦ 罗圣荣：《马来西亚印度人的由来及其困境研究》，《东南亚研究》2008 年第 4 期。

蒂亚人（放债人）的利益，而没有获得占马来西亚印度人大多数的园丘（即种植园）工人的支持，并且该党内部错综复杂的派系斗争，也严重削弱了它在政治上的影响力。①

作为马来西亚印度人的最大政党，印度国大党一直标榜自己是印度人利益的维护者，但实际上，印度国大党在维护印度人利益问题上乏善可陈，印度人在各方面都处在不断边缘化的过程中。与马来人、华人相比，印度人在马来西亚经济领域的前景最为黯淡，自新经济政策实行以来，以族群区分为依据的各种扶持落后群体的计划很少惠及非马来人，对印度人的冲击最大。② 除了一小部分城市中产阶级外，印度人普遍贫困，犯罪率在三大族群中最高。实际上，如果某个群体过多涉及违法活动，便显示出他们通过正常渠道获得发展的机会很小。笔者在马来西亚考察时，曾到过多个印度人种植园，发现普遍破败，与马来人、华人的居住条件有较大的差距。在马来西亚印度人中，泰米尔人占绝大多数，约 150 万人，而泰米尔语言群也占印度人的 85%。③ 在巫统政府主导的民族国家建构进程中，对非马来语的学校有着诸多的限制，泰米尔文小学面临着萎缩的局面。据统计，泰米尔文学校在 1957 年独立时曾经达到顶峰，有 888 所，此后在各种因素的制约下，1963 年缩减至 720 所，到 2000 年时却只剩下 526 所。④ 此外，泰米尔文学校面临着师资严重不足、基础设施落后、教学质量差等各种问题。

由于印度裔政治领袖无法为本族群社会中的贫困阶层（主要是信仰印度教的泰米尔人）争取权益，甚至多数印度裔领袖无法使用泰米尔语来沟通，进而赢取占印度裔中大多数的泰米尔人的支持，最终促使"兴都权益行动委员会"在 21 世纪初迅速崛起为一股新兴的政治力量。⑤ 2007年，印度人在"兴都权益行动委员会"的带领下，在吉隆坡发起三万多人参与的群众运动，矛头直指巫统政府推行的不平等政策。但经过多年的抗争，印度人的诉求并没有得到重视和满足。在巫统政府的拉拢、分化下，"兴都权益行动委员会"逐步走向瓦解。

---

① 梁英明：《马来西亚种族政治下的华人和印度人社会》，《华侨华人历史研究》1992 年第 1 期。
② 罗圣荣：《马来西亚印度人的由来及其困境研究》，《东南亚研究》2008 年第 4 期。
③ 〔马〕洪丽芬：《马来西亚印度人社群研究——以印度人社群语言状况为例》，《南洋问题研究》2011 年第 4 期。
④ 罗圣荣：《马来西亚印度人的由来及其困境研究》，《东南亚研究》2008 年第 4 期。
⑤ 石沧金：《独立后的马来西亚印度人政治》，《南亚东南亚研究》2009 年第 1 期。

面对马来人的主宰，华人、印度人在政治、经济、文化和教育等领域都被系统地边缘化了，但印度人处在更加弱化的境地。2008 年，笔者在柔佛州居銮观察第 12 届大选时，当地华人朋友看到印度人时，感慨地说道："印度人既不像马来人有政府的帮助，也不像华人自身那么能干，真是好惨啊！"不满情绪强烈的印度人认为自身族群在马来西亚社会处于最底层，自嘲为马来西亚的"四等公民"：一等公民马来人，二等公民其他土著，三等公民华人，最后才是印度人。[①]

马来西亚学者陈中和在探讨马来西亚印度族群边缘化的根源在哪里时指出，马来西亚是一个近似"族群霸权国家"，即族群通过制度化的设计来主宰其他族群的领导关系，这种宪政体制是阻碍马来西亚国族整合的最大障碍。[②]

住在马来半岛的非穆斯林土生人群被统称为原住民（Orang Asli）。国外学界对半岛原住民研究的有马来西亚人类学家陈志明的论文 *Central Government and Tribal Minorities：Thailand and West Malaysia Compared*[③]，挪威人类学家 Signe Howell 的民族志著作 *Society and Cosmos* 也涉及对马来半岛原住民的研究[④]。国内学界对半岛原住民研究的论文主要有梁永佳《族群本体：作为"原住民"和"我们人"的马来西亚知翁人》[⑤]，袁同凯、陈石《对马来西亚原住民的研究》[⑥]，此外段颖的论文《马来西亚的多元文化、国家建设与族群政治》也涉及对半岛原住民的研究[⑦]。

马来半岛的原住民，人口十分稀少，到 2010 年也不到 15 万人，占马来西亚总人口的 0.5% 左右。[⑧] 他们主要以狩猎和简单的农业为生，与外部接触较少。近年来，由于政府行政范围的延伸、非政府组织的帮助以及公司的大肆扩张，原住民的生活有了较大变化，一些原住民被迫走出了他

---

① 石沧金：《独立后的马来西亚印度人政治》，《南亚东南亚研究》2009 年第 1 期。

② 〔马〕陈中和：《马来西亚印度族群边缘化的根源在哪里？：一个宪政体制的分析观点》，《视角》2007 年第 12 期。

③ Tan Chee Beng, 1986："Central Government and Tribal Minorities：Thailand and West Malaysia Compared", in A. R. Walker, ed., *Farmers in the Hills：Upland Peoples of North Thailand*, Penang：Universiti Sains Malaysia Press.

④ Signe Howell, 1989：*Society and Cosmos*, Chicago：University of Chicago Press.

⑤ 梁永佳：《族群本体：作为"原住民"和"我们人"的马来西亚知翁人》，《学术月刊》2022 年第 10 期。

⑥ 袁同凯、陈石：《对马来西亚原住民的研究——写在陈志明教授即将荣休之际》，《西北民族研究》2012 年第 3 期。

⑦ 段颖：《马来西亚的多元文化、国家建设与族群政治》，《思想战线》2017 年第 5 期。

⑧ 梁永佳：《族群本体：作为"原住民"和"我们人"的马来西亚知翁人》，《学术月刊》2022 年第 10 期。

们熟悉的森林和聚居地。

原住民并非国家宪法规定的"土著"（Bumiputera）。马来西亚的土著指的是马来人以及婆罗洲的少量非穆斯林人口，即"大地之子"，他们是马来西亚的"主人"，地位不仅高于原住民，而且高于"外来人"华人和印度人。原住民先于"土著"定居在此地，但没有任何优先地位，甚至没有明确的宪法地位，在各州的处境也不同，他们长期没有实在的政治权力，经常被某些马来政治人物视为没有"现代化"的马来人，即还没有改信伊斯兰教的"落后分子"。① 对于原住民的权益，马哈蒂尔这样说道："马来人一路来就是马来半岛的确定人民。原住民从来没有得到承认，他们亦未要求这种承认。没有听闻过原住民政府或邦国。最重要的，他们的人数也从未超过马来人。"②

原住民由农业发展部下属的机构"原住民发展局"负责管理。20 世纪 80 年代，原住民发展局开始采取积极的态度，力主开发原住民居住区的自然资源和同化原住民。政府认为，原住民的生活生产方式过于落后，应把他们的聚集地交由先进的马来人来开发，同时引导原住民信奉伊斯兰教，帮助他们在"精神方面"取得进步，从而使原住民成为真正的马来人。这些严重影响了原住民生产生活，一些原住民被迫离开他们熟悉的森林、山地，一些选择逃避不与外界接触，还有一些原住民转信其他宗教以示抗议。

经过几番周折后，原住民意识到参与政治生活的重要性，于是成立"半岛原住民协会""关注原住民中心"等组织来争取自身的权益。但是原住民争取自身权益之路显得困难重重，段颖认为原因主要在于：第一，在马来西亚，马来民族主义与伊斯兰教在政府与主流社会占有绝对优势，并直接影响到国政方针的制定和执行；第二，原住民本身也要求经济发展，但希望能自由选择其发展模式，而非政府强迫，这就为其合理诉求增加了困难；第三，马来人与原住民之间权力、资源差距太大，为避免冲突，加之其非暴力文化传统的影响，原住民大多只能采取"沉默的反抗"，这就很难引起公众以及国际人权组织的关注。③ 另外，原住民组织起步较晚，在管理、运作方面不够成熟，它们对外的影响较为有限。可以

---

① 梁永佳：《族群本体：作为"原住民"和"我们人"的马来西亚知翁人》，《学术月刊》2022 年第 10 期。

② Mahathir bin Monhamad, 1981：*The Malay Dilemma*, Kuala Lumpur：Federal Publications SDN BHD, p. 127.

③ 段颖：《马来西亚的多元文化、国家建设与族群政治》，《思想战线》2017 年第 5 期。

说，原住民在马来西亚民族国家建构的进程中是被政府忽视的一个群体。可贵的是，他们开始意识到自己才是真正的"大地之子"，要求合法享有自己"大地之子"的权利了。

四 争论中的马来西亚民族建构的路径

美国学者辛西娅·H. 恩乐（Cynthia H. Enloe）是一位研究马来西亚族群的政治学家。她认为："民族共同体（National Community）的建立和维持要求它的组成群体之间的融合。这种融合进程可能是无意识的、没有计划的，也可能是在故意和精心策划之后达成的。"[1] 马来政治精英和知识分子一般上都不同意让马来西亚民族在自然中形成。鲁斯坦·A. 沙尼（Rustam A. Sani）就认为："非土著社群普遍上有怀念殖民时期'文化自由放任'的情结。这和建立'马来西亚民族'的意愿，是完全不同的意义。"[2] 加沙里·沙菲也认为，马来西亚国族的建构应仿效新经济政策那样作为一项改造社会的工程，需要精心策划和设计。[3]

大多数马来政治精英和知识分子根据马来社会主流的威权式"马来西亚民族"概念，主张在马来人掌握政治主导权的基础上，采取各种措施，用马来人的历史、文化和语言来建构马来西亚民族，从而使马来族群处于马来西亚民族的核心位置。建国之父东姑·拉赫曼就是这样认为的，对他来说"民族是基于原始主权（original sovereignty）的政治和文化实体，通过独立，马来族群已经成为一个民族，非马来人能够被接纳为民族的成员，但是民族身份并不基于公民权"[4]。

马哈蒂尔也认为，马来人是马来亚的真正主人，马来人的历史、文化和语言在民族建构中应当发挥主导作用。他在《马来人的困境》一书中，反复论述马来亚的历史就是马来人的历史——马来人在马来亚建立了第一个有效的政府，马来土邦获得了国际上的承认，外国的贸易、条约和外交都是与马来土邦进行商谈的，即使在英国殖民统治时期，英国人也承认马

---

① Cynthia H. Enloe, 1970: *Multi-Ethnic Politics: The Case of Malaysia*, California: University of California, p. 1.

② Rustam A. Sani, *Melayu Baru dan Bangsa Malaysia*, 转引自〔马〕叶瑞生整理《马来学术界对"马来西亚国族"的讨论和看法》，《资料与研究》1996 年第 23 期。

③ 〔马〕加沙里·沙菲（Ghazali Shafie）：《马来西亚国族的塑造》，叶瑞生译，《资料与研究》1996 年第 23 期。

④ T. N. Harper, 1999: *The End of Empire and the Making of Malaya*, Cambridge: Cambridge University Press, p. 350.

来人和马来统治者是马来亚的确定人民。① 通过对历史的追溯，马哈蒂尔要求其他族群臣服于马来西亚国家的马来人特征和政策，认为语言以及与之紧密相连的文化，是促进国民团结的必需因素。在一个多元族群的国家中，如马来西亚，只要对语言和相关文化的选择达成协议，就可以达致团结。而在国民团结的过程中，人民必须真正地融合起来。②

马来学者阿兹·德拉曼也持同样的观点，他以"国家文化"作为马来西亚民族的内涵，认为在塑造国家文化的过程中，除了依靠作为主流文化或核心文化的马来文化外，其他族群文化的部分必须经过改良才能成为共同追求的价值。至于各族文化的不同之处，各族可以在自己的圈子里实践，只有各族文化的共同特点才能成为国族文化的特点。③

同化式的马来西亚民族观念通常得到马来极端分子的拥护。他们倾向采取极端的方式，认为："要促使'马来西亚民族'的形成，非马来人或非土著必须把自己的宗教、语言和风俗习惯连根拔起，转而皈依回教、口操马来语、奉行马来人或土著风俗习惯。"④

华人社会对马来西亚民族建构的途径和方法有着完全不同的理念。其中最有影响力的观点是民主行动党领袖林吉祥基于"马来西亚人的马来西亚"的理念所提出的主张。林吉祥认为："国家的团结是不会在喊了一千次或一百万次之后就能达致的，它只有在政府的整个政治、经济、社会、文化和教育都设计去团结而非分裂国内不同之人民时才能达致的。"⑤国民团结的唯一基础是平等的公民权，只有通过政治、经济、社会、文化和教育的民主化才能融合国内各族群。⑥ 林吉祥的观点与马来社会主张以马来历史、文化和语言来团结国民和建构马来西亚民族的观点针锋相对，他认为威权式马来西亚民族概念和同化式马来西亚民族概念，有着边缘化华人群体及其他非马来人群体的弊病，需要加以纠正。这一主张表达出了华人建构马来西亚民族的心声。

---

① Mahathir bin Monhamad, 1981: *The Malay Dilemma*, Kuala Lumpur: Federal Publications SDN BHD, pp. 121~153.

② Mahathir bin Monhamad, 1981: *The Malay Dilemma*, Kuala Lumpur: Federal Publications SDN BHD, p. 102.

③ Aziz Deraman, *Tamadun Melayu Dan Pembinaan Bangsa Malaysia*，转引自〔马〕叶瑞生整理《马来学术界"马来西亚国族"的讨论和看法》，《资料与研究》1996 年第 23 期。

④ 〔马〕周福堂：《2020 年宏愿中的马来西亚民族概念》，《资料与研究》1993 年第 6 期。

⑤ Lim Kit Siang, 1978: *Time Bomb in Malaysia*, Petalingjaya: Democratic Action Party, p. 16.

⑥ Lim Kit Siang, 1978: *Time Bomb in Malaysia*, Petalingjaya: Democratic Action Party, pp. 16~17.

华人学者陈丁辉对马来西亚国族建构的途径提出了和林吉祥相类似的观点。他的论文《想象还是真实?：独立后马来（西）亚国族建构的再思考》回顾了马来（西）亚国族建构的过程，认为在马来西亚国族建构的进程有着两条清晰的轨迹：民族主义和文化多元主义。但是这两条轨迹都有其局限性，马来民族主义的单一民族国家主张令其他族群忧心，而文化多元主义又过于一厢情愿且理想性过高。为消除这两条国族建构途径上的弊端，陈丁辉提出了国族建构的第三条道路，即"公民民族主义"和"自由主义"。公民民族主义的核心是：在国族整合上不分种族，强调境内所有合法公民享有平等的地位和权利，而个人效忠的是国土范围的公共国家机关。这与林吉祥提出的"达致国家团结的唯一基础是民主化各方面的马来西亚生活"并无本质性的区别。而"自由主义"强调的是一个国家不必以民族的建立来作为成员共同归属感的基础，只要有合理的宪政制度和完善的人权保障就可以形成公民的国家认同。不过，陈丁辉也意识到在马来西亚族群政治的背景下，仍然无法预测到第三条道路能否超越民族主义和文化多元主义的路线。[1]

对马来政治精英和知识分子"马来亚的历史就是马来人的历史，故要以马来人为核心来建构马来西亚民族的论调"，新纪元学院马来西亚族群研究中心前主任郑文泉认为有必要重构马来西亚历史。他认为："现有的国史显然并没有考量到各族群的历史记忆，即不是根据原住民、华族、印度族或其他族群的历史背景，反之却是以本地主要族群即马来族为依归，于是马来西亚史与马来史并无二致。"[2] 由于国史过度强调伊斯兰时期（马来半岛从 13 世纪开始伊斯兰化），反而掩盖了各族人民共享这片土地的印度化时期（从公元初到 13 世纪），并且这段时间曾经出现过一个室利佛逝（Srivijava）的印度化国家。复原这段"多个人民"但是"一个民族"的历史时期，有助于形成"以马来西亚为认同对象的一个民族共同体"[3]。

华人对马来西亚民族建构问题所持的不同理念，使华人社会经常对马来西亚国家政策产生与马来人不同的视角。马哈蒂尔为了加强马来西亚在国际上的竞争力，鼓励马来西亚的中小学改用英语为教学媒介语。教育部宣布小学和中学的一年级在 2003 年用英语教数学和科学。但是这项政策受到了华人社会的抵制和反对，华文教育工作者主要担忧英语教数理的效

---

① 〔马〕陈丁辉：《想象还是真实?：独立后马来（西）亚国族建构的再思考》，何国忠编《百年回眸：马华社会与政治》，吉隆坡，华社研究中心，2005，第 251～274 页。

② 《马来西亚史的重构：从 Manusia 到 Malaysia》，《人文杂志》2001 年三月号。

③ 《马来西亚史的重构：从 Manusia 到 Malaysia》，《人文杂志》2001 年三月号。

果以及政府借此将华小逐步变质。尽管用英语教数理的政策是在全球化的背景下出台的，其目的可能不是灌输马来文化和加强马来属性，但仍引起了华人社会的担忧。① 另外，对马来西亚民族建构问题产生冲击的是"伊斯兰国家"② 的争论。"9·11"事件后，伊斯兰世界群情激愤。巫统为了和伊斯兰党争夺国内伊斯兰教的主导权，马哈蒂尔于 2002 年 9 月 29 日宣布马来西亚为"伊斯兰国家"。随即伊斯兰党与巫统展开了马来西亚应成为什么类型的伊斯兰国家的争论。伊斯兰国家的争论为马来西亚民族建构提供了一个新的维度，但是在这个隐藏着华人能否获得公平、公正的权力问题上，华人却被排除在这场争论之外。③ 从上述可知，在如何建构马来西亚民族问题的争论中，华人社会基本上处于被动反应的守势，但是在涉及马来西亚民族建构的伊斯兰国家的争论时，华人却被排除在外，这在某种程度上反映了华人在马来西亚地位下降的趋势。

陈志明所撰写的 *Nation-Building and Being Chinese in Southeast Asian State: Malaysia* 详细分析了在马来西亚民族建构背景下华人的认同问题，最后他期望马来西亚所有族群能够相互包容，能够在民族建构的方向达成一致。通过分析马来西亚华人认同的变化，陈志明发现马来西亚华人在民族建构的过程中越来越强调自己的族群认同，不过这种认同深深打上了马来西亚的烙印，而马六甲的峇峇是马来化最深的一部分人，但是他们依然有着强烈的华人认同。陈志明由此提出涵化（acculturation）是分析华人

---

① Lee Kam Hing, 2004: "Differing Perspectives on Integration and Nation Building in Malaysia", in Leo Suryadinata, ed., *Ethnic Relations and Nation-building in Southeast Asia: The Case of Ethnic Chinese*, Singapore: The Institute of Southeast Asian Studies Press, pp. 82 ~ 107.

② 对于 Islamic State 的翻译，我国学者范若兰、许利平早期通常将其翻译成"伊斯兰教国"（参见范若兰、孟庆顺《马来西亚伊斯兰教国理念、实践与政党政治》，《东南亚研究》2005 年第 2 期；许利平《"伊斯兰教国"课题困扰马来西亚政局》，《东南亚纵横》2003 年第 2 期），马来西亚华人学界则倾向将其译为"伊斯兰国家"（参见〔马〕陈中和《马来西亚伊斯兰政党政治》，加影，新纪元学院马来西亚族群研究中心和策略资讯中心，2006 年；魏月萍《族群政治与宗教暴力：马来西亚宗教多元论的实践困境》，《哲学与文化》2013 年第 2 期）。随着极端暴恐势力在中东建立伊斯兰政权，我国学界通常将 Islamic State 译成"伊斯兰国"，马来西亚华人政党马华公会也将其译成"伊斯兰国"（参见马华公会《蓝天》2016 年第 2 期）。马来西亚政府将中东伊斯兰极端势力定义为"伊斯兰国组织"，并在 2014 年 11 月，向国会提呈《如何应对伊斯兰国组织的威胁》（*Ke Arah Menangani Ancaman Kumpulan Islamic State*）白皮书，华人媒体随之多将中东伊斯兰极端势力称为"伊斯兰国组织"。综合以上考虑，本书将 Islamic State 译成"伊斯兰国家"，对于中东伊斯兰极端势力一般称之为"伊斯兰国组织"。

③ Lee Kam Hing, 2004: "Differing Perspectives on Integration and Nation Building in Malaysia", in Leo Suryadinata, ed., *Ethnic Relations and Nation-building in Southeast Asia: The Case of Ethnic Chinese*, Singapore: The Institute of Southeast Asian Studies Press, pp. 82 ~ 107.

认同最有效的概念，而不是同化（assimilation）。涵化意味着东南亚的华人将会带上越来越多的本地特征，但这并不一定导致华人放弃自己的族群认同，而被当地土著所同化（意即放弃原有的认同而采用新的认同）。最后，陈志明认为，民族建构的进程是漫长的，同化不是民族建构理想的途径，为了确保有意义的民族建构和国民团结，马来西亚所有族群有必要相互包容并对民族建构的方向达成一致。①

　　此外还有一些研究则比较关注马来西亚民族建构的政策。谢文庆（Cheah Boon Kheng）的专著 Malaysia：The Making of a Nation 重点考察了马来西亚前四任首相作为马来西亚民族建构者的重要作用。谢文庆认为，马来西亚前四任首相在制定国家政策上有着巨大的权力，他们都支持建国初三大族群之间形成的社会契约。这个社会契约包括巫统、马华公会和国大党在 1955 年达成的选举宣言和 1957 年的马来亚宪法。这四位首相都试图在多元族群的利益和要求之间玩弄平衡，每一位首相都以极端马来民族主义者的身份开始自己的政治生涯，而以宽容的马来西亚民族主义者的面貌来结束自己的政治生涯。在执行"给予与索取"的族群政策时，每一位首相都首先受制于巫统的支持，当他们在巫统得不到足够的支持时，他们就不得不依赖执政党联盟中非马来人的支持。但是，四位首相的政策风格又相当的不同。东姑·拉赫曼试图公平对待每一个族群，拉扎克则倾向于亲马来人，胡先翁继承了拉扎克的风格，继续执行前任亲马来人的政策，而马哈蒂尔最初继承了亲马来人的政策，后来却向非马来人示好，他每一次的转变都是为了获取政治支持的需要。谢文庆还认为，建国初形成的社会契约和马来人统治是影响民族建构和政治发展的两个中心问题，而今天这两个问题在马来西亚的争议性却越来越大。②

　　安东尼·米尔纳（Anthony Milner）的论文 Historian Writing Nations：Malaysia Contests 着重分析了历史理论家（historian-ideologues）在民族国家建构中的作用，并反思了民族建构在当今世界中的必要性。他认为，民族建构是一项众人参与的事业，历史理论家为国家的历史提供了一种叙述，其建构出来的历史对忠心于民族的人来说是可读和令人信服的。同时，历史理论家们作为民族建构者对国家历史的叙述经常是不一致和矛盾的。安

---

① Tan Chee-Beng, 1988："Nation-Building and Being Chinese in Southeast Asian State：Malaysia", in Jennifer Cushman and Wang Gungwu eds. , *Changing Identities of the Southeast Asian Chinese Since World War II*, Hong Kong：Hong Kong University Press，pp. 139 ~ 160.

② Cheah Boon Kheng, 2002：*Malaysia：The Making of a Nation*，Singapore：Institute of Southeast Asian Studies，pp. 233 ~ 240.

东尼·米尔纳考察了谢文庆对大马历史协议（Historic Bargain）的论述、Joginder Singh Jessy 对英国在马来西亚历史中角色的叙述、马来温和主义者Shamsul Baharin 对马来亚在世界历史地位的追求、马来民族主义者和极端主义者对马来西亚历史的述说（特别是放大了马六甲王国对马来人历史的影响）以及伊斯兰党用伊斯兰教观点来改写马来西亚历史等。通过对比这些不同的国家叙述（National Narratives），他发现民族国家的历史总是在不断地被人们塑造或改写。最后，他提出，民族国家不能被视为今天想当然的事物，它只是人类社会的组织方式之一，在民族建构的进程中，历史理论家还必须让人们信服民族比其他类型的社会组织更具有优越性。①

五　马来西亚民族是否已经形成?

马来西亚民族是否已经形成？这是一个争论相对较少的问题。马来人基本上认为马来西亚民族目前还没有形成。许多马来学者并不同意 1957年诞生的马来亚自然地就成为一个民族国家，或者立刻诞生一个"马来西亚国族"。② 也有学者对于马来西亚最终能否建立一个民族表达了疑问。James P. Ongkili 的著作 Nation-building in Malaysia 1946～1974 考察了 1946年到 1974 年马来西亚的建国过程。他认为，族群主义（communalism）是建国这段时期根本的问题，并且它会长期存在下去，国内族群间的冲突与斗争并不见得一定是不正常的，因为没有一个社会是完全凝聚在一起的，马来西亚也不例外。③

华人也基本上认可马来西亚民族目前尚未形成。华人学者周福堂认为，由于种种错综复杂的种族政治和人为因素，马来西亚民族一直不能顺利形成。④ 对于将"马来西亚人的马来西亚"作为民主行动党宗旨的林吉祥来说，他心中的马来西亚民族也远未形成。

也有一些学者对这个问题提出了异议。谢文庆认为，马来西亚民族已经初步形成。他认为："尽管马来西亚民族是以马来人为基础，但是马来西亚人的意识或者马来西亚民族主义已经穿越了族群和政治的藩篱。这种马

---

① Anthony Milner, 2005："Historian Writing Nations：Malaysia Contests"，in Wang Gungwu ed.，Nation-building：Five Southeast Asian Histories，Singapore：Institute of Southeast Asian Studies Publication，pp. 117～156.

② 〔马〕叶瑞生整理：《马来学术界对"马来西亚国族"的讨论和看法》，《资料与研究》1996 年第 23 期。

③ James P. Ongkili, 1985：Nation-building in Malaysia 1946～1974，Singapore：Oxford University Press，p. 233.

④ 〔马〕周福堂：《2020 宏愿中的马来西亚概念》，《资料与研究》1993 年第 6 期。

来西亚人的意识是以马来民族主义为核心，而核心被马来人、华人、印度人和婆罗洲的土著的参与意识包围着。"① "各族群拥有同一个民族的感觉以及'我的国家'／'我们的国家'（My country／Our Country）的认识在今天的马来西亚正日渐明显。"② 之后，谢文庆在其主编的 The Challenge of Ethnicity Building a Nation in Malaysia 一书中认为，马来西亚是一个民族或民族国家，理由基于它是联合国的成员。但是作者也坦言："但是她的形式和特征仍然是不清晰的。"③ 我国学者王子昌也认为马来西亚民族目前已经形成。他在《政治领导和马来西亚国族"打造"》一文指出，"经过几十年的国族'打造'，虽然各族群在政治上还存在许多分歧，马来人的特权地位问题依然存在，但是在今天的马来西亚，把马来西亚看作'我的国家'或'我们的国家'这样一种认同感在各族群中日益明显。每当有马来西亚体育代表队参加比赛，不同族群的人们为之欢呼、加油时；每当国庆日，不同族群的人们挥舞着国旗，展示他们的爱国主义时；每当大选来临，人们就行动起来，投票选举国家的领导人时，当这一切发生的时候，有谁会怀疑一个马来西亚国族的存在呢？"④ 以上两位作者之所以认为马来西亚民族已经形成或初步形成，一个重要原因就在于他们将国家等同于民族，虽然国家与民族关系密切，但这并不意味着国家可以等同于民族。

六 对马来西亚民族建构研究的综合评述

建国至今，马来西亚社会一直处于分裂之中，虽然三大族群大体上能够和平相处，但彼此之间的界限是清清楚楚的，"该国的族群差异和族群矛盾随处可见，族群纷争课题几乎无日无之，连绵不断，族群关系经常呈现异常紧张的态势"⑤。不论是上层精英还是一般民众基本上都认为致力于族群融合的马来西亚民族建构是有必要的，可以从根本上消除马来西亚的族群纷争。

但是在马来西亚民族应具有什么内涵以及如何建构的问题上，马来人

① Cheah Boon Kheng，2002：*Malaysia：The Making of a Nation*，Singapore：Institute of Southeast Asian Studies，p. 233.

② Cheah Boon Kheng，2002：*Malaysia：The Making of a Nation*，Singapore：Institute of Southeast Asian Studies，p. 234.

③ Cheah Boon Kheng，2004："Ethnicity and Contesting Nationalisms in Malaysia"，in Cheah Boon Kheng ed.，*The Challenge of Ethnicity Building a Nation in Malaysia*，Singapore：Marshall Cavndish Academic，p. 46.

④ 王子昌：《政治领导和马来西亚国族"打造"》，《世界民族》2004 年第 1 期。

⑤ 廖小健：《战后马来西亚族群关系研究》，博士学位论文，暨南大学，2007，第 1 页。

和华人展开了激烈的争论。马来社会从历史的角度出发，认为马来西亚是马来人的马来西亚（Malaysia for Malays），马来人拥有这个国家的主权，马来西亚民族以马来人为核心，以马来文化为特征，其他族群要向马来文化表示认同和效忠，从而将马来西亚建成马来民族国家。从这个理念出发，大多数马来政治精英和知识分子主张在马来人掌握政治主导权的基础上用马来人的历史、文化和语言来整合分散的马来西亚社会，并将马来文化和马来语作为国民团结的基础，以期形成马来人想象中的马来西亚民族。华人社会则从公民权的角度出发，认为马来西亚是马来西亚人的马来西亚（Malaysian Malaysia），马来西亚文化是在吸收各个族群的优秀文化之后才形成的，不论来自哪个族群，每个公民都应当享有平等的权利与义务，在此基础上，各个族群才能融合，一个崭新的马来西亚民族才会诞生。由于马来社会和华人社会对马来西亚民族的内涵和建构途径没有达成共识，基本上都倾向于认为马来西亚民族到现在依然没有形成。

以上大体勾勒出了马来人与华人关于马来西亚民族建构直接或间接的争论。这些争论从不同的角度对马来西亚民族建构进行了分析，既包括马来西亚民族的概念、建构途径，也包括建构中的马来西亚民族的现状等。华人与马来人关于马来西亚民族建构的争论，其中不乏真知灼见与理性的思辨，但囿于族群背景与利益的考量以及政治话语与权谋的诉求，目前的争论与研究依然存在一些问题，主要表现为以下三点：

1. 由于马哈蒂尔没有进一步阐释"马来西亚民族"（Bangsa Malaysia）并清晰界定"马来西亚民族"的内涵，现有的研究过多集中于马来西亚民族概念的争论，相应地忽略了对马来西亚民族建构进程的研究。

2. 马来社会和华人社会对马来西亚民族建构的路径展开了激烈的争论，但对巫统政府的马来西亚民族建构政策及其后果缺乏相应的关注，特别是对马来西亚民族建构陷入困境的原因缺乏系统的分析。

3. 马来民族主义在马来西亚族群政治中有着深远的影响，它和马来社会中马来西亚民族的概念的形成以及国家层面上的民族建构政策有着千丝万缕的关系，然而国内现有的研究鲜有从马来民族主义的角度对马来西亚民族建构进行研究。

马来西亚民族建构问题既是一个学术问题，更是一个现实的政治问题。现实方面，马来西亚建国至今并未很好地解决这一问题；学术方面，囿于政治现实的因素，这方面的争论与研究也有待继续深入。理性的思辨可以穿越现实的疆域走向理想的境界，思想的翅膀可以飞跃现实的藩篱飞向更为理性的彼岸。在此意义上，马来西亚民族建构的学术研究与探讨对现实中马来西亚民族建构不无裨益；与具体的民族建构一样，这一问题的学术研究也同样任重而道远。

第三节　相关概念与说明

一　"民族"的界定

中文中的"民族"与英文中的"nation"（民族）在语义上有很大的不同。理清中文"民族"不同层次的含义，对认识"民族"这一概念会有很大的帮助。在许多场合，中文中的"民族"一词常常与英文中的"ethnic group""ethnic""ethnicity"等词意义相通，意为"族群"，特指一个依靠种族根源或文化凝聚在一起的集团，如汉族、白族、彝族、苗族、藏族等。安东尼·史密斯认为，族群（ethnic group）是拥有名称的人类共同体，这种人类共同体拥有共同的神话和祖先，共享记忆并有某种或更多的共享文化，且至少在精英中有某种程度的团结。① 史密斯对族群的界定强调的是一种把一群人与其他人区别开来的历史感和独特的共享文化，认为正是这种"历史感和独特的共享文化"给了某一个人类共同体一个清晰的身份，族群存在的证据不仅在于他们自身独特的名字、形象、礼仪，而且也表现在服饰、工艺、坟墓、建筑、画像、装饰品、语言、书本、法律和习惯等方面。②

而在另外一些场合，中文的"民族"一词又可以等同于"nation"。这时，民族是一个政治性很强的概念，它和国家的概念紧密相连，如中华民族、美利坚民族、法兰西民族等。霍布斯鲍姆说："'民族'的建立跟当代基于特定领土而创生的主权国家是息息相关的。"③ 这种意义下的民族以国家为依托，没有国家的民族，就像软体动物一样没有自己的壳，歪歪斜斜不成样子。"仅有民族存在并不能赋予一个民族政治独立，只有实力才能使其作为一个与他国共同存在的国家。"④ 民族与国家的关系如此紧密，以至于人们往往把民族等同于国家。几乎所有国家都会自动被官方转译为"民族"［并因此具有联合国（United Nations）成员资格］。⑤ 但民族不是国家，二者是不能等同的两个概念。首先，国家通常包含三方面

---

① 〔英〕安东尼·史密斯：《民族主义——理论，意识形态，历史》，叶江译，上海，上海人民出版社，2006，第 14 页。

② Anthony D. Smith, 1986: *The Ethnic Origins of Nations*, Oxford: Blackwell, p. 46.

③ 〔英〕埃里克·霍布斯鲍姆：《民族与民族主义》，李金梅译，上海，上海人民出版社，2006，第 9 页。

④ 〔英〕埃里·凯杜里：《民族主义》，张明明译，北京，中央编译出版社，2002，第 108 页。

⑤ 〔英〕埃里克·霍布斯鲍姆：《民族与民族主义》，李金梅译，上海，上海人民出版社，2006，第 171 页。

属性：地域（country）、政治（state）和民族（nation），民族并非国家的唯一属性。其次，国家这一概念往往与政治制度相关，民族则是一种被感觉到的和活着的共同体，是一种基于手足之情而形成的共同体。除了引文中出现的"民族"外，本书所使用的"民族"均指 Nation，指的是一种和国家的概念密切相连，又基于手足之情而形成的共同体。

　　民族主义是一种 19 世纪初产生于欧洲的学说。民族主义理论曾从不同角度出发对民族形成的标准进行界定。大体上，民族主义理论要么是以客观标准①，要么是以主观标准②来对民族进行界定。

---

①　在"民族"的众多定义中，斯大林的观点在东西方都有着很大的影响。1913 年，他在《马克思主义和民族》一文中提出：民族是人们在历史上形成的一个有共同语言、共同地域、共同经济生活以及表现于共同文化上的共同心理素质的稳定的共同体。这一定义以语言、地域、经济生活以及心理素质等客观标准来界定民族，是以客观标准界定民族的一个典型。此外，一生致力于意大利民族解放和统一事业的烧炭党人马志尼则主张用地理（阿尔卑斯山和地中海）、语言（意大利语）等客观因素来证明伟大的意大利民族的存在。这些被用来界定民族的客观标准，或被单一使用，如语言就曾被人认为是"将一个民族区别于另一个民族的差异性的外在的和可见的标志"（参见〔英〕埃里·凯杜里《民族主义》，张明明译，北京，中央编译出版社，2002，第 58 页）；或被混合使用，如斯大林和马志尼的定义。但是在实践中，人们很快发现符合标准者根本不是"民族"或不具民族精神；百分之百的"民族"却不符合这些标准。凯杜里在考察了用客观标准界定民族的各种困境后指出，在民族主义的学说中，语言、种族、文化，有时甚至包括宗教，构成了一个民族的不同侧面，民族主义的理论并非包含着极大的精确度，因此试用依照民族主义选择强调的特殊侧面来划分民族实际上是天才的误用。（参见〔英〕埃里·凯杜里《民族主义》，张明明译，北京，中央编译出版社，2002，第 67 页）

②　在以客观标准来界定民族陷入困境时，一些学者另辟蹊径，力图用主观标准来界定民族。比较有代表性的观点是英国人休·塞顿—沃特森（Hugh Seton-Watson）对民族的界定，他认为"当一个共同体中相当一部分人认为自己构成一个民族，或他们的行为如同他们自己形成了一个民族时，该民族就诞生了"（参见 Hugh Seton-Watson，1977：*Nations and States，An Enquiry into Origins and Politics of Nationalism*，London：Methuen & Co. Ltd.，p. 5）。类似的定义还有本尼迪克特·安德森（Benedict Anderson）对民族的认识，他提出民族"是一种想象的政治共同体——并且，它是被想象为本质上有限的，同时也享有主权的共同体"（参见〔美〕本尼迪克特·安德森《想象的共同体：民族主义的起源与散布》，吴叡人译，上海，上海人民出版社，2003，第 5 页）。二人对民族的定义都刻意回避了寻找民族客观特征的麻烦，直接指向集体的主观认同。吴叡人在评价安德森的定义时，认为"'想象'不是'捏造'，而是形成任何群体认同不可或缺的认知过程，因此'想象的共同体'这个名称指涉的不是什么'虚假意识'的产物，而是一种社会心理学上'社会事实'"〔参见〔美〕本尼迪克特·安德森《想象的共同体：民族主义的起源与散布（导读）》〕。在以主观标准来界定民族的学者中，除了用"集体认同"来划分民族外，还有人把"个人意志"视为民族存在的关键。凯杜里认为，个人意志是最终决定一个民族应否存在的关键。"即使民族的存在可以从多样性原则中推出，但它依然不能推出什么样的特殊民族可以存在，以及它们的严格界限是什么。最终便要退回到在寻求自决的过程中要求自己成为一个民族之成员的个人的意志上来。"（参见〔英〕埃里·凯杜里《民族主义》，张明明译，北京，中央编译出版社，2002，第 74～75 页）这些以主观标准来界定民族的定义，尽管可以避免寻找客观特征来吃力地证明民族存在的困难，但是却容易陷入唯意志论的困境。假如某一政府之下生活着的一批人某天做出这样的决定，他们不想再继续被置于这个政府的统治之下，他们要组成一个新的政府，并形成一个单一的民族。这是否就意味着他们就是一个民族，可以组成一个新的民族国家？这样的逻辑势必会给现实政治带来极大的混乱和不稳定，可见以主观标准来界定民族也有其自身的缺陷。

　　然而单以客观标准或者主观标准来界定民族都不尽如人意。于是，有的学者主张将两者结合起来进行民族的界定。以色列学者耶尔·塔米尔（Yael Tamir）认为："民族可以被理解为一个集束概念（a cluster concept），就是说，为了被视为民族，一个群体就必须拥有'足够数量'的特征。虽然它们并不一定共享相同的一套辨识性的特征，但是所有被归于'民族'范畴的成员都将显示某些家族相似性。至少一个因素是把一个群体界定为一个民族所必要的（虽然不是充分的）条件，这就是民族意识的存在……如果一个群体既展现出足够数量的共同而客观的特征——比如语言、历史、领土等——又展现出对于其独特性的自我意识，那么，这个群体就被界定为民族。"①

　　本书采用耶尔·塔米尔对民族的界定，将民族意识的存在与否作为民族形成的一个必要条件。塔米尔对民族的界定比较适合正在进行民族建构的马来西亚。建国前，三大族群缺乏沟通和融合，难以形成深层次的集体意识。马来西亚建立后，三大族群能否形成一个共同的马来西亚民族意识，将是马来西亚民族建构成败的关键。如果没有民族意识的存在，我们将很难断言马来西亚民族已经形成。

二　民族国家建构

　　在理解"民族国家"这一概念时，我们应注意到，国家的建立和民族的形成经常不同步，以及国家疆界和民族边界存在着不一致的事实。一些国家的建立和民族的形成是不同步的，国家的建立并不意味着民族的形成。亚洲和非洲的许多国家是在殖民地的基础上建立起来的，这些国家的国民拥有共同的被征服的经历和被殖民政府统一管理的体验，但这些共通性并不足以让人们在国家内部形成休戚与共的一体感。因此，这些多族群国家渴望民族一统并且寻求通过调适和整合将不同的族群变为统一的民族（但不是同质化），民族和国家的重合是他们孜孜追求的目标。对于那些老的民族国家来说，民族和国家的完全重合也是一种理想状态，"世界上近百分之九十的国家是多族群的国家，并且它们中的半数存在着严重的族群分裂问题"②。现代社会的都市化和工业化所带来的各种类型的社会变迁以及大规模的人口迁徙，更使得民族和国家的完全重合这一理想变得难

---

① 〔以色列〕耶尔·塔米儿：《自由主义的民族主义》，陶东风译，上海，上海译文出版社，2005，第58~59页。

② 〔英〕安东尼·史密斯：《民族主义——理论，意识形态，历史》，叶江译，上海，上海人民出版社，2006，第17页。

以实现。虽然全世界到处都存在着民族边界和国家疆界不一致的事实，但是民族国家仍然是当今世界主要的国家类型。即使在全球化的今天，个人依然是在国家体系内生存，人类的政治、经济、文化、教育、社会等问题最终还得在国家的框架下来解决。

民族国家建构包含了两个过程：一个是国家领土和边界的形成，国家法律制度和政治组织的建构；另一个是在国家疆域之内具有不同族裔文化背景差异的人口中间创造民族性和民族认同。① 这两个过程彼此不同，又相互渗透，人们往往重视革命、政治运动这类短时段历史事件对国家建构所起到摧枯拉朽的作用，而忽视民族文化养成的长时段的特征，甚至把需要在历史长时段中完成的任务当作短期目标去追求，引起多元社会的冲突。②

民族建构是由国家主导进行的一项社会工程，这项社会工程力求通过调适和整合将不同的族群变为统一的民族。正如埃里克·霍布斯鲍姆所言，民族是民族主义创造出来的，而不是相反，这种创造是一项社会工程，靠着这项社会工程发明出来的"传统"，乃至发明出来的"民族"，从而达到整合国家的目的。③ 对于在殖民地基础上建立起来的多族群国家来说，民族建构更是他们所希冀的。李安山教授在研究非洲民族问题时，曾谈及过民族建构的问题，他认为，"所谓国家民族建构（简称为民族建构），是指承认国家内存在多个民族和不同文化的事实，致力于建设一个统一的现代民族即国家民族的过程"④。民族建构往往关乎一个民族的凝聚力和向心力以及个体对民族的认同感，这些都会对国家的政治稳定、经济发展和文化繁荣产生至关重要的影响。

卡尔·W. 多伊奇（Karl W. Deutsch）认为民族建构是一项和盖房子相类似的建筑工程和机械工程。建构者的选择、意愿和能力至关重要。一个民族可能被不同的计划所建构，其进程也可能被不同的步骤所左右，或激或缓。⑤ 美国学者卢西恩·W. 派伊（Lucian W. Pye）是研究缅甸民族

① 王建娥：《国家建构和民族建构：内涵、特征及联系——以欧洲国家经验为例》，《西北师大学报（社会科学版）》2010 年第 2 期。

② 王建娥：《国家建构和民族建构：内涵、特征及联系——以欧洲国家经验为例》，《西北师大学报（社会科学版）》2010 年第 2 期。

③ 〔英〕埃里克·霍布斯鲍姆：《民族与民族主义》，李金梅译，上海，上海人民出版社，2006，第 88~89 页。

④ 李安山：《非洲民族主义研究》，北京，中国国际广播出版社，2004，第 286 页。

⑤ Karl W. Deutsch, 1974："The Study of Nation-building, 1962~1966", in Karl W. Deutsch and William J. Foltz eds., *Nation Building*, Chicago：Atherton Press, p. 3.

建构问题的专家，对民族建构有着自己独到的见解，他认为正确的民族建构战略将会确保人们传统忠诚的衰落，比如人们对族群的效忠，取而代之的是现代民族将成为每一位公民认同的核心要素。① 克利福德·格尔兹（Clifford Geertz）也认为民族建构是一种把人们对地区、种族、王室、风俗、宗教和语言等这些原初性的忠诚吸纳进入一个层面更广的民族意识的过程。② 简而言之，民族建构是可以被控制的，也是可以被建构者所左右的。在民族建构的过程中，现代民族如何取代人们的原初性忠诚成为人们认同的核心要素就成为民族建构的重要议题。

一般而言，新兴多族群国家在民族建构过程中通常都会遇到这样或那样的问题，这都是正常现象，毕竟它们建国时间短，经常会被政治、经济和文化等各类问题所困扰。

马来西亚建国六十多年来，其民族建构大多数时候都处在困境中，但这并不意味着未来马来西亚民族建构会永远处在困境中。如果马来西亚政府能对政策进行适当调整，我们相信马来西亚民族建构将会走出困境，有着美好的未来。毕竟马来西亚建国到现在，其取得的成就是非常显著的，如政治稳定，经济发展较快，族群间的经济差距在不断缩小，一个富裕的土著群体在马来西亚已经出现，三大族群基本上能够和平共处。但是我们也不能对马来西亚的族群关系盲目乐观，马来西亚族群之间真正的和谐与融合还没有出现。

现阶段马来西亚民族建构的困境主要表现在以下方面：族群边界清晰，人们经常以族群的眼光来看待马来西亚的一切，将一方之所失视为另外一方之所得，族群之间难以融合，族群意识盛行。正如何国忠所言："宪法上所规定的马来人特权使族群标签变得无所遁避，在大部分的官方表格中，几乎都列明族群栏让申请者填写，日常生活中的种种遭遇使华人知道要放弃自己的族群意识绝对是一件不容易，也是不可能的事。"③

马来西亚族群意识的盛行，在某种程度造成了族群纷争不断，这使得一个共同的马来西亚民族意识常常被族群意识所困，人们难以将一个现代

① Mark T. Berger, 2003: "Decolonisation, Modernisation and Nation-Building: Political Development Theory and the Appeal of Communism in Southeast Asia, 1945 ~ 1975", *Journal of Southeast Asian Studies*, Vol. 34, No. 3, p. 435.

② Clifford Geertz, 1963: "The integrative revolution: Primordial sentiments and civil politics in the new states", in Clifford Geertz ed., *Old Societies and New States: The Quest for Modernity in Asia and Africa*, London: Macmillan, pp. 128 ~ 139.

③ 〔马〕林水檺、何国忠、何启良、赖观福合编：《马来西亚华人史新编》（第三册），吉隆坡，马来西亚中华大会堂总会，1998，第 61 ~ 62 页。

的马来西亚民族作为自己认同的核心要素。同时，马来西亚民族建构的困境还表现在其不断受到伊斯兰国家的挑战。20 世纪 90 年代末，马来社会贫富分化日渐严重，中下层马来人开始利用强调平等主义的伊斯兰教来反对经济地位不平等现象，伊斯兰国家在马来社会受到欢迎，为世俗的民族国家建构带来了巨大的压力。

三　"认同""国家认同"及"马来西亚华人国家认同"解析

"认同"是由英文"identitiy"翻译而来。"identitiy"的本意是"身份"，后来逐渐有了"认同"和"归属感"的含义。"所谓'认同'或'归属感'，是指个人（即行为的主体）和个人以外的对象（即客体，包括个人、团体、观念、理想及事物等）之间，产生心理上、感情上的结合关系，亦即通过心理的内摄作用（introjection），将外界的对象包摄在自我之中，成为自我的一部分。结果在潜意识中，将自己视为对象的一部分，并作为该对象的一部分而行动。"①赵海立认为，"认同"具有两方面的重要属性：一是单向性，二是非强制性。认同的单向性是指一方的认同并不必然以另一方的认同为依据，二者并不一定同时发生。因为作为一种心理内化过程，其选择的自主权只能在心理发生的主体，其他方面的影响只有通过心理的主体才能起作用。正是由于认同属于心理的、主观的范畴，外力对它的施压没有坚实的着力点，只能是间接的、非强制性的影响。大凡强制的结果，就不能说是认同，而是屈从。②

"认同"的单向性属性和非强制性属性使"认同"这一术语具有广泛的应用空间。20 世纪 50 年代以后，社会科学家开始广泛使用"认同"来分析人们的政治与社会行为、思想与文化意识等。这些术语包括"国家认同"（national identity）、"政治认同"（political identity）、"族群认同"（ethnic identity）和文化认同（cultural identity）等。

"国家认同"这一概念起源于民族国家兴起的时代。这是因为民族国家比以往任何国家类型都更加强调公民对国家的归属感与效忠。现代以前的帝国和君主国都强调君权神授，统治者一般不需要考虑下层人民的认同问题。帝国和君主国的社会分层也阻碍了其臣民对国家的认同。统治者"感兴趣的是课税、维持和平一类的事情，对促进臣民社群之间的水平交

---

① 〔新加坡〕崔贵强：《新马华人国家认同的转向：1945～1959》，新加坡，青年书局，2007，第 5 页。

② 赵海立：《政治认同解构：以马来西亚华人为例》，《华侨华人历史研究》2005 年第 4 期。

流没有兴趣"①，当时的社会上下层之间泾渭分明，并且上层社会为了维持和巩固自己的权力和威望，还不断通过世袭制和文化差异等因素来巩固这种分层。民族主义兴起之后，普遍存在的国家形式已不再是帝国和君主国，而是一种新型的国家形式——民族国家（以民族为基本单位的政治、经济和文化体系）。在这种新型的国家形式下，"人类分成统治者和被统治者是由神注定的"这一观念开始终结。国家统治的合法性论证从以王权神圣为基础转向了以大众的自愿同意为基础。对那些强调主权在民的国家而言，人民的认同更是国家统治合法性的重要依据。另外，国家危难时期，公民对国家的认同感对国家来说是至关重要的，因为"国家所需要的公民动员，已超过公民被动所能给予的"②。因此，这些民族国家在形成和发展过程中，注意充分挖掘民间文化、风俗、神话和象征，并使其上升到公共文化的高度，以消除以前横亘在上下层之间的文化差异，从而使人们有机地联系在一起，使他们真切地感受到国家是"我们自己"的，从而对国家产生归属和认同感。

　　第二次世界大战后，在民族解放的浪潮下，马来（西）亚独立。马来西亚华人的国家认同问题是学术界探讨的一个热点，相关的研究颇多，其中，崔贵强的《新马华人国家认同的转向：1945～1959》是学术界一部关于马来西亚华人国家认同问题的力作。崔贵强认为："所谓'国家认同'，就是个人与国家之间，发生了感情上的结合，在心理上认为个人（自我）是国家的一部分，在自我内部，国家也被内摄，成为自我的一部分。个人与国家已经浑然结为一体，个人以国家的利益即为个人的利益，因此表现在个人的行为上，就是为国家的利益而努力。"③ 在对"国家认同"进行界定的基础上，他将个人对国家的认同分为三个层次。第一是初级的认同，个人虽然意识到自己是国家的一分子，但是不太热心参加国家的事务；第二是中级的认同，个人不仅意识到国家与个人息息相关，而且积极参加有利于人民与国家的种种活动；第三是高级的认同，当国家利益与个人的利益发生冲突时，不惜牺牲小我，完成大我。④ 在对马来西亚

---

① 〔英〕厄内斯特·盖尔纳：《民族与民族主义》，韩红译，北京，中央编译出版社，2002，第 14 页。

② 〔英〕埃里克·霍布斯鲍姆：《民族与民族主义》，李金梅译，上海，上海人民出版社，2006，第 83 页。

③ 〔新加坡〕崔贵强：《新马华人国家认同的转向：1945～1959》，新加坡，青年书局，2007，第 6 页。

④ 〔新加坡〕崔贵强：《新马华人国家认同的转向：1945～1959》，新加坡，青年书局，2007，第 6 页。

建国前后的历史考察的基础上，崔贵强提出，马来西亚华人的国家认同在马来西亚独立多年以后，演变的过程还在进行。截至 1957 年，华人的国家认同虽然转向了马来亚，但也只是初级阶段的认同。

崔贵强对"国家认同"的界定，对于我们认识这一概念有较大的帮助，但是，崔贵强的分析也有不足之处，那就是他对"国家认同"的客体——"国家"的分析过于模糊，不利于我们准确认识和分析华人的国家认同状况以及其在形成过程中所遇到的问题。尽管"国家"的定义有很多版本，但无论其定义是契约论式的，还是暴力论式的，我们都不能否认国家具有三方面属性：地域（country）、政治（state）和民族（nation）。相应地，马来西亚华人的国家认同也应包含这三个方面：地域认同、政治认同和民族认同。笔者认为从这三方面来研究马来西亚华人的国家认同问题才是比较全面和准确的，才能够更好地揭示华人国家认同问题的现状及其面临的困境。

目前学术界对"国家认同"的研究还存在着一种趋势，即往往把政治认同等同于国家认同，把华人加入当地国籍或者获得公民权作为国家认同的重要标志。庄国土教授在谈及东南亚华人的参政特点时认为："在政治认同层面，以绝大部分华人加入当地国国籍为标志，至 20 世纪 80 年代，东南亚华人已基本上完成国家认同的转向。"① 曹云华教授也认为："华人的政治认同是与公民权（国籍）身份的取得密切相关的。一般而言，华人在取得居住国的公民权之后，其政治认同也相应发生变化，从过去原有的认同中国转变到认同居住国，以居住国为自己新的效忠对象。"② 另外，王赓武教授在其名著《东南亚华人身分认同之研究》中将二战以来东南亚华人的认同类型归纳为七种：历史认同、中国民族主义认同、村社（communal）认同、国家（当地）认同、文化认同、种族（ethnic）认同和阶级认同，并对这七种认同的现状和趋势做了精辟的分析。对于国家认同，王赓武教授认为："就华人方面而言，他们这种接纳国家认同的事实……它开始时常常只是改变一下标签，换上一个新的合法身分，至多也不过再进而表明政治上的效忠。"③ 笔者认为，王赓武教授在文中提到的"改变标签"和"换上合法身份"指的就是变更国籍和获得当地的公民权。正是因为王赓武教授将华人加入当地国籍作为华人国家认同转向的风

---

① 庄国土：《东南亚华人参政的特点和前景》，《当代亚太》2003 年第 9 期。

② 曹云华等：《东南亚华人的政治参与》，北京，中国华侨出版社，2004，第 50 页。

③ 〔澳〕王赓武：《中国与海外华人》，天津编译中心译，香港，商务印书馆（香港）有限公司，1994，第 239 页。

向标，所以王赓武教授认为现阶段华人的国家认同基本上没有问题了，国家认同"现在对绝大多数东南亚华人而言亦属平常，是他们中间现在流行的所有认同组合的一个重要组成部分"①。

将政治认同等同于国家认同，将华人加入当地国籍或者获得公民权的做法作为国家认同的重要标志，这有一定道理，但这种视角的不足也较为明显。因为政治认同不能等同于国家认同，虽然政府在某种程度上可以代表国家，但其自身不是国家。政治认同对统治者而言是获得合法性，对被统治者而言则涉及忠诚、认可与支持。② 政府如果要寻求民众的政治认同，即获得合法性，必须具备一定的条件，如合利益性和合道德性等。

就今天影响马来西亚华人政治认同的因素而言，其主要在于华人能否获得公正和平等的国民待遇。在马来西亚建国之初，老一代华人尽管有些不情愿但还是同意了马来人享有特权，然而，今天年轻一代的华人却视之为不公，正如陈志明教授所言："就我在马来西亚 16 年的大学教学经历而言，年轻一代的马来西亚华人之强调与马来人的平等权利是与对马来西亚的归属感息息相关的。"③ 时至今日，马来西亚华人依然无法享有同马来人一样的国民待遇，这就意味着马来西亚年轻一代华人对政府统治的认同和支持有一定问题，相应地，他们对国家的归属感也会受到影响，因此，我们不能说马来西亚华人的国家认同已经没有问题了。同时这也表明，将华人加入当地国籍或者获得公民权的做法作为国家认同的重要标志是不完整的。

虽然不能将华人加入当地国籍和获得公民权作为国家认同唯一的重要标志，但是它的意义仍然是重大的，它标志着华人的思想开始从落叶归根转变为落地生根，意味着华人地域（国家层面的地域 country，即国土或疆域）认同的转变。就马来（西）亚华人而言，这是华人认同马来（西）亚的开始，华人逐渐将马来（西）亚视为其唯一的家乡。一般而言，华人在地域（country）认同方面的转变是比较顺利和自然的。何国忠对华人地域认同方面的转变曾有过传神的描述，他说："当 1954 年 9 月 19 日雪兰莪中华大会堂召开一个如何鼓励华人申请公民权的大会以后，'我爱马来亚'的呼声开始强烈，1957 年 8 月 31 日当东姑亚都拉曼在独立广场大叫三声'默迪卡'（Merdeka）以后，这个直译为'独立'的马来词汇，

① 〔澳〕王赓武：《中国与海外华人》，天津编译中心译，香港，商务印书馆（香港）有限公司，1994，第 246 页。
② 赵海立：《政治认同解构：以马来西亚华人为例》，《华侨华人历史研究》2005 年第 4 期。
③ 〔马〕陈志明：《族群认同与国家认同：以马来西亚为例（上）》，罗左毅译，《广西民族学院学报（哲学社会科学版）》2002 年第 5 期。

从此深入华人心中，而神州就在当晚的欢呼声中刹那间变成他乡。"① 今天学术界基本上认为马来西亚华人的国家认同已经没有问题，华人认同马来西亚已属平常。准确地讲，此处华人的国家认同实际上指的是华人的地域认同，这意味着华人视自己为马来西亚的当然公民，马来西亚是他们唯一可以寄托感情的家，而且华人对这个"家"的感情随着时间的推移会越来越深厚，而"中国"作为曾经左右他们国家认同的因素已经不重要了。

华人虽然认同马来西亚日甚，但并不意味着他们的民族认同没有问题。这里的民族指的是马来西亚建国后为了在国际社会确立本民族国家的身份而建构的民族——马来西亚民族。民族认同意即：所有的马来西亚人都将马来西亚民族作为他们的共同归属，马来人、华人、印度人、伊班人和卡达山人等在马来西亚这片并不密切相连的土地上紧密团结起来，产生休戚与共的一体感，与此同时，当每个人都不先去追溯其源流，而率先认同自己是马来西亚民族的一分子，其所属族群居次时，我们就可以说，新兴的马来西亚民族诞生了。然而，马来西亚目前还不存在这样深层的集体意识。

当然，这里应该指出的是，对马来西亚华人国家认同的横向分析只是一种学理上的区分，而在现实生活中，华人的地域认同、政治认同和民族认同往往是杂陈相叠、相互纠缠在一起。如果用一句话来概括马来西亚华人国家认同状况的话，那就是华人社会始终存在着"我爱马来西亚，可是马来西亚爱我吗"的声音。

四　整合

"整合"（integration，integrate）一词源于拉丁文（integratio），是指"将各部分结合为一个整体"（Combining parts into a whole），亦即是"使成为整体或全部之行动或过程"（Act or process of making whole or entire）。②

在哲学意义上最早使用"整合"概念的，可能是英国 19 世纪著名的哲学家赫伯特·斯宾塞（Herbert Spencer）。他在《第一原理》中阐述了他的进化论哲学的主要原则，最著名的是其进化公式："进化是经过不断的整合与分化，是从不确定、不协调的单纯性到确定的、协调的繁杂性的

① 〔马〕何国忠：《马来西亚华人：身份认同、文化与族群政治》，吉隆坡，华社研究中心，2002，第 47 页。

② Fritz Machlup，1977：*A History of Thought on Economic Integration*，New York：Columbia University，p. 1.

变化。"① 他认为，任何事物的发展都包含着分化阶段和随后的整合阶段。整合与分化在这里是一对哲学概念，他将整合与分化的关系运用到生物学、社会学、心理学和哲学等领域，奠定了"整合"在其他各个学科中运用的基础。

在社会科学中，美国著名的社会学家塔尔科特·帕森斯（Talcott Parsons）对"整合"这一概念进行了创造性地运用——将其纳入结构功能主义学说之中。结构功能主义的核心概念是系统。帕森斯认为，任何系统要生存，就必须满足一些必要条件和具备以下四项功能：（1）适应性功能（Adaptation），即系统必须具有适应环境和从环境里获得资源的能力；（2）目标实现功能（Goal attainment），即系统必须能够调动资源以便实现系统的目的，并确定一组目的的先后次序；（3）整合功能（Integration），即系统必须能够协调系统内部各部分之间的关系，以便维持一定的和谐；（4）模式维持功能（Latency pattern maintenance），即系统必须有能力使系统单元具有动力和动机，按一定规范和秩序参与系统内的动态过程。② 通过这四项功能，系统一方面去处理内部状态和对付外部环境；另一方面，去追求目标和选择手段。帕森斯的社会"整合"概念很大程度上等同于社会团结，因为它涉及一种最低程度需求的团结，以便使系统中的成员愿意合作，从而避免社会的解体或破坏，但这并不意味着所有冲突与矛盾的消除。当冲突出现时，还必须加以协调以防止"混战"场面的出现。

在多族群国家中，整合是事关国家前途与命运的重大问题。世界上大多数国家都由不同的族群构成，这里有一个多族群如何在一个共同的政治屋顶下生活的问题。随着族群交往的扩大和彼此之间影响的增强，不同族群基于利益和文化差异，他们的矛盾和冲突很快就会显现出来。任何一个多族群国家，为了维护自身的统一和稳定，都必须进行族际政治整合。可以说，族际政治整合是多族群国家生存下去和维持正常运行的重要机制。

随着多族群国家的巩固和稳定，国内各族群交往交流的扩大，会逐步走向交融；反之，族群之间的矛盾和冲突，也是族际交往中相当常见的形式，族群分离主义对多族群国家的族际政治整合就带来了直接的挑战。因

① 转引自黄宏伟《整合概念及其哲学意蕴》，《学术月刊》1995 年第 9 期。
② 〔美〕帕森斯：《现代社会的结构与过程》，梁向阳译，北京，光明日报出版社，1988，第132 页。

此，有的族际政治整合是成功的，而有的族际政治整合并不成功。族际政治整合取得成效和成功，就能促进多族群国家的统一和稳定，使各个族群从中受益。族际政治整合失败，就会导致分裂，甚至是多族群国家的解体。如南斯拉夫多族群国家的解体，就是族群政治整合失败的结果。①

在族际政治整合的价值取向上，从现有的理论和实践来看，大体上存在着两种基本的取向：一是"国家主义"取向，这是一种强调"合"的取向。该取向从国家整体利益的角度来出发，倾向强化各族群的共同性和一致性，淡化各族群的差别。然而即使都是采取"国家主义"取向的族际政治整合，其政策也可能是大相径庭。有的国家的政策相对缓和，可以在私人领域或一定范围内保持少数族群的文化。有的采取了极端的政策或措施来消除多元文化和差异，如希特勒的种族屠杀、南非的种族隔离、保加利亚的"马其顿化"等。② 二是"多元文化主义"取向，这是一种强调先"分"再"合"的取向。该取向在尊重族群身份和差别的基础上进而对各族群展开整合，强调各族群的集体身份和利益，在满足族群需求的基础上，期待族群对国家怀着感激从而增强对国家的认同。周平指出，这忽视了另外一种可能性，即非主体族群在得到较大发展以后，与主体族群和国家博弈的力量随之增强，会提出更大或更高的权益要求，如果非主体族群提出更多和更高的政治权利要求，多族群国家的族际政治整合就会面临更大的挑战。③

从实践来看，体现这两种取向的政策在现实中都出现过，也都有成功和失败的案例。从早期欧洲地区民族国家建构的历程来看，它们的族际政治整合大多采用国家主义取向。法国革命之前，生活在现代法国领土范围内的居民远不是一个统一的人口集团，法国境内存在着在语言、文化、历史传统等方面都有巨大差异的族类共同体。自 16 世纪起，历代法国政府采取了强制性的语言和文化同化政策，强制推行"法语化"，甚至不惜使用暴力或以暴力相威胁，对当时存在的非法语居民推行"语言清洗"政策，最终锻造了法兰西民族，也为现代法国的建构提供了共同的文化和政治认同基础。④ 而苏联曾经推行的以俄罗斯化为底蕴的构建同质化的国族——"苏联人民"——的措施，其结果是适得其反，这常常被视为

---

①　周平、贺琳凯：《论多民族国家的族际政治整合》，《思想战线》2010 年第 4 期。

②　常士䚺：《和谐理念与族际政治整合》，《政治学研究》2009 年第 4 期。

③　周平、贺琳凯：《论多民族国家的族际政治整合》，《思想战线》2010 年第 4 期。

④　王宗礼：《国家建构、族际政治整合与公民教育》，《西北师大学报（社会科学版）》2013 年第 6 期。

"国家主义"取向失败的例子。①

以"文化多元主义"为取向的政治整合在美国一度受到青睐，但是多元文化主义的积极性和消极性都值得我们关注。20世纪中后期，美国开始调整长期以"求同"为取向的"大熔炉"政策，逐渐采取"多元文化主义"政策，这在一定程度上缓和了之前存在的族群矛盾和冲突。随着白人主体族群人口数量的相对下降、有色族裔人口数量的相对上升，越来越多的白人开始担忧多元文化主义潜在的分裂作用，担心未来的美国巴尔干化，甚至出现解体的风险。以亨廷顿为代表的保守主义，激烈批评多元文化主义，要求将美国的国家认同重新建立在美国开国之初的文化传统盎格鲁新教之上。② 文化保守主义与之前的多元文化主义发生了激烈冲突，与美国政治中的政党极化、利益分化、贫富差距一起，使美国政治出现了越来越严重的极化现象。③

与西方老牌民族国家相比，新兴国家的族际政治整合难度更大，时间也更仓促。这是因为新兴国家摆脱殖民统治后，在推进现代化的进程中，通常会面临"原生情感"与"公民政治"的冲突、分离、融合等情形。格尔兹将新兴国家调和"原生情感"与"公民政治"的关系，使它们与发展的国家秩序相一致的进程称为"整合式革命"。

"原生情感"是指"先赋"的社会存在，包括血缘、种族、宗教、语言、习俗等。格尔兹认为，每一个个人、每一个社会和几乎每一个时代的某种归属感都源于某种自然的——有些人会说是精神上的——亲近感；在现代社会，人们越来越认为民族团结不能诉诸血缘和地缘，而应该诉诸对市民国家的某种微弱、时有时无和按部就班的忠贞，再由政府或多或少地运用警力和意识形态劝诫加以补充。④ 然而，新兴国家统治合法性的来源，往往与原生情感纠缠在一起。

原生情感的联盟与对抗，是一个密集的、错综复杂但特征明确的网络，这个网络是几个世纪逐渐形成的结果。⑤ 而新兴国家的政治现代化进

---

① 周平：《民族国家时代的民族与国家》，《云南民族大学学报（哲学社会科学版）》2013年第5期。

② 〔美〕塞缪尔·亨廷顿：《谁是美国人？美国国民特性面临的挑战》，程克雄译，北京，新华出版社，2010。

③ 周少青：《美国国家特性的三重面相及当代困境》，《美国研究》2022年第1期。

④ 〔美〕克利福德·格尔兹：《文化的解释》，纳日碧力戈等译，上海，上海人民出版社，1999，第295~296页。

⑤ 〔美〕克利福德·格尔兹：《文化的解释》，纳日碧力戈等译，上海，上海人民出版社，1999，第305页。

程不是倾向于平息原生情感，而是激化原生情感。新兴独立国家不仅仅是从外国人到本地人的政权易手，还是整个政治生活模式的变迁，是从奴仆到主人的变化，公民政治把现代政治意识强加在大多尚未现代化的民众头上，确实可能激发民众对于政治的高度兴趣，这种兴趣大多表现为过分关注本部落、本地区、本部分或其他等等与一个中央政权的关系。①

格尔兹并没有将公民政治与原生情感对立起来。如巴厘人的生活习俗与其他印尼人千差万别，但他们并没有任何原生意义上的不满。他认为，原生情感与公民政治之间的紧张关系不可能完全消除，但是可以缓和，新兴国家或他们的领导人不能蔑视或否认原生情感的客观存在而使这些情感不复存在，而是要驯服（domesticate）原生情感，必须让原生情感失去授予政府权威合法性的力量，将原生不满的情绪表达引向适当的政治形式而非准政治形式，从而使它们与发展的国家秩序协调一致。②

原生情感在所有地方都会存在，只是它的力量和类型因族而异，因国而异，因时而异。马来西亚的原生情感主要表现为族群、宗教、语言等。建国以来，巫统政府一直是根据人们的族群身份来给予其相应的公民权，人们的际遇因此而不同，这反而强化了人们的族群原生情感。马来西亚如何驯服族群原生情感，使他们与发展的国家秩序协调一致，这是马来西亚今天整合的一个难题。

五　结语

民族和民族主义是一种新近的现象，它们在本质上是一种创新，而不是某些古老事物的现代化样式。在民族与国家结合的过程中，民族取得了国家的形式，国家具有了民族的内涵，这意味着民族国家的出现。相比以往的国家形态（城邦国家、帝国、王朝国家等），"民族国家能够唤起觉醒的大众的拥护，使国家能力得到提升，其合法性开始远远超出之前的国家形态"③。民族国家有着无可比拟的优势，一经产生，便迅速在全球扩展。民族国家今天虽然受到了一些挑战，如中东一些国家建立了伊斯兰国家，在马来西亚，伊斯兰党也在致力于建立伊斯兰国家，但民族国家至今仍是世界最基本的国家形态和国际关系的基本主体。

---

① 〔美〕克利福德·格尔兹：《文化的解释》，纳日碧力戈等译，上海，上海人民出版社，1999，第 305～306 页。

② 〔美〕克利福德·格尔兹：《文化的解释》，纳日碧力戈等译，上海，上海人民出版社，1999，第 312～313 页。

③ 王文奇：《民族主义与民族国家构建析论》，《史学集刊》2011 年第 3 期。

一国通过创建国家民族来进行民族国家建构的做法在国际社会中是比较常见的，因为随着国家层次"民族认同"的建构，对民族国家的"国家认同"也会顺势建构起来。民族国家建构是在国家疆域之内具有不同族群文化背景差异的人口中间创造民族性和民族认同。居于主流地位的族群（通常是多数族群）是否愿意与其他族群分享权力，能否在族群之间公平分配公共物品，这些对于民族国家建构来说是至关重要的，正如威默所说："同化到另一个民族并非不可能。那些在提供公共物品方面更为成功的继承国家，从长远来看，可能会很好地获得以前认同另一个民族共同体的人口的忠诚。"① 民族国家建构通常需要该国政府从政治、经济和文化等方面全方位对各族群进行整合，仅仅用单一的手段，效果往往有限，因为其他领域同样会对民族认同产生重大影响。在多族群的民族国家建构中，多数族群和少数族群之间利益分歧的有效解决将有助于他们在重大历史事件上达成共识，并在文化上互相包容，从而逐渐形成休戚与共的命运共同体。

第四节　方法与内容

本书在纵向上探讨了马来民族主义的兴起和流变及与马来西亚民族建构之间的关系，在横向上考察了马来西亚的政治发展、政党制度、经济发展、经济政策、文化政策、国际移民对马来西亚民族建构产生的不同作用和影响。

本书从历史的角度出发，通过田野调查、比较研究和文献分析的方法对马来西亚民族建构进行研究。一般来讲，民族建构多由居上位者创导，但是需要引起一般民众的共鸣和呼应。在这一过程中，一般民众不是被动的，也不是没有利益、感情和冲动的。

建国以来，民族建构的政策基本上都是由马来民族主义的化身——巫统来主导，即使巫统一度成为在野党，但是巫统的民族国家建构政策的影响仍然广泛存在。在考察巫统在马来西亚民族建构中的作用时，本书主要是采用当地的资料进行研究，包括马来西亚的宪法、国家政策、官方统计资料、马来人政党的党纲和出版物等，此外还有马来文学家的游记，马来

---

① Andreas Wimmer, 2018：*Nation Building：Why Some Countries Come Together While Others Fall Apart*, Princeton：Princeton University Press，p.32.

学者的研究，马来政治人物的回忆录、著作等。同时，马来西亚民族的建构始终会受到马来西亚多元社会的牵制。对于华人对马来西亚民族建构政策的认知和反应，本书主要是利用马来西亚华人的著作、华文期刊、华文报纸以及对华人的访谈进行研究。

　　本书的研究范围是以马来半岛地区（西马）的马来人与华人的关系为主，同时涉及印度人、真正意义上的"大地之子"原住民等。马来西亚民族建构在西马面临的难题是族群关系的困境，主要在于马来人和华人之间，因为这两个族群的人数众多，对该问题有着不同的看法和观点，对马来西亚民族建构的走向有着较大的影响，而马来西亚民族建构在东马面临的困境则主要是中央与地方的矛盾。西马是马来西亚政治、经济和文化的中心，本书故以西马地区马来人和华人的关系为主要研究范围。

图 1 - 1　2008 年大选时国民阵线的支持者在柔佛州居銮的街道上游行
（笔者在 2008 年 2 月 24 日拍摄）

　　笔者在 2007 年 9 月到 2008 年 9 月在马来亚大学中国研究所做访问学者。因为马来亚大学位于吉隆坡，故笔者大部分时间都在吉隆坡，曾短期到访过槟榔屿。2008 年马来西亚大选期间，笔者在合作导师何国忠博士的选区——柔佛州居銮前后待了一个多月，亲身观察了第十二届全国大选，这次经历为本书的研究提供了许多直观的感受。这次大选是马来西亚政治发展的分水岭，国民阵线在国会占三分之二以上议席的优势首次被打破。十年之后即 2018 年，马来西亚首次出现政党轮替。

何国忠老师之前是马来亚大学中国研究所的所长，在这次大选中，他首次作为马华公会的候选人从吉隆坡过来在他的家乡居銮上阵，从马华公会的地方力量来看，何老师属于空降。为便于开展工作，何老师从吉隆坡带了一个以年轻人为主的助选团。何老师让笔者也到他的选区来观察此次大选。笔者和助选团成员吃住在一起，助选团成员都讲华语，笔者和他们的交流无碍。大家年龄相仿，很快熟络起来，打成了一片。在何老师完成候选人提名那天，广场上挤满了马来人和华人。笔者旁边的华人感慨地说："这是马来西亚华人与马来人少有的大团结的时候。"在广场上，同属执政党阵营的马华公会与巫统队伍人数众多，声势浩大，而在广场另外一边，同属反对党的伊斯兰党和民主行动党站在一起，人员稀少，两者形成了鲜明的对比。

图 1 - 2　2008 年大选时执政党和反对党阵营在居銮
东姑易卜拉欣依斯迈厅前集合
（笔者在 2008 年 2 月 24 日拍摄）

　　大选期间，同属于华人政党的马华公会和民主行动党免不了互相鞭挞。我们一次在集市上碰到了民主行动党的队伍，它的队伍中有一位当地较有声望的人物，他口才极好，一看我们是从吉隆坡过来的，就过来和我们打招呼，很绅士地阐述他的观点，批驳巫统政府的政策。一位助选团的成员私下给笔者说，他挺佩服这位民主行动党的支持者的。在助选团拜访一些支持马华公会的社团时，其中的一些社团成员也会批评巫统政府的政策，助选团中的一些成员就会和批评者耐心探讨问题，解释马华公会的立场和做法。

图 1 - 3   马华公会时任副总会长翁诗杰到居銮为
马华公会的国州议员候选人助阵
（笔者在 2008 年 2 月 26 日拍摄）

　　在大选期间，何老师走访了许多马来人和华人的村庄以及印度人的种植园。巫统几乎在每个马来人村庄都设有组织。何老师在拜访马来人村庄时，巫统经常会派人来助选。助选团到马来人村庄时，马来人普遍比较热情，并准备专门的食物，但有时一天要跑很多马来人村庄，要在每个村庄都吃东西，这也是一种压力。助选团的成员不仅来自吉隆坡，也有当地的华人。当地的华人与马来人比较熟悉，他们的关系要比吉隆坡地区的马来人与华人的关系融洽一些。助选团在一个马来人村庄里遇到一位马来人与华人的混血儿，当地华人见了她很热情，并告诉笔者这位马来妇女的父辈是海南人。何老师到马来人村庄，通常需要用马来语演讲。

笔者在吉隆坡时，见到过当时马华公会的总会长黄家定，也听过他的演讲，感觉黄家定总会长比较务实。华人朋友告诉笔者，黄家定是从基层上来的，比较接地气。此次大选在居銮，笔者没有见到黄家定总会长，但是见到了副总会长翁诗杰。翁诗杰在跟何老师、马华公会地方领导人交谈时，直接要求马华公会地方领导人全力支持何老师。翁诗杰可能觉得何老师是新人，担心马华公会地方力量不能全力支持他。在居銮，笔者见到了研究马来西亚华文教育的知名学者郑良树，何老师是郑良树教授的学生，何老师这次参政也得到了郑良树教授的鼓励和支持。经过一个多月的奋斗，何老师最终成功当选马来西亚国会议员，并被任命为高等教育部副部长。

在笔者接触的马来西亚华人中，大部分讲华语，也有一部分不会讲华语，但会讲英语。在这两部分华人中，笔者都有一些很好的朋友。笔者参观过很多华人的院落，它们多是独栋的房屋，华人生活处于中产阶级的水平，家里通常不止一部汽车。笔者在吉隆坡时去过一位华人富豪家里做客，华人朋友告诉笔者富豪家中的一条鱼价值几十万马币，可是笔者在富豪家的池塘里见到了一群鱼。马来西亚华人中不乏有一些贫困的家庭。笔者在槟榔屿时走访过一位华人，他的家可以用家徒四壁来形容，基本上没有什么值钱的家具，且还有三个儿子。

笔者在马来西亚做了四个正式访谈，这些访谈都是围绕马来西亚民族国家建构问题展开的。在这四个正式访谈中，一位是马来西亚 X 研究中心的主任 W，另外两位是笔者在马来西亚的好友，还有一位是笔者经常向他购买电话卡的华人小贩黄先生。为什么选择这四个人？笔者刚到马来西亚时，遇到一位在马来亚大学食堂打饭的华人学生，在打饭的过程中，笔者试图向她了解华人与马来人的关系，但是被她拒绝了。笔者意识到这个问题比较敏感，之后就不再向陌生人谈这个话题了。X 研究中心主任 W 是我在中山大学东南亚研究所读硕士时遇到的，他那时被范若兰教授邀请过来给我们做报告。笔者到了马来西亚之后，向他介绍了笔者的情况，他欣然接受了笔者的访谈，笔者的访谈内容和他当时做的报告有着较大的关系。颜同学和 Tim 是我在马来西亚的好友，他们对笔者在马来西亚的生活和学习多有帮助。在访谈中，两位好友都是知无不言，言无不尽。笔者在黄先生那里买了一年的电话卡，和黄先生逐渐熟络起来，笔者找他做访谈时，他爽快地答应了。笔者还和一些华人朋友私下里聊过类似的问题，这些交谈都是在日常生活中进行的，比较随意，获得的内容和正式访谈大同小异，所以笔者就没有再做过多的访谈了。

访谈内容

一、访谈对象：W（X 研究中心主任），2008 年 5 月 28 日，地点：X 研究中心。

1. 您认为马来西亚民族存在吗？

在一些特定的情形下存在，比如在国外，大家认为自己是马来西亚人。在羽毛球比赛中，一些年轻人有这种意识。但国家的政策把我们分开，在很多方面，如税收，华人被当成二等公民。

2. 马来人与华人有融合的地方吗？

以前在英文学校，马来人与华人比较融合。现在马来人上国小，华人上华小。现在华人即使放弃自己的名字、华文教育，华人仍然是二等公民。一些华人加入伊斯兰教，但华人穆斯林不一定是马来人。

3. 华人子弟上华小的原因有哪些？

华小离家比较近，比较方便。华文教育有一个更好的未来，有利于做生意。华文是一个世界性的语言，华文与马来文相比，有更多的文学名著，有更吸引人的哲学思想。

4. 阻碍马来人与华人融合的原因有哪些？

首先是马来人特权的存在，华人是二等公民，这阻碍了马来人与华人的融合。其次是宗教和政治，现在的政治阻止马来人和华人通婚，以前马来穆斯林与华人是可以通婚的，我小时候身边就有这样的例子。

二、访谈对象：颜同学（马来亚大学学生），2008 年 8 月 16 日，地点：马来亚大学学生宿舍一楼架空层。

1. 你身边友族同学多吗？

不多。我不习惯讲国语，也不觉得国语亲切，华人之间不讲国语。马来人与华人吃的食物不同，马来人不吃猪肉，穆斯林吃的食物是清真的，这会影响我与马来人的交往。

2. 在你成长的过程中，让你意识到华人身份的事情或因素有哪些？

教育让我意识到自己的身份。还有一个就是家庭，我来自彭亨州，村子里大多数是华人。经常租录像带看香港、台湾的电影和电视剧，喜欢看历史剧。马来西亚儿童的故事书传承了中华文化。还有节日，我们会过华人的传统节日，比如中元节。

3. 在你的日常生活中，政府政策对华人与马来人有不同的地方吗？

华人与马来人上学的机会不同。在马来亚大学，日本政府以前给了一些留学机会，这些机会全部都给了马来人。政府保送到国外留学的机会很少留给华人。马来人与华人上大学的渠道也不一样，华人要上先修班，上大学需要考试，而马来人上预科班，上大学靠申请，并且教育制度改来改去。

4. 你觉得华人和马来人是一个民族吗？

从理论上或法律上看，是的，大家都是马来西亚公民，但情感上是不够的。大家彼此之间分得很清楚，但在奥运会上，不会故意去分马来人、华人。原因在于宗教上的阻碍很多、很大，伊斯兰教与华人的生活有很大的不同。还有就是马来人特权的存在，从根本上说是不公平的，这的确会影响到认同。感情上，觉得自己不会和马来人来电。国民型中学的制服是不一样的，马来人有马来人的服装，其他族群是一般服装，制服本来应该是一致的。

三、访谈对象：黄先生（公司职员），2008年9月2日，地点：电话卡销售处。

1. 你身边友族多吗？

工作场合友族朋友蛮多，但私下里朋友并不多，主要是因为族群不同。

2. 在你成长的过程中，让你意识到华人身份的事情和因素有哪些？

我在华小上学，这会让我意识到我的华人身份。

3. 在你的日常生活中，政府政策对华人与马来人有不同的地方吗？

华人在这里生存并不容易，需要付出双倍的努力，没有政府的帮助。

4. 你觉得华人和马来人是一个民族吗？

华人与马来人不是一个民族，原因在于种族不同。未来有可能，今日的马来青年更加开放、开明。

四、访谈对象：Tim（公司职员），2008年9月3日，地点：马来亚大学宿舍。

1. Do you have Malay friends after work?（您在工作之余有马来朋友吗？）

I have Malay friends in work. No Malay friends after work. I can't find Malay close friends to me.（我在工作中有马来朋友，工作之后没有和马来朋友交往，我无法找到亲密的马来朋友。）

2. Do you consider yourself Chinese?（您认为自己是华人吗？）

I am a Malaysia Chinese. I am not a China Chinese any more. （我是马来西亚华人，不是中国人。）

3. What makes you realize that you are Chinese in everyday life? （在日常生活中，什么让您意识到自己是华人?）

I practice Chinese culture. My parents told me about Chinese culture and its values, such as the importance of respecting elderly people. Before becoming a Christian, I used to celebrate Chinese festivals. I am still teaching my Children to be Chinese. Do not lose identity. I still celebrate Chinese New Year. （我践行华人文化。我的父母告诉我华人的文化和价值观，比如尊重老人的重要性。在成为基督徒之前，我经常庆祝华人的节日。我仍然在教育我的孩子成为华人。不要失去身份。我仍然庆祝春节。）

4. In your daily life, is there a difference in government policy between Chinese and Malays? （在您的日常生活中，政府对待华人与马来人的政策有什么不同吗）

It is clear that the government is treating Chinese unfairly. Now Chinese is down, Malay is up. Some smart Chinese left Malaysia. （很明显，政府对待华人不公平。现在华人在下降，马来人在上升。一些聪明的华人离开了马来西亚。）

5. Do you think that Malay and Chinese are one people or a nation? （您认为马来人与华人是一个民族吗?）

We want to be one people, but all government policies divide Malaysian. Government let Chinese and Malay compete with each other. What politician said are good. They do not practice what they said. We do not trust what Malay leaders said. Chinese are second class citizens in Malaysia. （我们想成为一个民族，但所有的政府政策都在将马来西亚人分开。政府让华人和马来人相互竞争。政客说的话都很好听。他们没有实现他们的承诺。我们不相信马来领袖所说的话。华人在马来西亚是二等公民。）

下面介绍一下本书在田野调查中是如何展开的。

笔者在马来西亚的合作导师何国忠博士对本书研究的开展提供了重要的帮助。笔者在中国研究所时，曾向何老师请教马来人与华人的关系问题。何老师提出，马来人对华人是有恐惧的，将华人当成他者。笔者在研究中也发现了这一现象。在建国初期，马来人仅仅接近人口总数的50%，而华人占37%，印度人占12%，马来人与华人在政治、经济领域各有优势。总的来说，马来人与华人力量不相上下，华人也自认为华人社会是马来西亚的主流社会。2007 年 10 月，笔者在中国研究所做报告时，提到华人人口比重越来越小，已经成为少数族群，话音刚落，立刻受到一位华人学者的批驳，她说华人在马来西亚不是少数族群。十多年过去了，越来越多的学者意识到了华人的少数族群地位。今天随着华人人口比重只占两成多一点，马来人逐渐意识到，无论在反对党联盟，还是执政党联盟中，华人都不可能占据主导地位。在这种形势下，马来人分裂了，甚至呈现碎片化的态势，和曾经的大团结形成了鲜明的对比。华人人口比重的变化及整体力量的下降，意味着华人对马来人的威胁在变小，这对马来西亚的族群关系、族群政治乃至民族国家建构都产生了深远的影响。本书对华人在马来西亚力量的变化及其产生的影响始终保持着关注。

何老师参政后，杨国庆（Emile YEOH Kok-Kheng）博士成为新任的中国研究所所长。杨老师长于马来西亚经济研究，我们除了多次谈及马来人与华人的关系外，还谈到了马来西亚的经济政策。笔者印象中很深的一点是杨老师对新经济政策的评价，新经济政策旨在重新调整马来人与华人的贫富差距，马来西亚华人是"痛在其中"，但杨老师从学术研究的角度出发，认为新经济政策有积极的一面。杨老师将他的研究成果主动分享给笔者，在本书第三章第二节"巫统的经济整合对马来西亚民族国家建构的影响"，笔者引用了杨老师的研究成果。

方奕鸿是中国研究所的行政主管，笔者来马来亚大学访学的手续都是方奕鸿负责处理的。我们年龄相差不大，无话不谈。对于巫统政府提出的"马来西亚民族"口号，他直言不讳地说，这只是口号，巫统政府并没有多少实际的行动。何老师参政后，方奕鸿跟随何老师到马来西亚的行政中心布城上班。他曾邀请笔者去布城参观。他提醒笔者在马来西亚民族国家建构中出现的国际移民现象，笔者在之后的研究中也关注到了这一问题。本书专门设立第七章"国际移民与马来西亚民族国家建构"对该问题进行研究。

马子良是中国研究所的老师，也是一位穆斯林，曾邀请笔者去参加华人穆斯林的聚会，并带笔者去聆听马来西亚主流马来学者的演讲。在华人穆斯林聚会时，曾碰到一位刚刚改信伊斯兰教的华人。在聚餐的过程中，笔者看到这里的华人妇女都身穿马来妇女传统衣服，戴着头巾，并用手吃饭。实际上，华人穆斯林与其他华人的关系并不算和睦。一位华人朋友告诉笔者，华人一旦改信伊斯兰教，他的社交范围与以前相比会发生比较大的变化。笔者曾经认识一位马来亚大学的中国女留学生，一段时间后她开始穿马来妇女的传统衣服和戴头巾，但笔者并不清楚她是否改信伊斯兰教。一些中国留学生对此颇有看法，一位中国留学生有一次就当众和她"探讨"起服饰问题。这位中国女留学生的事情在我熟络的马来西亚华人中也引起了不小的震动。笔者开始关注华人对伊斯兰教的认识和态度，特别关注"伊斯兰国家"与民族国家之间的争论，本书专门设立第五章"马来西亚国家再造的争论"来探讨这个问题。

笔者初到马来西亚时，和一位华人朋友聊天，谈及当地华人出众的语言能力，很多华人都可以讲马来语、英语、华语等多种语言。华人朋友立刻对我说，华人之间是不讲马来语的，华人讲马来语是被逼的、不情愿的。当时笔者听了很惊讶，以为他说的是个人的感受。随后笔者又经历了两件事情，就懂得了这不是他个人的感受。这两件事情是笔者在观察第十二届全国大选时发生的。有一次，何老师的助选团在一所中学外派送何老师的材料，这些材料都是宣传何老师本人的。许多华人家长来学校接送孩子，华语材料很快派送完毕。当时还有很多华人家长没有拿到材料，于是笔者向助选团建议，派发马来语材料。笔者的建议随即被一位助选团队成员否决，她严肃地对笔者说："可千万不敢发马来语材料给华人，发了马来语材料给人家，人家的心情会很不同，本来人家可能要投你一票，你一发人家就不投你票了。"在谈话过程中，她还给我做了一个很痛苦的表情，至今印在笔者的脑海里。之后笔者身边又发生了一件更为严重的事情。一天，助选团在一家大排档里派送何老师的参选材料。材料发完之后，笔者和助选团在一起吃饭。一位华人阿婆突然怒气冲冲地走到桌前，将参选材料摔到桌子上，然后大声说，没有华语材料就不要发了，为什么发马来语材料给她。助选团一看情势不对，马上赔礼道歉，表示发错了。那位阿婆依然不依不饶，后来助选团一成员私下请笔者帮助解决问题，代替他们道歉，因为笔者是外国人，阿婆不至于太为难，实际上笔者只是观察此次大选，并不派发材料。笔者给阿婆说，我是外国人，不知道情况，错发给她了，非常抱歉。阿婆最后还是很不乐意地走了。

虽然以上讲的都是个案，但这些个案中蕴藏着民族国家建构中的重要问题。新兴国家在进行民族国家建构时，通常需要选择以哪种语言作为国语，或者以哪种语言作为族际交流语。在新兴的多族群国家中，这是一个艰难的博弈过程，对于失败的族群来说，这是一段痛苦的经历。实际上，民族国家建构就是要建立一种以共同语言来运作的社会制度以帮助公民形成特定的民族意识或身份，这意味着公共机构（包括政府、法庭、经济部门、学术机构等）将以这种语言来运作。对于讲这种语言的人而言，这显然是一种巨大的优势，对于其他语言使用者来说，势必处于劣势。本书对于马来西亚如何选择国语，以及马来人与华人在官方语言领域博弈的考察，主要在第三章的第一节"巫统的政治整合对马来西亚民族国家建构的影响"和第三节"马来西亚民族建构的文化困境"。

　　新兴多族群国家普遍会面临选择国语或族际交流语的问题，但做法不尽一致。这是一件颇为不易的事情，正如新加坡建国之父李光耀在回忆对这一问题的处理时，将他的回忆录命名为《我一生的挑战：新加坡双语之路》。在民族国家建构中，马来西亚选择了最大族群的语言——马来语作为国语，而新加坡选择以英语作为工作语言或族际交流语，这意味着新加坡没有一个族群占有先天优势。新马在历史上有很多的纠葛，包括它们在一个政治屋檐下时，对未来民族国家建构的设想也完全不同。新马分离后，它们在民族国家建构的政策和实践上大相径庭，一个选择了多数族群的语言作为国语，一个并没有以多数族群——华人的语言作为族际交流语，而是选择了英语，一个在马来人特权的基础上建构民族国家，一个赋予了国内各个族群成员平等的公民权。菲律宾作为马来世界的一员，试图建立以他加禄语为族际交流语的制度和环境，但遭到了多数族群中其他语言群体的反对，迫使菲律宾政府不得不调整相应的政策。这三个国家处理这一问题的利弊得失值得我们关注。本书在第八章"马来西亚与新加坡、菲律宾民族国家建构比较研究"对该问题有较多的考察。

第二章　独立前马来族群的整合

第一节　马来统治者在马来社会中的地位与影响

　　马来人在政治上的团结对马来西亚政治有着深远的影响。马华公会前国会议员胡亚桥曾说："马来民族在政治上发挥强大的凝聚力，确保他们在其他领域能取得进展，是不争的事实。"[1] 马来人的团结既受益于马来文化的凝聚力，又是政治上精心整合的结果。从广义上讲，马来人指的是使用马来语居住在马来群岛上的人，是一个语言和人种的概念；从狭义上讲，马来人是指在马来西亚的马来人，[2] 主要是一个政治概念，它有着严格的界定：凡信仰伊斯兰教，习惯说马来语，奉行马来风俗者方为马来人。在马来西亚，马来人有着多种来源，除了本地的马来人，还包括来自印尼的爪哇人、亚齐人、米南加保人、布吉斯人以及印度穆斯林和阿拉伯人。[3]

　　第二次世界大战前，英属马来亚被划分为三个行政体系，即海峡殖民地、马来联邦和马来属邦，但是英国仍然在各州的基础上对之进行统治。半岛马来人也只效忠于各自的苏丹，各州在政治上并无紧密联系，仅在文化上具有相似性。如何将不同来源、不同州属的马来人整合在一起，不仅是马来人在独立前获取政治领导权的关键，而且是独立后影响马来西亚民族国家建构的重要因素。

---

① 〔马〕胡亚桥：《新马来人对华社的启示》，《资料与研究》1993 年第 6 期。

② 廖建裕在接受《东方日报》采访时，将马来人做广义与狭义之分。参见〔马〕《东方日报》2007 年 11 月 9 日。

③ 与马来西亚的"马来人"概念不同，印度尼西亚的"马来人"和"爪哇人"是不同的族群，马来人只占全国人口的 3.5%，是少数族群。参见〔马〕《东方日报》2007 年 11 月 9 日。

一　马来统治者在马来社会中的地位

马来统治者虽然没有拥有足以让每一个地方首领都臣服的实力，但是从马来社会信仰和风俗来看，马来统治者是各州正义与秩序的化身，也是各州最高权力的象征，地方首领在隆重的登基仪式中对统治者也表达了极高的敬意。

马来半岛各土邦的典章仪式、政治制度和伊斯兰文化都曾受到 15 世纪马六甲王国的影响。马六甲王国是马来人历史上的黄金时期。马六甲王国强盛之时，势力几乎遍布马来半岛的所有小土邦和印尼苏门答腊岛部分地区。它不仅是当时的地区支配力量之一，而且也是主要的贸易港口和传播伊斯兰教的中心。①

在马来人改信伊斯兰教之前，马来王权的思想曾深受印度文化影响。温斯泰德（Winstedt）是英国殖民官员中研究马来亚历史最为杰出的学者之一。在研究了马来王室的起源后，温斯泰德认为，"马来王室起源于印度移民与当地首领女儿的联姻，他们的后代继承了印度神话（Hindu ideas of territory and divinity）的思想。这种思想又融合了马来部落原有的观念——马来人认为他们的部落首领和巫医拥有神力"②。马来王室与印度文化的渊源还可以从马来统治者的封号中得以印证。马来各州的最高统治者被称为 Yang di-pertuan（He who is made lord），意思是一位被选为统治者的人，他还可以被称为 Raja，这是印度的封号，而苏丹（Sultan）则是他改信伊斯兰教后的封号。此外，马来统治者登基时的洗净仪式也体现了印度文化残留的影响。在许多州中，每当统治者登基时，都会举行洗净仪式，意思是要将一切旧的、肮脏的洗掉，以便开始新的统治。举行洗净仪式的浴殿，在外形上各州大致一样，但层数不一，霹雳的浴殿是十一层，森美兰的浴殿却只有九层。从最低层到最高层，每层都坐着不同身份的人，以此象征现实中的等级社会。这种洗净仪式其实是吠陀时代（Vedic time）印度帝王登基前举行的一种仪式。③

在英国入侵马来半岛之前，各州的政治体系都是等级制。体系的顶端是统治者（Yang di-pertuan），被称为 Raja 或者苏丹，统治者之下通常有

① 〔澳〕约翰·芬斯顿：《东南亚政府与政治》，张锡镇等译，北京，北京大学出版社，2007，第 145 页。

② Richard Winstedt, 1961：*The Malays：A Cultural History*, London：Routledge & Kegan Paul LTD, p. 63.

③ 〔马〕颜清湟：《森美兰史》，新加坡，星洲世界书局有限公司，1962，第 144 页。

四位大臣，主要由皇室成员或贵族来担任。在霹雳、雪兰莪和彭亨州，这四位大臣是盘陀珂罗（Bendahara，首相）、盘陀珂黎（Bendahari，财政大臣）、天猛公（Temenggong，司法大臣）和门德里（Mentri，部长）。在森美兰，这四位大臣则是东姑勿刹（Tengku Besar）、东姑水军都督（Tengku Laksamana）、东姑无答色丁（Tengku Muda Serting）、东姑邦礼马勿刹（Tengku Panglima Besar）。① 四位大臣下面通常还有八位更低级别的官员。以上是中央级别的行政架构。地方上的行政单位分为区域和乡村两种。地方首领（District chief）经常统辖一方，在其辖区内有许多村庄，他对每个村庄的管理主要得益于村长（Penghulu）的协助。

虽然各州的政治体制不尽相同，但各州长久以来都很少出现中央集权的现象。马来统治者多数是由地方首领从皇室合格男性候选人中推选出来的，并且统治者们在许多州中并无太多权力，也不能对地方上进行有效控制。② 地方首领才是这种政治体制的关键。"地方首领在其辖区内进行直接统治。他的辖区通常是顺着河流向前延伸，因为没有哪种经济活动不是基于河流贸易的。地方首领通常会在河流上占据一个战略要点——一个大的村庄，从而使他能够对来往的船只征税和对他的辖区进行保护。"③

各州的马来统治者许多时候都没有某些地方首领强大，但并不意味着统治者在各州是无足轻重的。实际上，地方首领往往离不开统治者的支持。除了宗教上的职责外，统治者最重要的职责是掌管本邦的对外关系和防务。地方首领经常会面临外部的威胁，地方首领需要借助统治者的名义团结起来，抵御外敌和进行防卫。另外，地方首领还需要从苏丹那里获得任命，没有苏丹的任命，他们的统治就没有合法性。苏丹的任命带给地方首领的好处是显而易见的，他不仅可以收取税收和过路费，而且他还可以拥有某些商品的专营权和特许权。

马来统治者也是整个马来社会效忠的主要对象。在马来社会原有的习俗中，马来人笃信万物有灵。不论在生产活动中，还是在人们生病时，他们都相信冥冥之中有鬼神的存在，因此，他们在种稻或收割时要祭稻神，在疾病流行时要祭恶神。④ 巫医（Madicine-man）和巫师（Shaman）在马

① 〔马〕颜清湟：《森美兰史》，新加坡，星洲世界书局有限公司，1962，第106～107页。
② Muhammad Kamil Awang, 1998：*The Sultan and the Constitution*, Kuala Lumpur：Dewan Bahasa dan Pustaka，p. 6.
③ William R. Roff, 1967：*The Origins of Malay Nationalism*, Kuala Lumpur and Singapore：University of Malaya Press & New Haven and London：Yale University Press, pp. 4～5.
④ 〔马〕颜清湟：《森美兰史》，新加坡，星洲世界书局有限公司，1962，第131页。

来人的生活中扮演着极为重要的角色。马来人认为巫医、巫师以及部落首领都拥有神力。马来半岛在印度化时期，马来人接受了印度文化对整个世界以及统治者的看法。马来人崇拜印度教中的天神如大梵天（Brahma）、毗湿奴（Visnu）、湿婆（Siwa）等。印度化时期的马来人认为他们自己不是生活在神启的法律之下，而是处在某位 Raja 的统治之下。马来语的"政府"和"国家"是"Kerajaan"，可以直译为"拥有一位 Raja 的地方"①。虽然 Raja 没有掌握邦中经济和军事方面的大权，但是邦中所有经济和军事的活动都是在 Raja 的名义下进行的。印度化时期，不是马来种族或穆斯林社区，而是 Raja 才是马来人效忠的主要对象和马来人生活的中心。②

马来人改信伊斯兰教后，马来统治者在马来社会中的地位并没有被伊斯兰教削弱，反而得到了进一步强化，比如统治者的地位被伊斯兰教的经文合法化了。马来统治者被认为是真主安拉在人世间的哈里发，是真主安拉与人的中介。森美兰州的《双溪芙蓉法典》（Digest of Customary law from Sungai Ujong）中的第七十条法律对马来统治者是这样规定的："一滴水、一块土、一粒石头、一双草蜢和蚂蚁，从外在来说，都是属于统治者的。但是，从内在来说，都是属于世界的创造者阿拉（Allah，即上帝或最高的神）的，因为统治者是阿拉在人世间的代表。"③ 由于这个缘故，每当森美兰的最高统治者登基时，州内伊斯兰教的神职人员都要亲自为他加冕，表示安拉封他为人世间的真正统治者，从此以后，他就代表安拉在人世间进行统治。统治者还是各州统一最重要的象征，也是各州正义和秩序最主要的捍卫者。

二　马来统治阶层对马来社会的影响

马来社会可以分为两个阶层：统治阶层和被统治阶层。这两个阶层区分的标准，一是根据出身，二是根据风俗习惯和信仰。统治阶层由马来统治者、中央官员、地方首领组成，被统治阶层则由平民和奴隶组成。统治阶层在马来传统社会有着根深蒂固的影响，他们享有一般马来人的效忠，牢牢地控制着马来社会。英国在马来亚的殖民统治并没有打破这种社会结构，而是利用马来社会原有的统治阶层来控制马来人，维护其殖民统治。

---

① Muhammad Kamil Awang, 1998：*The Sultan and the Constitution*，Kuala Lumpur：Dewan Bahasa dan Pustaka, pp. 7 ~ 8.

② Muhammad Kamil Awang, 1998：*The Sultan and the Constitution*，Kuala Lumpur：Dewan Bahasa dan Pustaka, p. 8.

③ 〔马〕颜清湟：《森美兰史》，新加坡，星洲世界书局有限公司，1962，第 146 页。

　　在马来传统社会，统治阶层对其治下的子民拥有绝对的权力，他们只要看到自己喜欢的物品和妇女，便会不由分说，随意抢夺，据为己有。马来新文学之父文西阿都拉（Munsyi Abdullah）于1850年跟随商业团队在东海岸各州游历。他曾与吉兰丹州沙白村的村民们进行交流，村民们告诉他，他们"每天替拉查（Raja）为牛为马，妻子、儿女及本身的伙食却没有着落，都由自己筹措。不论是船只或农作物或是其他的东西，只要他喜欢，就随意取去，分文不付。要是有些财物或有美丽的女儿合其意的，也给拿去。我们不能违背其意思。阻止或拒绝的话，他便令人把你活活刺死。我们住在马来州府，就好像住在地狱里"①。此外，Sharom Ahmat 关注过吉打州稻米产量过低的现象，他认为一个重要原因就是马来稻农总是担心多余的产量会招致当地首领抢夺，宁愿少种而不愿多产。② 这也是其他各州普遍存在的现象。因此，马来稻农的稻米产量往往不高，仅够一家老小糊口，充其量能维持到下一个稻米收获的季节。

　　在这种情形下，人们没有进取心，整日过着悠闲的生活，他们只求一日三餐、衣食无忧罢了。英国殖民官员瑞天咸（Swettenham）曾对马来统治阶层和被统治阶层之间的关系做过这样的描述：1874年，统治阶层和平民百姓之间有一道很深的界限。人们没有进取心，他们只是根据上面的吩咐做事，不多也不少。③

　　马来半岛得天独厚的自然环境也助长了马来人终日散漫、游手好闲的习惯。马哈蒂尔在《马来人之困境》中对此有过精辟的分析："茂盛的热带平原以其丰足的食物，可以维持早期马来亚相对少数居民的生活需求……中国所常见的饥荒现象，在马来亚是见不到的。在这种情况下，每个人都能生存。即使是最弱和最懒的也能过得相当舒适，结婚和生儿育女。所谓'适者生存'的理论在这儿并不适用……大部分马来人都以种稻为生，这是一种季节性的职业。实际的工作只有两个月，但其收获，却足够全年食用……闲暇的时间很多……除少数人以外，人们乐于利用无限的时间来休息或与邻人朋友谈天说地。"④

---

① 〔马〕文西阿都拉：《文西阿都拉吉兰丹游记》，黎煜才译，吉隆坡，联营出版有限公司，1993，第40页。

② Sharom Ahmat, 1984: *Tradition and Change in a Malay State: A Study of the Economic and Political Development 1878 ~ 1923*, Malaysian Branch of the Royal Asiatic Society, Monograph No. 12, p. 18.

③ F. Swettenham, 1955: *British Malaya*, London: George Allen and Unuin LTD, p. 141.

④ Mahathir bin Monhamad, 1981: *The Malay Dilemma*, Kuala Lumpur: Federal Publications SDN BHD, pp. 21 ~ 22.

统治者的残暴和平民百姓的懒散最终造成了一般马来人的贫穷与衰弱。正如文西阿都拉在参观过彭亨州后所说："住在这里（彭亨）的人终日畏惧统治者和高官显要的贪婪和暴戾行径。他们想：'勤劳又有何用处？得了些金钱或食物，就给分夺了去。'故此，他们终生都生活在贫苦与懒散的情况中。"① 吉兰丹州也是如此，州内王族蛮横霸道，横征暴敛，一般马来人的生命和财产朝不保夕，时刻都处在危险之中，人们由此生活在贫穷和困顿之中。

虽然马来统治者和地方首领的统治多有不公，但是一般马来人依然效忠于他们。这形成了马来社会中的庇护现象。笔者认为，这种现象的形成主要有以下三方面原因。

首先，马来社会庇护现象的形成和马来人的权力观念密切相关。马来传统社会认为，马来统治阶级权力与地位的大小，主要是肾视其随从和奴隶的多寡，而不是根据其财富的多寡。② 因此，马来统治阶级往往乐于招揽其他地方的农民进入自己的领地，并对其提供保护。一些统治者还愿意宽恕一些杀人犯和犯下重罪的马来人，把他们收做自己的奴隶。马来社会以人口的多少来衡量统治阶级权力大小的做法不是独特的，而是早期东南亚国家的普遍现象。吴小安教授在分析早期东南亚国家的特征时，就曾指出，东南亚早期国家不是以疆域、领土来界定的，而是以人口的控制为中心的。这是因为东南亚地广人稀、资源丰富，领土与人口相比，人口因素更能象征国家的权力与实力。③

其次，马来人的贫穷与衰弱也有助于马来传统社会庇护现象的形成。在马来传统社会，一般百姓经常处在贫穷和困顿之中，他们一旦碰上天灾人祸而急需钱财时，通常会向统治阶层借贷，最后的结果是自己变身为债务奴隶，依附于马来统治阶层。

最后，马来人的"心理封建主义"使得他们往往盲目效忠马来统治者。在马来传统社会，马来统治阶层对一般马来人多有不公，但是马来农民依然效忠他们。阿拉塔斯（Syed Hussein Alatas）将这种现象称为"心理封建主义"（Psychological feudalism），其表现为：马来农民绝对服从于

---

① 〔马〕文西阿都拉：《文西阿都拉吉兰丹游记》，黎煜才译，吉隆坡，联营出版有限公司，1993，第 11 页。

② 〔马〕廖文辉：《马来社会问题形成的一些可能历史解释——马来社会史的一个侧写》，《人文杂志》2002 年第 17 期。

③ 吴小安：《试论历史上的东南亚国家与国家形成：形态、属性和功能》，《亚太研究论丛》（第五辑），北京，北京大学出版社，2008，第 253 页。

他的统治者，并且当强迫劳役或腐败的官僚作风不公平地加诸他的时候，他选择逃走或开溜，而不是自卫或表示异议。① 马来人的"心理封建主义"和马来人的宿命论密切相连。马来人认为一个人要想通过努力改变自己的命运是徒劳的，一切都是命定的，因此最好的生活方式是忍受与安于现状。② 这种宿命论主要来自统治阶层推崇的伊斯兰教来世思想。这种思想告诫马来农民，如果他们今生安于现状、效忠统治阶层，他们来世就会得到神的奖励。

马来传统社会的庇护现象在殖民地政府时期并没有多少变化。16 世纪初，西方开始入侵马来半岛。葡萄牙在 1511 年攻占了马六甲港口，随后荷兰又将葡萄牙逐出马六甲。1824 年，英荷在伦敦签署《英荷条约》，重新划分两国在东印度群岛的势力范围。条约规定：马六甲海峡以北的马来半岛、槟榔屿、马六甲、新加坡属于英国势力范围，海峡以南的东印度群岛属荷兰势力范围。第二次世界大战前，英属马来亚划分为三个行政体系，即海峡殖民地、马来联邦和马来属邦。海峡殖民地包括槟榔屿、马六甲、新加坡三块殖民地，每块殖民地的行政长官是驻扎官（Resident Councillor），英国对此进行直接统治。马来联邦包括霹雳、雪兰莪、森美兰与彭亨四个州，首府是吉隆坡。英国在马来联邦实行驻扎官制度，驻扎官负责各州的立法、行政和司法。马来苏丹仍是国家元首，但只负责"马来宗教与习俗"的有关事务。马来属邦包括柔佛、玻璃市、吉打、吉兰丹、丁加奴五个州。在马来属邦，英国人的统治比较松散，没有像马来联邦那样严密，顾问官的权力比驻扎官小得多，他们多是作为马来苏丹的咨询人员，并不直接发号施令。

在英国统治下，马来亚的政治、经济和社会状况都发生了巨变，但是马来社会仍然以传统方式过活，并没有发生多大的变化。在殖民统治期间，为开发马来亚，掠夺更多的资源，英国殖民政府引入了和马来人大体相当的华人与印度人。由于害怕某一族群一家独大以及三大族群之间进行联合，殖民政府对马来亚的多族群社会采取了"分而治之"的策略。在这种策略的指导下，英国殖民政府允许华人和印度人在经济上强大，但是对他们参与政治进行限制。同时，英国人一方面吸收马来人参与当地政

---

① Syed Hussein Alatas，1978："Feudalism in Malaysian Society: A Study in Historical continuity", in Stanley S. Bedlington, *Malaysia and Singapore: The Building of New States*, New York: Cornell University Press, p. 27.

② 陈晓律等：《马来西亚——多元文化中的民主与权威》，成都，四川人民出版社，2000，第 41 页。

治；另一方面，有意对马来人的经济进行限制，让他们继续停留在小农经济里，而不能参与现代经济。殖民地政府先后颁布了"马来人保留地法"（1913年）、"稻米地法"（1917年）和"椰子保留地法"（1917年）试图将马来人束缚在土地上和传统的农业中。

英国殖民政府的马来语教育政策也努力维护着马来传统社会的稳定。殖民政府曾为农村马来人提供了一定的马来语教育，其目的是想让马来人继续以传统方式生活，以免他们受到外界影响，成为一个激进且难以控制的群体。马来联邦秘书长马克斯韦尔（Maxwell）爵士曾谈及马来语教育政策的目标，他认为："政府的目标不是培养出一小群受到良好教育的孩子，而是提高广大人民的教育水平，以使渔民和农民的儿子成为更聪明的渔民和农民，并且一个人受到的教育会使他知道如何更好来适应周围事物的安排。"[1] 在英国殖民政府的统治下，马来农民在政治、经济和社会都发生巨变的马来亚仍然以传统方式生活，他们成为社会经济急剧变迁的旁观者。[2]

在英国统治期间，马来传统社会也不是一成不变，其最大的变化在于英国殖民政府将马来统治阶层纳入殖民政权体系之中。在霹雳州首任驻扎官伯奇（J. W. W. Birch）因不注重与马来统治阶层合作被刺死后，英国殖民政府就比较重视利用马来统治阶层来维持殖民统治。在殖民政权体系中，殖民政府虽然剥夺了苏丹的大部分权力，但还是努力保持着马来社会对苏丹的想象——苏丹能够很好地保护其子民的利益，苏丹是独立自主的，他只是在驻扎官和顾问官的建议下行事，从某个角度讲，驻扎官和顾问官也是苏丹的臣下。[3] 殖民政府也将地方首领吸收进殖民政府，让他们变成了拿薪水的官员。马来王室和贵族的子弟也多被送到英文学校学习。他们毕业后，纷纷加入殖民政府，成为英国殖民政府的得力工具。1905年在瓜拉江沙（Kuala Kangsa）建立的马来学院（Malay College）是马来亚当时最著名的英文学校，被喻为"通向高官之门"，许多毕业生在殖民政府中都当上了高官。

总之，殖民政府依靠马来统治阶层对马来社会进行管理，并努力保持

---

[1] Stanley S. Bedlington, 1978：*Malaysia and Singapore：The Building of New States*，New York：Cornell University Press，pp. 51～52.

[2] 吴小安：《试论历史上的东南亚国家与国家形成：形态、属性和功能》，《亚太研究论丛》（第五辑），北京，北京大学出版社，2008，第257页。

[3] William R. Roff, 1967：*The Origins of Malay Nationalism*，Kuala Lumpur and Singapore：University of Malaya Press & New Haven and London：Yale University Press，pp. 250～253.

着马来社会的风俗习惯和旧有的社会结构，借此来维护英国的殖民统治。

第二节　马来民族主义对马来族群的整合

一　马来民族主义的兴起

20 世纪早期，马来社会产生了一种以民族主义思想为指导的民族自救式的改革运动。马来民族主义的兴起最早可以追溯至 1926 年在新加坡成立的马来人协会，该协会是第一个获得马来统治阶层支持的政治团体。从兴起之日起，马来民族主义就与马来人想象中的他族威胁纠缠在一起，不过这种想象中的威胁不是以英国殖民者为中心，而是以华人为中心的。

新加坡马来人协会成立后不久，各州的马来人协会也陆续成立，其成员大多来自殖民政府中的马来官僚及马来教师和记者。马来人协会的主要目标是提升马来人的经济地位和整合马来人，以应对日渐强大的外来族群。① 马来人协会的目标与当时的社会现实密切相关。在 19 世纪末 20 世纪初，殖民政府引入了大量的华工和印度劳工，造成马来半岛人口结构的重大改变，1921 年马来半岛上的非马来人数量首次超越马来人。② 1901年，新加坡的总人口为 228555，其中华人约占总人口的 72%，半岛马来人为 23060，马来群岛的马来人为 12335，阿拉伯人大约为 1000，马来—印度穆斯林大约为 600。③ 作为东南亚的贸易中心的新加坡，对许多马来人有着巨大的吸引力。然而，马来人在这里遭遇到的更多是挫折，他们发现这基本上是一座华人城市，除了英国人的大宗贸易外，华人差不多控制了这里所有的商业。华人初来时身无分文，若干年后，许多人变身为富商巨贾，而马来人在这里的情况刚好相反，随着地价的上升，马来人不得不从市中心迁到郊区甚至更边缘的地带。

在新加坡，马来人与华人经济实力过大的差距，让马来人产生了深深的挫败感和恐惧感。马来半岛的其他城市中，也大都以华人居多，马来人

---

① 〔马〕陈中和：《马来西亚伊斯兰政党政治：巫统和伊斯兰党之比较》，加影，新纪元学院马来西亚族群研究中心和策略资讯中心，2006，第 87 页。

② 根据 M. V. 德尔托夫（M. V. del Tufo）统计，1921 年马来半岛的总人口为 3326695 人，其中马来人口为 1623014 人，非马来人人口为 1703681 人。参见 M. V. del Tufo, 1949: *Malaya: A Report on the 1947 Census of Population*, London: Crown Agents for the Governments of Malaya and Singapore, p. 40。

③ William R. Roff, 1967: *The Origins of Malay Nationalism*, Kuala Lumpur and Singapore: University of Malaya Press & New Haven and London: Yale University Press, p. 33.

的挫败感和恐惧感会不同程度地存在。此外，马来人还不得不面对英国人带来的西方文化的强烈冲击。在多方挑战下，马来人产生了严重的信心与认同危机。他们意识到，如果在他族面前无动于衷，马来人将来可能会沦为与北美印第安人一样的命运。鉴于此，20 世纪初马来社会产生了一种以民族主义思想为指导的民族自救式改革运动。

马来民族主义从兴起之日起就与想象中他族威胁纠缠在一起。马来人协会与殖民政府的关系体现出马来民族主义想象中他族的威胁主要来自华人和印度人，而非英国人。各州的马来人协会基本上都与殖民政府积极合作，以换取殖民政府对马来人的支持。例如，霹雳州马来人协会宗旨之一是和殖民政府发展良好的关系以提升马来人的权益，而森美兰马来人协会的领袖更是宣称，对马来族群来说，英国在马来亚的统治就如水对人类来说是不可或缺的。①

马来人协会之所以倚重英国人的势力，固然是和马来统治阶层被纳入殖民政权体系，二者有着共生关系的原因有关，其深层原因在于马来人在马来亚多族群社会中的弱势地位。英国人为开发马来亚，引入了大量华人和印度人。在殖民政府的刻意安排下，华人虽被限制在经济领域，但是展现出了非凡的实力，与此同时，马来人却被摒弃在现代经济之外。为照顾马来人，殖民政府让马来人在保留地、公务员名额、教育方面享有特殊地位。依靠英国人的保护，马来人尚可与非马来人抗衡，但是保护一旦撤除，他们就不再拥有政治上的优势。关于马来人协会的本质，威廉·R. 罗夫（William R. Roff）认为："马来人协会与其说是政治民族主义者，倒不如说是族群至上主义者。马来人协会宣称在各州独立的基础上完全效忠马来传统统治集团的同时，他们热衷于英国人的殖民统治，以此作为马来人抵制定居在马来亚要求日渐增多的外国人的壁垒。"②

20 世纪初期，马来社会兴起的民族主义团体除了与英国合作的马来人协会外，还有以反对英国殖民统治为导向的马来青年协会（Kesatuan Melayu Muda）和马来民族党（Malay Nationalist Party）。马来青年协会和马来民族党代表的是另外一种马来民族主义——激进马来民族主义，它们通常打出鲜明的旗号，要求立即推翻英国在马来亚的殖民统治。1937 年 5 月，马来青年协会在新加坡成立。马来青年协会的主席

---

① 〔马〕陈中和：《马来西亚伊斯兰政党政治：巫统和伊斯兰党之比较》，加影，新纪元学院马来西亚族群研究中心和策略资讯中心，2006，第 137 页。

② William R. Roff, 1967：*The Origins of Malay Nationalism*, Kuala Lumpur and Singapore：University of Malaya Press & New Haven and London：Yale University Press，p. 256.

是 Ibrahim bin Haji Yaakob，毕业于马来亚著名的苏丹伊德里斯师范学院
（Sultan Idris Training College）。该学院不仅是马来现代文学、历史学和
马来语言学的研究中心，而且也是马来民族主义及社会主义政治源流的
一个重要发祥地。[①] 由于具有强烈的反英色彩，马来青年协会先是遭到英
国殖民政府的镇压被迫转入地下，后与日本人合作，最后在日治时期被日
本人解散。

以 Ahmand Boestamam 和 Burhanuddin al-Helmi 为首的激进马来民族主
义者在 1945 年 10 月 17 日创立了马来民族党。马来民族党是马来亚第一
个民族主义政党。它的成立表明激进马来民族主义势力在马来亚进一步成
长。马来民族党主张在马来亚建立一个废除王权、独立自主的马来亚共和
国，并期望东南亚地区的马来人大团结，马来亚和印尼合并成大印度尼西
亚共和国。该党重要领导人 Burhanuddin 主张将各族群同化在马来民族
（Kebangsaan Melayu）之内，以创建一个全新的马来民族国家，伊斯兰教
不一定是界定马来民族的必要条件，因为这样的马来民族比较容易被非马
来人接受。[②] 由于有着"急独"和浓厚的社会主义色彩，马来民族党在
1948 年被殖民政府强制解散。

二　巫统的崛起

第二次世界大战前，马来人是在各州的基础上效忠马来统治者的。各
州马来人协会曾在 1939 年和 1940 年讨论过马来人协会的合并问题，基于
各州利益的不同，最终都不了了之。1945 年，英国人推出的马来亚联盟
（Malayan Union）计划将各州马来人团结在一起，激发出全面的马来民族
主义情绪。第二次世界大战结束时，英国已从资力雄厚的债权国沦为一个
欠债 37 亿英镑的负债国。[③]为减轻债务，英国千方百计地掠夺马来亚的锡
和橡胶来换取美元。为进一步控制马来亚，1945 年，英国宣布马来亚联
盟计划。该计划提出，"英王陛下将派遣哈罗德·麦马迈克尔（Harold
MacMicheal）爵士赴马来亚，征求各邦苏丹之同意，并以英皇陛下政府的
名义与每位统治者签订一份正式的协定，使每位统治者在协定中让出他份

---

①　〔马〕陈中和：《马来西亚伊斯兰政党政治——巫统和伊斯兰党之比较》，加影，新纪元
　　学院马来西亚族群研究中心和策略资讯中心，2006，第 101 页。

②　Ariffin Omar, 1993: *Malay Concepts of Democracy and Community: 1945 ~ 1950*, Kuala Lum-
　　pur: Oxford University Press, pp. 192 ~ 195.

③　李安山：《日不落帝国的崩溃：谈英国非殖民化的"计划"问题》，《历史研究》1995
　　年第 1 期。

内的管辖权给英王陛下。"① 该计划明令废除马来苏丹统治者地位及保留的部分统治权力。此外，马来亚联盟计划中的公民权还将以出生地为原则，给予所有将马来亚视为家乡的人，马来亚的公民将不分族群享有同等的权力与地位。英国殖民政府希望通过此举，使那些获得公民权的人士在这个新身份的诱导下产生对马来亚的归属感，放弃对其他国家的效忠，逐渐形成一个团结的马来亚社会。② 对马来人而言，马来亚联盟的成立取消了马来统治者在马来亚原有的主权和马来人在马来亚的特殊地位。

马来亚联盟计划在马来社会引起了极大恐慌。"因为在马来亚，无论在经济、教育、文化各方面，华人都掌握了绝对优势，甚至在人口数量上有超越马来人的倾向，而马来人只在政治上享有优待及特权。如果以种族平等的原则推行新宪制，则等于马来人永远受制于华人的控制。"③同时，马来社会将华人的威胁在想象中无限放大，他们"认为'种族灭绝的危机'业已来临，如果不及时奋起的话，马来人将沦为'博物馆的陈列品'"④。马来社会主流报纸《马来前锋报》（*Utusan Melayu*）当时严重警告马来社会："在这个时刻，我们的未来正处在危险之中。英国人的新计划将会是影响我们及我们后代的一个大问题。如果我们这时不积极而懈怠，我们的后代将会唾骂我们。"⑤ 其他马来文报纸纷纷呼吁各州的马来人团结起来，建立一个统一的组织。

1946 年，各州的马来人协会在柔佛新山的大皇宫聚会，成立马来人全国统一组织，简称"巫统"，拿督翁（Dato Onn Bin Ja`afar）为第一任主席。在拿督翁的领导下，巫统联合马来统治者，敦请英国政府放弃马来亚联盟计划。当时一些英国殖民官员也认为马来亚联盟计划极不妥当，如果仓促授予不同族群平等的公民权，马来亚将很可能发展成为中国的一个省份，这是违反英国在东南亚利益的。⑥ 与此同时，华人也没有对马来亚联

---

① K. J. Ratnam, 1965：*Communalism and Political Process in Malaya*，Kuala Lumpur：University of Malaya Press，p. 45.
② 杨建成：《马来西亚华人的困境：西马来西亚华巫政治关系之探讨，1957～1978》，台北，文史哲出版社，1982，第 93 页。
③ 〔英〕巴素：《东南亚之华侨》，郭湘章译，台北，正中书局，1966，第 550 页。
④ 杨建成：《马来西亚华人的困境：西马来西亚华巫政治关系之探讨，1957～1978》，台北，文史哲出版社，1982，第 54～55 页。
⑤ James P. Ongkili, 1985：*Nation-building in Malaysia 1946～1974*，Singapore：Oxford University Press，p. 47.
⑥ 杨建成：《马来西亚华人的困境：西马来西亚华巫政治关系之探讨，1957～1978》，台北，文史哲出版社，1982，第 96 页。

盟表示出多大的兴趣。之后，英国与巫统及马来统治者进行多次磋商，最后决定以《马来亚联合邦协定》（Federation of Malaya Agreement）来代替马来亚联盟计划。

《马来亚联合邦协定》保留了马来统治者和马来人第二次世界大战前的权益和地位。为了确保马来人的特殊地位，联合邦协定中的公民权有着如下的规定："公民权不是国籍，它不可能发展成为国籍……它是国籍的附加项，而不是从中分离出来的。"① 华人仅能获得公民权，因此不能与马来人享有同等的政治地位。联合邦协定还对公民权的资格进行了严格限制，将原先以出生地为原则（Jus Soli）的公民权更改为以出生地加居留时间（需连续居住 15 年）作为公民权的申请门槛，公民权的申请还附带了一项需具备英语和马来语能力的条件。② 最后，联合邦未来移民的权力也被马来人控制。如果需要对移民政策进行变更，联合邦的英国高级专员要及时咨询由苏丹组成的统治者会议的意见，如果双方意见相左交由联合邦立法会议中的非官方议员投票表决。③ 马来人通过在马来亚联合邦协定中对马来人主权的重申、公民权定义的界定、公民权资格范围的限定以及对未来移民的控制，充分表达了马来亚是马来人的理念。

《马来亚联合邦协定》对马来（西）亚的历史有着深远的影响，因为"联合邦的协定成了以后宪法的基础，而在这些宪法则导致了马来亚以及马来西亚的诞生"④。1957 年的马来亚联合邦宪法，虽然在华人的努力争取下公民权基本上采用了出生地原则，但是马来人却利用马来亚是"马来人的马来（西）亚"的理念，认为他们是土地之子，非马来人是客人。马来人要求宪法永远保障他们在保留地、公务员名额、部分行业以及教育方面的特殊地位，坚持不与非马来人享受平等的政治地位，在法律上形成一个国家两种公民的局面。

在风云激荡的建国过程中，巫统在马来社会强有力的支持下，以马来人代言人和保护者的身份出现，并得到英国殖民政府的认可，成功地在宪法中确立了马来人的主权地位，为巫统以后获取政治领导权奠定了坚实的

---

① Muhammad Kamil Awang, 1998: *The Sultan and the Constitution*, Kuala Lumpur: Dewan Bahasa dan Pustaka, p. 81.

② James P. Ongkili, 1985: *Nation-building in Malaysia 1946 ~ 1974*, Singapore: Oxford University Press, pp. 56 ~ 58.

③ Muhammad Kamil Awang, 1998: *The Sultan and the Constitution*, Kuala Lumpur: Dewan Bahasa dan Pustaka, p. 77.

④ James P. Ongkili, 1985: *Nation-building in Malaysia 1946 ~ 1974*, Singapore: Oxford University Press, pp. 53 ~ 54.

法律基础。在建国过程中，巫统将来自不同源流、不同州属的马来人整合在一起，并以一个声音来讲话。巫统是如何将分散的马来人社会整合在一起的呢？笔者认为主要有三方面的原因。

第一，巫统没有像其他激进团体那样，要求取消马来统治者的地位，而是尽可能地去利用马来统治者在马来社会中的传统权威来争取各州马来人的支持。马来亚联合邦宪法对马来统治者地位的规定充分体现了这一点。在巫统的努力争取下，马来统治者在马来亚联合邦的宪法中以马来人保护者的面貌出现，不仅获得了马来统治者对巫统的支持，而且迎合了马来传统社会对马来统治者的期望。马来亚除了槟城和马六甲之外，总共有九个世袭统治者。为了消除各州世袭统治者之间潜在的权力之争，九个世袭统治者轮流选任为全国最高统治者。最高统治者就像英国君主立宪制度下的君主，是国家最高权力的象征。此外，九个世袭统治者和槟城、马六甲的元首共同组成统治者会议。统治者会议一个重要职能就是保护马来人特权，凡涉及马来人权益的立法须先获得统治者会议的同意，才能提交国会讨论，并且任何有关影响到马来人特权与地位的立法必须得到统治者会议的同意。[1]

第二，巫统坚决将伊斯兰教作为界定马来族群的一个必要条件，以此来整合来自不同源流的马来人。虽然巫统是一个世俗性政党，但巫统的领袖们猛烈地抨击了马来民族党将伊斯兰教与马来族群认同相分离的主张。[2] 巫统在马来亚联合邦宪法中将马来人定义为：信仰伊斯兰教、习惯于讲马来语、遵守马来习俗者。[3] 在该定义中，种族起源是不重要的。马哈蒂尔对此也坦言，在马来亚的整个历史过程中，马来人向来接受那些具备马来特性的非马来人，将马来公民权开放给印尼人、阿拉伯人和印度穆斯林，因此，在马来西亚，有些马来人明显是阿拉伯人、印尼人和印度人。[4] 同时，马来人的定义还为马来族群塑造了一个官方的边界。陈中和认为，实际上，在这个马来人官方定义中，"习惯于说马来语，遵守马来传统风俗"的辨别和判定标准并不容易把握，而信仰伊斯兰教与否却有

① 杨建成：《马来西亚华人的困境——西马来西亚华巫政治关系之探讨，1957～1978》，台北，文史哲出版社，1982，第 84 页。

② 〔马〕陈中和：《马来西亚伊斯兰政党政治——巫统和伊斯兰党之比较》，加影，新纪元学院马来西亚族群研究中心和策略资讯中心，2006，第 103 页。

③ 《马来西亚联合邦宪法》，〔马〕黄士春译，吉隆坡，信雅达法律翻译出版社，1986，第 113 页。

④ Mahathir bin Monhamad，1981：*The Malay Dilemma*，Kuala Lumpur：Federal Publications SDN BHD，p. 135.

较为明确的标准。① Judith Nagata 也认为伊斯兰教被用来定义马来人和保护马来人的利益，是一个巧妙的手法。②

第三，巫统借助马来人想象中华人的威胁，最终将各州马来人成功地整合在一起。第二次世界大战前，华人、马来人、印度人基于分工的不同，华人多住在城市中，马来人多生活在农村里，印度人则多住在种植园中。三大族群基本上处于隔绝状态，马来人与华人之间的关系并不紧张。马来人和华人之间适度的对峙，也仅仅局限于报纸和立法会议对公民权和特权有关的争论中。③ 日本人入侵马来亚时，马来亚共产党领导的马来亚人民抗日军（主要由华人组成）和盟军联手共同抵抗了日本人的侵略。日治时期，日本人对马来人和华人采用了不同的统治策略。在日本人的故意挑逗下，马来人和华人之间的关系有恶化的趋势，特别是在日本人投降前，日本人向马来社会散布"抗日军是华人组织，将来华人掌权，马来人要受华人统治"④ 的谣言，使得马来人中间滋生了极大的恐慌情绪。第二次世界大战后，英国人提出给予华人平等公民权的马来亚联盟计划，更是激发出了马来人全面的民族主义情绪。马来人第一次跨越各州的界限，团结在巫统的旗帜下，巫统也由此获得了马来人代言人和保护者的角色。

第三节　伊斯兰教复兴的族群意义

在马来人的政治文化与认同中，伊斯兰教与马来民族主义是两个同等重要的力量。⑤ 面对 20 世纪初期马来人的困境，伊斯兰教和民族主义一道成为改革马来社会的重要力量。

马六甲王国是马来半岛上第一个信奉伊斯兰教的土邦。在马六甲王国的影响下，马来半岛上各土邦纷纷改信伊斯兰教。从 16 世纪开始，马来

---

① 〔马〕陈中和：《马来西亚伊斯兰政党政治——巫统和伊斯兰党之比较》，加影，新纪元学院马来西亚族群研究中心和策略资讯中心，2006，第 55 页。

② Judith A. Nagata, 1984：*The Reflowering of Malaysia Islam：Modern Religion Radicals and Their Roots*，Canada：The University of Columbia Press，p. 188.

③ James P. Ongkili, 1985：*Nation-building in Malaysia 1946 ~ 1974*，Singapore：Oxford University Press，p. 29.

④ 〔马〕林水檺、何国忠、何启良、赖观福合编：《马来西亚华人史新编》（第二册），吉隆坡，马来西亚中华大会堂总会，1998，第 34 页。

⑤ Hussein Mutalib, 1990：*Islam and Malay Ethnicity in Malay Politic*，New York：Oxford University Press，p. 2.

半岛开始进入殖民时代。在英国殖民统治时期，殖民政府不仅没有改变马来社会的传统结构，而且保留了马来社会的宗教信仰和风俗习惯。马来传统社会有一个苏丹和传统伊斯兰学者——乌拉玛（ulama）组成的伊斯兰统治阶层。在传统乌拉玛的辅佐下，马来苏丹对伊斯兰教事务进行管理，且拥有绝对的权力。传统乌拉玛在马来社会中也享有较高的威望，他们往往比较熟悉《古兰经》和穆罕默德圣训，较为了解伊斯兰教的律法和规范，并能将之运用到生活的各个层面。马来亚作为伊斯兰世界的一员，历来受到中东伊斯兰教各种思潮的影响。

在近代西方文明的侵蚀与挑战下，伊斯兰世界日渐萧条与落后。为振兴伊斯兰教，伊斯兰世界兴起了众多的改革思潮。19 世纪末 20 世纪初，一批穆斯林学者主张革除伊斯兰社会落后的制度与习俗，开启新知的大门，通过吸收西方的知识来推进穆斯林世界的现代化。这派学者以埃及的艾兹哈尔（AZ'har）大学为中心，以穆罕默德·阿布都（Mohamed Abduh）为其领袖。[1] 他们主张广泛运用 Ijtihad（理性推断）来诠释伊斯兰教的经典教义，使之更能适应现代的种种挑战与变化。这次伊斯兰复兴思潮影响波及了整个伊斯兰世界。

在中东伊斯兰教复兴思潮的影响下，马来社会产生了一批抨击传统伊斯兰统治阶层的宗教学者。Syed Syekh al-Hadi 就是他们中的代表人物之一，他要求纯洁伊斯兰教，纠正马来穆斯林以前错误的伊斯兰观念和不符合伊斯兰教义的传统习俗，并呼吁穆斯林应接受现代西方科技和思想来壮大自己。[2] 这批宗教学者多数依靠自己的力量建立起他们的地位和声誉，他们抨击马来苏丹和传统乌拉玛的统治地位，主张所有穆斯林在神面前都是平等的。[3] 由于这批后起的宗教学者致力于推动伊斯兰教的现代化改革，故被称为现代主义者，而传统乌拉玛极力维护苏丹在马来传统社会中的地位与影响，则被称为传统主义者。两派对伊斯兰事务的争论，就是所谓的年青群体（Kaum Muda）和年长群体（Kaum Tua）之争。总的来说，两派争论的焦点并不为以宗教调和论思想为主的马来农民所关心，但是两派的争论却吸引了一些城市马来人和马来商业团体的目光，这群人急需某种武

---

[1] 蔡源林：《试析"回教国"在马来西亚社会的适用性》，载潘永强、魏月萍编《走近回教政治》，吉隆坡，大将出版社，2004，第 13 页。

[2] Ibrahim bin Abu Bakar, *Islamic Modernism in Malaya：The Life and Thought of Sayid Syeikh al-Hadi（1867～1934）*, Kuala Lumpur：University of Malaya Press, p. 18.

[3] William R. Roff, 1967：*The Origins of Malay Nationalism*, Kuala Lumpur and Singapore：University of Malaya Press & New Haven and London：Yale University Press, p. 254.

器来对付像潮水一样涌进来的外来人口在经济上对他们形成的强有力的竞争。①

1947 年 3 月，一群激进的马来民族主义者和乌拉玛在 El-Ehya Asshariff 学校召开关于马来亚伊斯兰教地位和马来人前景的大会，他们成立了马来亚最高宗教委员会（Majlis Agama Tertinggi Malaya）。该委员会主张重建伊斯兰事务权威机构，将各土邦苏丹掌控的伊斯兰事务仲裁权和管辖权转交给乌拉玛，并设法降低传统乌拉玛对马来皇室的盲目效忠，以此来整合不同派别的乌拉玛。由于马来亚最高宗教委员会反对苏丹对伊斯兰教事务的管理，该委员会随即遭到巫统和苏丹的联合抵制。在马来民族党的大力支持下，最高宗教委员会在 1948 年 3 月又召开了一次大会，并在这次大会上成立了马来亚第一个穆斯林政党——穆斯林党（Hizbul Muslimin）。基于穆斯林党与马来民族党密切的关系，马来苏丹和巫统领袖都认为穆斯林党是一个"左"倾政党，巫统主席拿督翁更是称该党为"红色政党"。② 1948 年，英国殖民政府宣布马来亚进入紧急状态，许多"左"倾组织遭到重创，马来民族党和穆斯林党先后被强制解散。但是马来亚伊斯兰政治运动并未因此而停止。

为整合马来亚不同理念和派系的乌拉玛，巫统在 1951 年成立了一个乌拉玛联盟（Ulama Union）筹备小组。这是一个半独立的组织，成员并不完全是由巫统党员组成。筹备小组的主席是 Ahmad Faud。筹备小组的许多成员主张建立一个根据伊斯兰教义来塑造的马来亚独立政府，或创建一个伊斯兰国家。③ 由于巫统并未有此计划，因此，许多乌拉玛希望筹备小组单独组建一个政党。于是，1951 年 11 月 24 日，在第三次乌拉玛大会上，Ahmad Faud 将乌拉玛联盟更名为泛马伊斯兰协会（Pan-Malayan Islamic Association），该协会就是伊斯兰党（PAS）的前身。Shafie bin Ibrahim 认为当时党内的核心力量并不完全是由年青群体组成，而是由年青群体和年长群体共同组成。④

尽管乌拉玛在穆斯林社会中的重要性逐渐上升，但是伊斯兰党却在成

---

① William R. Roff, 1967: *The Origins of Malay Nationalism*, Kuala Lumpur and Singapore: University of Malaya Press & New Haven and London: Yale University Press, p. 255.

② Alias Mohamad, 1994: *PAS' Platform-Development and Change 1951 ~ 1986*, Kuala Lumpur: Gateway Publishing House Sdn. Bhd, p. 13.

③ 〔马〕陈中和：《马来西亚伊斯兰政党政治——巫统和伊斯兰党之比较》，加影，新纪元学院马来西亚族群研究中心和策略资讯中心，2006，第 120 页。

④ Safie bin Ibrahim, 1981: *The Islamic Party of Malaysia: Its Formative Stages and Ideology*, Kelantan: Nuawi bin Ismail, p. 33.

立初期陷入了种种困境之中。陈中和认为当时伊斯兰党主要面临以下几方面的困难。

1. 伊斯兰党虽然宣称捍卫马来苏丹的权力和地位（如对宗教事务的控制权力），但其却容纳了许多前穆斯林党的党员和激进的宗教改革者，加上伊斯兰政体的推动必须废除苏丹对宗教事务的绝对控制权，使得属保守派的马来苏丹较倾向与巫统合作，而拒绝支持伊斯兰党。

2. 伊斯兰党因为以上的矛盾而使其伊斯兰化政策含糊不明。

3. 由于包含各门各派，使得党的结构松散，口径难以一致。

4. 伊斯兰党强烈反对将公民权开放给华人，其排斥华人的态度使其基本上丧失了华人的支持，也使其在财源上捉襟见肘。①

伊斯兰党得不到马来苏丹和华人的支持，就意味着它在当时很难有所作为。当时正值马来民族主义兴盛之时，为了争取马来人的支持，抗衡巫统的影响，伊斯兰党就逐渐向激进的马来民族主义靠拢而降低其伊斯兰的诉求。

伊斯兰教作为马来社会中一支重要力量，巫统和伊斯兰党都竞相追逐伊斯兰教事务的领导权，希望获得马来穆斯林的支持与认可。马来亚独立前，巫统依靠传统宗教势力（苏丹）成功争取到了以宗教调和论思想为主的马来农民的支持，获得了伊斯兰教事务的领导权。同时，在马来人的族群意识高涨的情形下，巫统利用自身意识形态上的优势迫使伊斯兰党降低其在伊斯兰教上的诉求而走上激进的马来民族主义路线。

本章小结

马来统治者、马来民族主义和伊斯兰教在建国前的马来社会中都是非常重要的力量。巫统以马来人保护者和代言人的身份出现，成为马来民族主义的化身，最终统领了这三股力量。巫统通过马来文化和政治上的精心设计将多种源流、不同州属的马来人整合在一起。巫统在获得马来社会强有力的支持下，向英国人寻求马来亚的独立，和其他族群讨价还价，最终在新兴的国家中成功地保护了马来人的利益。1957 年 8 月 31 日，马来亚联合邦独立。

---

① 〔马〕陈中和：《马来西亚伊斯兰政党政治——巫统和伊斯兰党之比较》，加影，新纪元学院马来西亚族群研究中心和策略资讯中心，2006，第 123 页。

　　马来亚联合邦是在英国殖民统治的基础上建立起来的。由于英国人采取分而治之的策略，马来亚的三大族群之间缺乏沟通和融合。马来亚独立前，马来半岛的三大族群在不同的领域内各有所长，没有一个族群在当时可以一家独大，从而也很难确认谁才是马来亚的主体族群。因此，对于在这个新成立的国家中，应以什么样的族群文化和生活方式来整合分散的马来亚社会，人们对此是颇有争议的。宪法是国家的根本大法。联合邦宪法反映了马来亚是"马来人的马来亚"理念，就意味着这种理念开始获得权力的支持，也表明了未来的马来亚社会理论上将会以马来文化作为整合的基础，这是巫统主导的民族国家建构的开始。1963 年，马来亚联合邦扩大为马来西亚联邦。马来西亚联邦的宪法大体上继承了 1957 年的马来亚联合邦宪法。

第三章 巫统政府时期民族国家建构的政策与实践

第一节 巫统的政治整合对马来西亚民族国家建构的影响

建国后，巫统通过联盟党和后来的国民阵线将各族上层的部分政治精英整合在一起。"政治精英阶层达至某种程度的共识、依赖和融合，互补互利，致力促进一个有效的、稳定的政治秩序。他们之间，存有足够的适应力和同情心，彼此沟通……虽然大马公民文化缺乏共识，这个缺陷却因政治精英阶层的凝聚被填补了。大马各族群各自为政、针锋相对的张力，依赖着上层的政治精英在相应的对话里一一松解。"① 建国至今，在种族主义盛行的马来西亚，除了1969年发生过大规模的族群冲突外，一直保持着政治稳定，马来西亚的政治整合可以说是一个奇迹。在政治整合的进程中，巫统作为马来人的政党，不断扩大自己手中的权力，逐步确立了自己在执政党联盟和国家机关中的支配地位，对其主导下的马来西亚民族国家建构产生了深远影响。在2018年大选前，巫统在国家的政治生活中一直居于主导地位。

一 巫统在执政党联盟中支配地位的确立

（一）联盟党的成立

在马来亚独立前夕，巫统、马华公会（Malayan Chinese Association）和印度国大党（Malayan Indian Congress）三个族群政党组建成联盟党，在1955年的第一次全国大选中大获全胜，得以组建政府。联盟党将三大

---

① 〔马〕何启良：《政治动员与官僚参与——大马华人政治论述》，吉隆坡，华社资料研究中心，1995，第26~27页。

族群的部分政治精英紧密团结在一起，为独立后马来亚政治的平稳运行打下了良好基础，也使得三大族群首先从上层被整合在一起。同时，这三个政党在联盟党中基本上都以族群原则行事，以本族群利益为着眼点，和其他族群讨价还价，为本族群争取资源和机会。族群政治的形成和发展却成为马来西亚民族建构的一大障碍。

联盟党的成立肇始于巫统和马华公会在1952年吉隆坡市议会选举中的一次偶然性结盟。马华公会在英国人的鼓励下于1949年成立。这个主要由华人商界精英建立的组织，目的是取代华人社会中的马来亚共产党组织。① 马华公会最初是一个福利机构，通过发行彩票来为新村的华人筹款建设房屋和安置家属。马华公会的创始人是陈祯禄。陈祯禄在马华公会成立初期并不十分确定该组织是否该进一步发展成政党，或是马来亚的政党究竟该依政治意识形态的原则还是族群代表的原则组织为宜？② 陈祯禄虽然努力捍卫华人利益，但是早期他并不认同种族政治的可行性，甚至认为种族政治对争取独立的马来亚是绝对有害的，他认为一个多元种族的马来亚，必须由一个非种族政党来领导。③ 巫统主席拿督翁于1951年退出巫统而另立跨族群政党独立党（Independence of Malaya Party），就为两党的合作提供了契机。

拿督翁退出巫统和英国人提出结束在马来亚殖民统治的条件有关。在马来亚独立前，英国提出结束殖民统治的一个条件就是各种族之间能够保持合作和团结。④ 为此，巫统主席拿督翁先是在1949年建议所有马来亚人以单一国籍，不分种族，教育政策以两种语文（马来文和英文）为主要媒介语。⑤ 后来，他又建议巫统开放门户给非马来人，并改党名为"马来亚国民统一机构"（United Malayan National Organisation）。这个建议为巫统所不容，拿督翁只好离开，另创跨族群政党独立党。独立党起初不仅获得英人支持，亦为马华公会中央领袖偏爱，并获印度国大党支持。独立

---

① 曾少聪：《东南亚华人与土著民族的族群关系研究——以菲律宾和马来西亚为例》，《世界民族》2002年第2期。

② Donald L. Horowitz, 1985: *Ethnic Groups in Conflict*, Berkeley, Los Angeles & London: University of California Press, p. 400.

③ 〔马〕何启良：《陈修信：贡献与局限》，载何启良主编《匡政与流变：马来西亚华人历史与人物政治篇》，吉隆坡，华社研究中心，2003，第121～122页。

④ Cheah Boon Kheng, 2002: *Malaysia: The Making of a Nation*, Singapore: Institute of Southeast Asian Studies, p. 4.

⑤ 〔马〕何启良：《陈修信：贡献与局限》，载何启良主编《匡政与流变：马来西亚华人历史与人物政治篇》，吉隆坡，华社研究中心，2003，第121页。

党成立之时，陈祯禄不仅应邀主持大会，而且在大会上促请马华公会党员和华人全力支持该党。

然而马华公会和巫统的合作却率先从地方上展开了。马华公会之所以能和巫统合作，一个重要原因是马华公会在吉隆坡地区的要员李孝式和拿督翁之间的个人恩怨所致。① 李孝式在吉隆坡市议会选举前夕不顾中央偏好，执意与巫统结成选举联盟。此时巫统也急需华人政党的合作，因为当时的城镇人口绝大多数都是华人，即使在公民权没有完全放开的情形下，市议会选举的多数选民依然为非马来人。在此种情形下，巫统如果单独应战，并无胜算。于是，两党一拍即合，在吉隆坡市议会选举中结成联盟。该联盟最终获得 9 个议席，而独立党只赢得 2 个议席。此次选举是马华公会积极全面政治化的第一步。在选举胜利之后，马华公会的中央领导层检讨了与独立党的关系，并在其他市议会的选举中维持了与巫统的合作关系。在 1952 年和 1953 年的选举中，联盟分别赢得 74.4% 的市议会议席和 70% 的地方议会的议席。②

独立党成立之初势头强劲，拿督翁不仅身为马来民族主义之父，而且还是殖民政府的内政部长，获得英国人的支持，但是独立党在 1952 年和 1953 年的选举中表现得不尽如人意，并没有获得多少马来人的支持。独立党选举失利的主要原因在于独立党的跨族群路线没有赢得一般马来人的信任。独立党成立之时，马来人就表达了对它的不信任。《海峡时报》（The Strait Times）曾在 1951 年 6 月 30 日发表过一篇署名为马来现实主义者（Malay Realist）的文章，我们可以从中看到马来人对非马来人深深的疑虑："我希望拿督翁到 60 年代后再去着手进行（争取独立的）工作，在此之前不妨先引领马来人发展经济。这条生存之道若由非马来人主导，显然只会将马来人带至一个终点——贫穷。如果马来亚独立党是一个羔羊（马来人）、狮子（华人）和老虎（印人）的结合以驱赶保护者（英人），那谁又将接替这些强大保护者的位置呢？"③ 拿督翁后来惊觉独立党不获马来人支持的原因，于 1953 年解散独立党，另组国家党（Parti Negara）。拿督翁的国家党最终走向激进的马来民族主义，其斗争口号日趋激进和狭

---

① 李孝式当时不仅是马华公会在吉隆坡地区的党要，而且也是富甲一方的矿商。在独立党成立当天，李孝式不请自到，但是并未被邀请坐到台前，因此，李孝式倍感受到冷落。

② R. S. Milne and Diane K. Mauzy, 1978：*Politics and Government in Malaysia*, Singapore：Federal Publications, pp. 127~128.

③ R. K. Vasil, 1984：*Politics in Bi-Racial Societies：The Third World Experience*, New Delhi：Vikas, p. 7.

隘。拿督翁的转变使得他的政党失去了一个虽小却极具象征意义的盟友——印度国大党。

印度国大党于 1954 年加入华巫联盟，使联盟从此得以宣称其代表马来亚的三大族群，进一步强化了它的选举优势。1955 年，马来亚举行首届大选。联盟党横扫了 52 议席中的 51 席，而得以组建联盟政府。由于殖民政府之前多次暗示三大群间的政治合作与和谐是马来亚取得独立的先决条件，而巫统、马华公会和印度国大党的结盟就象征着三大族群的合作与和谐，使得联盟政府向英国争取独立的过程，变得更为顺利。1957 年 8 月 31 日，马来亚联合邦成立。1963 年，马来亚联合邦扩大为马来西亚联邦。

从建国过程中可以看出，马来亚族群政治的形成和各族群之间的界限过大有关，各族群在语言、文化、宗教、生活方式、职业等方面存在巨大差异，较少往来。第二次世界大战前，各族群基本上处于隔离状态，但马来亚族群政治的形成主要是由马来人和非马来人之间的疑惧造成的，这种疑惧的产生和英国殖民统治时期的分而治之政策脱不了干系，而日本帝国主义在马来半岛短暂而残酷的统治强化了马来人与华人之间的疑惧。

西方殖民势力向马来半岛渗透的过程中，伴随着一套有关族群种类的认知和管理手段，欧洲殖民者将"马来人"土著化，将"华人"他者化。① 当葡萄牙人到达马来群岛时，"马来人"仅仅指定居马六甲、会马来语且亲近苏丹的人民；而在荷兰殖民政府的记录中，"马来人"包罗了所有来自苏门答腊岛、婆罗洲和马来半岛的会讲马来语的穆斯林群体；再到英殖民时代，"马来人"在官方的叙述中已经成为一个种族，且马来群岛大部分土著皆属于这一种族。② 在英国人的定义下，原来不是马来人的其他土著，包括外来移民被归入马来人，如米南加保人、罗沃人、亚齐人、布吉斯人、爪哇人，这扩大了马来人的人数和基础。③ 这是"马来人"被视为"土著"族群的开始。

英国人将"马来人"土著化的同时，也开始将"华人"同质化和他者化。马来半岛的土生华人是古代中国移民与马来人所生的后代，他们不仅会讲马来语，而且会讲英语，积极与英国人合作，向英国人表示效忠。尽管如此，在殖民者看来，这些土生峇峇是外来族群，信奉中国宗教且延

---

① 林绮纯：《马来西亚族群政治的历史剖析》，《世界历史》2022 年第 6 期。
② 林绮纯：《马来西亚族群政治的历史剖析》，《世界历史》2022 年第 6 期。
③ 范若兰、李婉珺、〔马〕廖朝骥：《马来西亚史纲》，广州，世界图书出版广东有限公司，2018，第 116～117 页。

续其华人姓氏，既非欧洲人，也非土著，与华人新移民同属于华人类别，反而那些才刚从苏门答腊岛搬迁到马来半岛的移民，因为信奉伊斯兰教，就应该是"土著"。① 实际上，土生华人把自己与新来的华人移民分开，将对方视为新客。

事实上，华人新移民也分为多个方言帮，主要有闽南人、广府人、潮汕人、客家人、福州人、海南人，基本上互不往来，他们有自己的语言、习俗、宗乡会馆和职业领域，比如闽南人更多从事商业，在银行业、运输、国际贸易、房地产、建筑等行业占据主导地位；潮汕人最初从事胡椒种植，还从事海产贸易，进而在生活必需品方面的国际贸易中占主导地位；广府人主要从事手工技术工作，以制造家具、皮革、修理钟表、黄金冶炼、珠宝制造、开药店和餐饮著称；客家人主要在锡矿和种植园从事体力劳动；兴化人主要在自行车、零部件等行业占据优势；而海南人主要充当欧洲的仆人，后来在面包店和咖啡店行业占优势。②

殖民者对族群种类的认知和划分促使分裂的华人帮群向更加广泛的华人族群意识靠拢，而英国殖民者的"分而治之"政策强化了"华人"与"马来人"之间的种族差异。分而治之并不是一项单一的政策，而是包含政治、经济、社会与文化教育几个方面，英国借助这项政策挑拨与利用土著与移民的民族矛盾为自己的经济利益服务，同时将殖民统治造成的灾难嫁祸于华人，以获取掌控殖民地局势的主导权。③

英国殖民者认为"懒惰、不思进取"的马来人跟"有用"的外来移民相比处在弱势地位，需要给予政治上的"特殊地位"，因此政府机关、军队警察的职位甚至部分土地都保留给了马来人，大多数时候马来人只是充当低级别的官吏，但是在同一片土地上的非马来人作为"外国人"被排除在外。在开发马来半岛的过程中，英国人提供了资本，华人和印度人提供了大部分的劳动力，还有部分华人在英国公司和土著之间充当了中间商。由于马来人与英国大资本家没有直接接触过，反而看到马来亚各地到处都是华人的商铺，自然错误地认为华人控制了马来亚经济，他们的困难

---

① G. William Skinner, 2001: "Creolized Chinese Societies in Southeast Asia", in Anthony Reid ed., *Sojourners and Settlers: Histories of Southeast Asia and the Chinese*, Honolulu: University of Hawai'i Press, pp. 51~93.

② 范若兰、李婉珺、〔马〕廖朝骥：《马来西亚史纲》，广州，世界图书出版广东有限公司，2018，第116~117页。

③ 陈晓律、王成：《马来人特权与马来西亚社会》，《历史教学》（下半月刊）2014年第8期。

处境都是由华人造成的。随着经济的发展，经济地位处于弱势的马来人对华人的警惕和敌视也与日俱增，再加上殖民政府蛊惑人心的宣传，于是同样受剥削与奴役的华人在不知不觉中成了英国殖民统治的替罪羊，也加深了不同种族之间的隔阂。①

日本在占领马来亚期间，推行极端的政策，对华人进行疯狂的迫害，对马来人与印度人则加以拉拢，利用马来警察部队对付主要由华人组成的抗日游击队。这一时期，马来人与华人之间的关系恶化了，由之前隔离的状态走上了对抗的道路，可以说马来人与华人之间的疑惧比以前更加严重了。

在建国过程中，马来人无法信任跨族群理念的政党，这是因为马来人担心在同一个政党和强大的非马来人竞争时，马来人会处于弱势，得不到有效保护。马来人拒绝了跨族群政党独立党，选择了为马来人利益而奋斗的巫统。巫统作为马来西亚最大的族群政党，在政治经济资源分配的过程中，以本族群利益为先导，给其他族群带来了巨大的压力，其他族群基于自身的利益也迅速内聚，随之而来的结果就是族群意识得以强化，并成为政治动员最有效的资源。跨族群理念的政党在族群政治的环境中，往往难以生存，要么土崩瓦解，要么变身为族群政党。

族群政党和跨族群政党对于马来西亚民族建构来说，前者是以族群为先，马来西亚民族为后；后者则是以马来西亚民族为先，族群为后。马来西亚族群政治的形成和发展是马来西亚民族建构的一大障碍。这是因为族群政治是国家政权按照族群身份对资源进行权威性分配的政治形态。② 国家按照族群身份进行分配资源对民族建构通常会产生以下两方面影响：一是族群之间容易产生敌对情绪，一方之所得往往被另一方视为其所失，族群活动进入零和游戏规则，而不利于族群的相处与融合；二是如果政府不能够做到平等地对待每个族群，或者"故意"地厚此薄彼，极易使受歧视的族群对国家产生离心力，而不利于民族建构。由此可知，族群政治带来的结果是：一国之内，族群意识往往处在民族意识之前，民族意识也常常被族群意识所分割而难以形成。

（二）马华公会和巫统在联盟党中地位的变化

1959 年的"林苍佑事件"是马华公会和巫统在联盟党中地位不平等

---

① 陈晓律、王成：《马来人特权与马来西亚社会》，《历史教学》（下半月刊）2014 年第 8 期。

② 对马来西亚族群政治的解释还可参考雷衍华的博士论文中对种族政治的解析。参见雷衍华《权力共享的跨种族政党联盟何以长期存在：马来西亚个案研究》，博士学位论文，北京大学，2008，第 5～6 页。

的开始，也是巫统在联盟党中确立领导地位的开始。虽然联盟党中各党地位渐趋不平等，但是由于联盟党执政带来的庞大资源，联盟党逐渐稳固下来，一直存在到1969年的"五·一三"事件爆发。

马华公会和巫统在联盟党中的地位起初大致上是平等的。在联盟党初期的会议中，马华公会和巫统的领导人轮流担任主席，以此象征巫统和马华公会平起平坐。然而在1959年的"林苍佑事件"后，马华公会和巫统的关系渐趋不平等。这件事起因于马华公会领导层的改变。在1958年马华公会第九届常年大会中，少壮派林苍佑以改革马华公会来捍卫华社权益为口号，击败了马华公会的创始人陈祯禄，出任新一届马华公会的总会长。

陈祯禄之所以能够被锐意进取的少壮派击败，与建国时马华公会和巫统达成的妥协方案有着较大的关系。1957年成立的马来亚联合邦是在马、华、印三大族群的共同努力下建立起来的，但是马来人和非马来人对建国的历史有着不同的表述。非马来人认为他们通过"成全巫统象征性地建构其马来民族国家的愿望而展现了其包容性"[1]，而马来人却宣称"马来西亚的建立乃是对非马来人的一种让步与妥协"[2]。不同表述的背后隐藏着非马来人社会与马来人社会的分歧。当时华人对建国的要求如下：

1. 凡在本邦出生的男女均成为当然公民；
2. 外地人在本邦住满五年者，得申请为公民，免受语言考试的限制；
3. 凡属本邦公民，其权利和义务一律平等；
4. 列华巫印文为官方语文。[3]

马来社会对建国的要求则是：

1. 以出生地为原则的公民权（Jus-Soli citizenship）不能给非马来人；
2. 马来人有不可置疑和持久的特权；
3. 马来文为唯一的国家及官方语文；
4. 新的马来亚民族国家（Nation State）的仪式和实质的基础必须立足于马来文化和马来政治的遗产。[4]

---

[1] 〔马〕陈中和：《马来西亚伊斯兰政党政治——巫统和伊斯兰党之比较》，加影，新纪元学院马来西亚族群研究中心和策略资讯中心，2006，第87页。

[2] 〔马〕陈中和：《马来西亚伊斯兰政党政治——巫统和伊斯兰党之比较》，加影，新纪元学院马来西亚族群研究中心和策略资讯中心，2006，第87页。

[3] 这四项要求是全马450个华人社团于1956年4月27日在吉隆坡召开的全马华人注册社团代表争取公民权大会通过的决议。参见〔马〕林水檺、骆静山编《马来西亚华人史》，吉隆坡，大马留台校友会联合总会，1984，第114页。

[4] Heng Pek Koon，1988：*Chinese Politics in Malaysia：A History of the Malaysian Chinese Association*，Singapore：Oxford University Press，p. 223.

经过双方的讨价还价，1957 年的马来亚联合邦宪法中的公民权基本上采用了出生地原则，但是马来人成功地确立了一部具有浓厚马来色彩的宪法，不仅马来人特殊地位获得保障，而且马来语被尊为国语，伊斯兰教也被尊为国教。华文没有被列为官方语文，英语虽然被列为官方语文，但其地位还须在建国十年后加以重新审定。在经济方面，马来人有获得贸易执照的优惠，但是非马来人也享有在经济领域充分活动的自由。对于双方议价的结果，王国璋评论道："这份成绩单到底说不说得上是在当时的政治环境下最现实可行的折中方案，至今犹未有定论，但它无法让各方满意倒是意料中事。"① 陈祯禄被少壮派意外击败和这个折中方案有着密切的关系。

林苍佑当选马华公会的总会长后，很快向巫统提出了华社的要求。1959 年马来亚举行第二届国会大选，由于非马来人公民身份条件的放宽，华人选民已从 1955 年的 143000 人增加到 764000 人，华人人口的比例也相应地从 1955 年的 11.2% 增加到 35.6%。② 基于选民构成的巨大变化和华人选民占多数的国会选区达 39 个之多③，林苍佑向联盟党主席东姑·拉赫曼提出，马华公会应在 104 个国会议席中分得 40 个议席，此举意在防止宪法被随意修改来侵蚀华人权益，因为宪法的修改需要三分之二的议席同意，40 个议席占到三分之一以上。另外他还向东姑·拉赫曼提出，华社对华文教育的总要求必须列入联盟党的竞选纲领。④ 林苍佑认为马华公会如果不能妥善处理华文教育的问题，将会失去华人社会的支持。

林苍佑的挑战姿态激怒了东姑·拉赫曼。他坚决拒绝了林苍佑的要求，并宣布他个人全权决定联盟党内三党的候选人名单，以取代联盟全国理事会（Alliance National Council）的协商职权。⑤ 东姑·拉赫曼之后利用马华公会内部的矛盾，拉拢陈祯禄之子陈修信和元老派来对抗少壮派，最终迫使林苍佑黯然离开马华公会。林苍佑的离开表明当时巫统的势力已强

①　〔马〕王国璋：《马来西亚族群政党政治（1955～1995）》，吉隆坡，东方企业有限公司，1988，第 71～72 页。

②　〔马〕林水檺：《林苍佑：几度升沉的悲情人物》，载何启良主编《匡政与流变：马来西亚华人历史与人物政治篇》，吉隆坡，华社研究中心，2003，第 185～186 页。

③　Heng Pek Koon, 1988: *Chinese Politics in Malaysia: A History of the Malaysian Chinese Association*, Singapore: Oxford University Press, p. 256.

④　〔马〕林水檺：《林苍佑：几度升沉的悲情人物》，载何启良主编《匡政与流变：马来西亚华人历史与人物政治篇》，吉隆坡，华社研究中心，2003，第 186 页。

⑤　〔马〕祝家华：《解构政治神话——大马两线政治的评析（1985～1992）》，吉隆坡，华社资料研究中心，1994，第 57 页。

大到足以影响马华公会内部的事务。陈剑虹对此评论道："1959 年联盟的事件中,我们可以清楚地看到巫统在联盟内的领导地位正式获得确立,巫统力量的强大不仅导致马华公会在联盟中的地位大不如前,更无法和巫统平起平坐。"①

虽然马华公会在联盟党中的地位不如从前,但是联盟党渐渐稳固了下来。除了各党在选举上的相互配合外,联盟党中其他的关系网络也建立了起来,比如马华公会承担了联盟党竞选与行政的大部分开支,并主动设立"马来人福利基金"为马来人的奖学金、屯垦与其他福利事业提供援助。②与此同时,在"林苍佑事件"后,马华公会在华人社会中的威信大打折扣,往往难以获得华人社会的有力支持。因此,马华公会在选举上有求于巫统,马华公会的候选人也多是在混合选区依靠马来选票获胜。马华公会和巫统都有需要对方的地方,联盟党于是逐渐稳固了下来。

马华公会之所以愿意接受联盟党内不平等的地位,与马华公会领导层的商人背景脱不了关系。马来亚第一任首相东姑·拉赫曼不仅为人温和敦厚,善于与人合作,而且继承了英国人的统治理念——马来人从政,华人经商。在他看来,只要马来人在政治上不被挑战,非马来人就可继续在经济领域享有充分的自由。对有商人背景的马华公会领导层而言,这是可以接受的。马华公会的领导层由华人大企业家、著名医生、律师、工程师等组成。在中下层华人眼中,它是一个"头家党",不能代表他们的利益。③华人社会对马华公会只注重经济利益,轻视乃至牺牲华人在文化和教育上的利益很是不满。华人社会要求列华文为官方语文和维护华文教育,马华公会经常是力有不逮,最后的结果是华人也不会全力支持马华公会。建国后,马华公会始终没有解决它在华社代表正当性的问题。

在新加坡和马来西亚合并的两年中,新加坡人民行动党的建国理念给华人社会带来了颇大的冲击,而华人社会与马华公会的关系也趋向恶化。在 1964 年的全国大选中,李光耀针对马来人特权首次提出了"马来西亚人的马来西亚"的口号。人民行动党之后在"马来西亚团结机构"大会上发表了"马来西亚人的马来西亚"的宣言。该宣言开始撩拨起华人渐趋"认命"的心态,仿佛吹皱了一池春水。新加坡离开马来西亚后,李

---

①　〔马〕祝家华:《解构政治神话——大马两线政治的评析（1985～1992）》,吉隆坡,华社资料研究中心,1994,第 58 页。

②　Horowitz, Donald L., 1985: *Ethnic Groups in Conflict*, Berkeley, Los Angeles & London: University of California Press, p. 407.

③　梁英明:《融合与发展》,新加坡,南岛出版社,1999,第 230 页。

光耀曾意味深长地对马来西亚人说："他们——马来西亚人——今后要靠他们自己的力量了。如果他们够坚强，够骨气，那么，前途就会不同的。"① 这让华人听来，无疑是鼓励他们要勇敢地去追求自己应有的权利。于是，华语的官方语文地位问题和华文教育再一次成为华人和马来人角力的战场。

马来亚独立时，宪法规定，建国十年后，议会需要重新审视英语的官方语文地位。这个时机被各方的活跃分子视为另一个关键的"决战时刻"，皆想趁此"毕其功于一役"。② 一方面，马来人在 1965 年组建"国语行动阵线"（Barisan Bertindak Bahasa Kebangsaan），向政府施压，要求在官方场合完全停止使用英语，要求马来语在实际生活中成为真正的国语；另一方面，华人正在全力推动列华语为官方语文的运动。1965 年"全国华人注册社团总会筹备委员会"发起列华语为官方语文的签名盖章运动，并得到了马华公会青年团副团长沈慕羽的大力支持，然而沈慕羽却被马华公会总会长陈修信开除出党。这使得华人再次强烈质疑马华公会在华社的代表正当性。1967 年，议会通过国语法案，再次强调了马来语的国语地位，取消了英语的官方语言地位，但是不排斥英语在官方场合的使用，亦准许中央政府及州政府"因公共利益之需要而使用任何其他种族语言翻译官方文件及沟通意见"③。马来人和华人对此均表失望。

独立大学申办的失败使马华公会在华人社会中的地位和影响再次遭受重创。1967 年 11 月，教育部宣布了留学生出国必须先拥有剑桥文凭（中学结业时的政府会考文凭）的政策。在此政策下，华人社会担忧华校毕业生从此再也不能到中国的台湾或其他国家深造，于是全国华校董事总会和教师公会总会（二者简称"董教总"）在 1968 年 4 月提出创办以中文为教学媒介语的独立大学。马华公会基于国家教育政策的基本原则，拒绝支持创办独立大学的计划。这引发了华人社会更大的不满。为减轻反对独立大学带来的负面影响，马华公会迅速促成了拉曼学院（以招收华人学生为主的私立学校，但教学媒介语不是中文）的成立。不过，事已至此，马华公会与华人社会的关系已降至冰点。

---

① 〔新〕李光耀：《新嘉坡之路：李光耀政论集》，转引自丘光耀《超越教条与务实：马来西亚民族行动党研究》，吉隆坡，大将出版社，2007，第 112 页。

② 〔马〕王国璋：《马来西亚族群政党政治（1955～1995）》，吉隆坡，东方企业有限公司，1988，第 97～98 页。

③ 杨建成：《马来西亚华人的困境——西马来西亚华巫政治关系之探讨，1957～1978》，台北，文史哲出版社，1982，第 212 页。

在 1969 年全国大选中，马华公会很快尝到了苦果。马华公会的 33 名候选人中，只有 13 名当选，而在华人集中的槟城州、霹雳州和雪兰莪州，竟只夺得 1 个国会议席。① 联盟党在西马的大选②中也遭受重挫，联盟党在 104 个国会议席中，仅得 66 个议席，总得票率为 49.1%，反对势力在国会里赢得 37 席，占总得票率 50.9%。③ 这是反对党在历史上取得的最好成绩。反对党随后上街游行庆祝。在庆祝过程中，游行队伍对马来人有所挑衅，引发了马来人极大的不满。5 月 13 日，马来人举行反示威游行，在游行中开始攻击非马来人，随即马来人和非马来人爆发全面冲突，史称"五·一三"事件。在这次事件以及随后全国的紧急状态中，根据官方统计，全国有 9143 人被捕，死亡 196 人，其中华人最多，达 143 人。除了首都吉隆坡外，有死亡人数的还有雪兰莪、霹雳、森美兰、马六甲、槟城和丁加奴等州。④

（三）巫统在国民阵线中支配地位的确立

"五·一三"事件是马来人和非马来人在建国后最为激烈的一次斗争。这次族群冲突充分暴露了非马来人的焦虑和马来人的恐惧：非马来人的焦虑源自马来人特殊地位所造成的不平等；而马来人则慑于非马来人的力量已经可以经由合法的民主程序，威胁到他们的政治特殊地位。⑤ "五·一三"事件爆发后的第二天，巫统政府宣布全国进入紧急状态，终止国会的运作，全国改由副首相拉扎克领导下的"国家行动理事会"来统治。巫统领导层之后完成了交接，以拉扎克为首的少壮派替代了以东姑·拉赫曼为首的元老派。鉴于马华公会和印度国大党在大选中的失败，巫统认为联盟党已经衰弱，不足以确保马来人的政治主导地位。巫统开始寻求收编其他在野党。在巫统主席拉扎克的努力下，国民阵线于 1974 年 6 月 1 日正式成立，其成员包括巫统、马华公会、印度国大党、伊斯兰党、民政党、人民进步党、沙捞越人民联合党、沙捞越联盟和沙巴联盟各党。

---

① 〔马〕王国璋：《马来西亚族群政党政治（1955～1995）》，吉隆坡，东方企业有限公司，1988，第 104 页。

② 由于当时发生了"五·一三"事件，东马的大选还没结束，被迫搁置。

③ 〔马〕何启良：《独立后西马华人政治演变》，载〔马〕林水檺、何国忠、何启良、赖观福合编《马来西亚华人史新编》（第二册），吉隆坡，马来西亚中华大会堂总会，1998，第 108 页。

④ 〔马〕全国行动理事会报告书：《五一三悲剧》，吉隆坡，1969 年 10 月 9 日，第 89、92 页。

⑤ 〔马〕王国璋：《马来西亚族群政党政治（1955～1995）》，吉隆坡，东方企业有限公司，1988，第 107 页。

　　随着联盟党时代的终结，华人在政府中失去了工商部部长和财政部部长两个重要职务，这预示着巫统将要全面掌握政治权力。在联盟党时代，虽然马华公会已经不能和巫统平起平坐，但是马华公会总会长陈修信与巫统主席东姑·拉赫曼私交其好，多多少少弥补了两党地位不平等的缺憾。陈修信一生官运亨通，都离不开东姑·拉赫曼的信赖和赏识。东姑·拉赫曼先委任他为工商部部长，后擢升为财政部部长。陈修信的职务一定程度上反映了马来人主政、华人经商的格局。何启良对此评价道："东姑·拉赫曼对陈修信的信赖，不只对陈修信个人的政治前途来说非常重要，对马华公会在联盟政府的正当性也起了关键的作用。"① 但是两党领导人的私交毕竟没有制度久远。随着东姑·拉赫曼的辞职，作为"东姑时代"旧人的陈修信也走到了政治生涯的尽头。1971 年国会恢复运作后，华人再也无人担任过财政部部长和工商部部长的职务，直至 2018 年大选后，民主行动党秘书长林冠英被希望联盟政府首相马哈蒂尔任命为财政部部长。

　　国民阵线对华人政党影响颇大。在新的执政党联盟中，马华公会从此再也不能独享华社代言人的角色。与此同时，马华公会的"角色"相应地发生了变化，即由过去的"代表性"政党逐步变成"从属性"政党。国民阵线中马华公会和民政党都是西马的华人政党。民政党②是马来西亚民政运动（Gerakan Rakyat Malaysia，Gerakan）的简称，成立于 1968 年。民政党的政治哲学以多元族群为基础，是一个非种族的温和的社会主义政党。③ 其党纲明确反对各种宗教上、种族上、思想上、文化上、政治上和阶级上的任何极端主义。④ 由于民政党只能吸引到华人的支持，民政党最终转变成一个以华人为基础的政党。马华公会和民政党在国民阵线中的对抗与制衡，非常有利于巫统对它们的控制。巫统是执政资源与竞选议席的分配者，马华公会和民政党都需要向其争宠，并且他们彼此之间又敌对，这就使巫统在这个三角关系中经常处于一个最佳的位置。⑤

　　从联盟党到国民阵线，两者最大的区别在于马来人与非马来人的权力

---

① 〔马〕何启良：《陈修信：贡献与局限》，载何启良主编《匡政与流变：马来西亚华人历史与人物政治篇》，吉隆坡，华社研究中心，2003，第 124 页。

② 民政党的发起人有新加坡大学马来语文系阿拉达斯（Syed Hussein Alatas）教授、马来亚大学历史系王赓武教授、劳工党国会议员陈志勤医生、民主联合党全国主席林苍佑医生。

③ 〔马〕何启良：《政治动员与官僚参与——大马华人政治论述》，吉隆坡，华社资料研究中心，1995，第 50 页。

④ 韩方明：《华人与马来西亚现代化进程》，北京，商务印书馆，2002，第 233 页。

⑤ 〔马〕王国璋：《马来西亚族群政党政治（1955～1995）》，吉隆坡，东方企业有限公司，1988，第 128 页。

地位发生了根本性变化，正如张锡镇教授所讲："国民阵线中的非马来人在权力地位上比原来大大降低了，其身份也不再是'交易'的一方，而更像是老板手下的几个'伙计'。"① 在国民阵线中，巫统作为马来人的政党，支配能力越来越强。其他次要角色如马华公会、民政党、印度国大党、沙人团结党与砂土保党虽偶尔在一些相关的族群性或地方性决策上仍有发言权，但整体而言乃是从属性质，不论在实质上或形式上都不具平等的地位。② 巫统在国民阵线中的支配地位还可以从国会议席的分配情况体现出来。巫统的国会议席数目一般都是国民阵线中第二大党马华公会的两倍或三倍以上，有时甚至达四倍以上。详见表3-1。

表3-1　　　国民阵线中巫统、马华公会和民政党的国会议席数量

	巫统	马华公会	民政党
1974	61	19	5
1978	69	17	4
1982	70	24	5
1986	83	17	5
1990	71	17	5
1995	81/88	30	7
1999	72	28	7

资料来源：〔马〕何启良：《政治动员与官僚参与——大马华人政治论述》，第48页；〔马〕王国璋：《马来西亚族群政党政治（1955~1995）》，第183页；《巫统的困境——第十届全国大选》，第10页。

马华公会的地位今非昔比。在马来西亚族群政治的大环境中，马华公会通过变身族群反对党也不失为一种生存之道，但身为既得利益者，这种激变的风险过大，只要在国民阵线内部的地位还可以接受，安于执政的现状往往是最佳的选择。对华人社会而言，执政党联盟中有自己的政党也是有必要的。马华公会在国民阵线中，一直扮演着一个与巫统对话和谈判的角色，尽管这种协调不完美，双方的地位也不平等，正如何启良所言："国阵的组织，可以说是华族与巫族在政治沟通上唯一的桥梁……这个对

---

① 张锡镇：《当代东南亚政治》，南宁，广西人民出版社，1995，第157页。
② 〔马〕王国璋：《马来西亚族群政党政治（1955~1995）》，吉隆坡，东方企业有限公司，1988，第120页。

话和沟通是一个薄弱环节，没有行规或程序，缺乏建制化，无论在性质和形式上，都有很大的流弊。但是，在这个不习惯、不讲究甚至不愿对话的大马政治文化里，此一沟通是极为宝贵的。"① 可以说，国民阵线是分裂的马来西亚社会达至某种程度上的团结所必需的，特别是当国民阵线上台执政的时候，马华公会在国民阵线中的存在尤为必要，如若马华公会退出了国民阵线，国民阵线政府就变成了一个纯马来人的政府。

二　巫统在国家机关中支配地位的确立

巫统除了在执政党联盟中取得支配地位外，还不断扩大手中的权力来确立其在国家机关中的支配地位。

（一）巫统通过不公正的选举制度对立法权和行政权进行控制

马来西亚建国到现在，总共举行了 15 次全国大选，并且每次全国大选都是在宪法规定的五年之内如期举行。在 2008 年之前的历次大选中，以巫统为首的执政党联盟基本上都能够获取下议院三分之二的多数议席，轻易地掌控国家的立法权和行政权。巫统之所以能做到这样，其中一个重要缘由在于它利用了不公正的选举制度。在议会民主制中，权力来自选票。为了建立和维持选举优势，巫统不惜牺牲选举委员会的独立性和破坏自由公正的选举程序。马来西亚选举制度的不公正之处主要体现在以下三方面。

第一，巫统削弱选举委员会的独立性，使其受到政府控制。1957 年马来亚联合邦宪法规定，选举委员会是独立机构，它在宪法指导下全权负责选区划分。由于选举委员会在 1960 年提交的选区划分报告不能让巫统满意，巫统随即在 1962 年修改宪法，取消选举委员会的主要职能，将选举委员会划分选区的权力上交国会，选举委员会从此只提供选区划分的建议。选举委员会的主要行政人员多是从公务员中借调过来，或是从退休的公务员中物色出来，这都有利于政府对选举委员会施加影响，让它按照政府的意愿办事。

第二，选区划分的不公是马来西亚选举制度中最为不公正之处。独立宪法曾规定：每一州内最大选区与最小选区的选民人数，不能多于或少于州内平均选区选民人数的 15%，而且每一个州所占国会议席比率应该接近该州选民占全国选民比率。② 在 1962 年修宪时，巫统将选区人数多寡的差

---

① 〔马〕何启良：《政治动员与官僚参与——大马华人政治论述》，吉隆坡，华社资料研究中心，1995，第 46 页。

② 〔马〕黄进发：《马来西亚 50 年："选举型一党制国家"的打造》，载孙和声、唐南发主编《风云五十年：马来西亚政党政治》，吉隆坡，燧人民事业出版社，2007，第 39 页。

距从 15% 改为 50%，而在 1973 年再次修宪时，巫统完全取消了选区大小的限制。以 1999 年全国大选的选区为例，选民人数最少的选区是沙捞越的葫芦拉让（Hulu Rejang），选民人数为 9878；选民最多的四个选区都在雪兰莪，选民都超过九万，其中最多的是安邦加也（Ampang Jaya），共有选民 98527。[①] 两者相差将近 10 倍，也就意味着最少选民选区的一票相当于最多选民选区的十票，严重违反了一人一票同值的原则。在西马各州之间，平均选民人数最高的是雪兰莪（70 310），平均选民人数最少的则是玻璃市（35244），而在东马，平均选民人数最少的是沙捞越（30533）。[②] "通过在马来人地区制造大量的小（人口少）选区，并在华人地区制造少量的大（人口多）选区，使马来人占多数的选区大增，从 1969 年的 58%，增至 1974 年 69%，来合理化国阵达致政治稳定的方式，即建立一个巫统主宰的多元族群政府。"[③] 2004 年，马来人选民虽然占全国选民的 57.1%，但是马来人过半的选区仍然占有 68.5%。[④] 马来西亚选区实行的是简单多数票制，候选人只要取得最多票数，即使第一高票候选人比第二高票候选人多一张选票，就可获胜。简单多数票往往有利于大党的生存与发展。

第三，巫统取消地方县市议会选举，压制小党的生存空间，确保大党的选举优势。马来亚的地方选举始于 1951 年槟城市议会选举，并一直维持到 1965 年马来西亚和印度尼西亚对抗的时候。当时，巫统政府借口局势紧张，利用 1964 年颁布的紧急状态法令无限期推迟地方选举。时至今日，县市议会选举仍然没有恢复。现在马来西亚的市长、县长以及市议会主席、市议员都是由政府委任，并且市长、县长及市议会主席等重要职务几乎都由马来人担任。[⑤] 地方选举的取消，至少产生了以下三方面影响：首先，多年来地方议会早已沦为执政者政治酬庸及私相授受之所，地方吏治更是因缺乏制衡机制和选票监督而败坏。[⑥] 其次，地方选举的取消使地

---

① 〔马〕策略资讯研究中心政治分析组编：《巫统的困境——第十届全国大选》，八打灵，策略资讯研究中心，2000，第 9 页。
② 〔马〕策略资讯研究中心政治分析组编：《巫统的困境——第十届全国大选》，八打灵，策略资讯研究中心，2000，第 9 页。
③ 〔马〕张景云：《选举委员会的独立性问题》，载孙和声、唐南发主编《风云五十年：马来西亚政党政治》，吉隆坡，燧人氏事业出版社，2007，第 24 页。
④ 〔马〕黄进发：《马来西亚 50 年："选举型一党制国家"的打造》，载孙和声、唐南发主编：《风云五十年：马来西亚政党政治》，燧人氏事业出版社，2007，第 40 页。
⑤ 〔马〕祝家华：《解构政治神话——大马两线政治的评析（1985~1992）》，吉隆坡，华社资料研究中心，1994，第 60 页。
⑥ 〔马〕王国璋：《马来西亚的政党政治：局限与前瞻》，载孙和声、唐南发主编《风云五十年：马来西亚政党政治》，吉隆坡，燧人氏事业出版社，2007，第 16 页。

方性小党面临生存困境，由于缺乏足够的资源，许多小党很快消失了。最后，地方政务大多与族群利害关系无关，政府业绩多与平常百姓的生活息息相关，因此地方选举最能让人们不分族群背景来选贤任能，有助于从政治层面上来打破马来西亚泾渭分明的族群界限。地方选举的取消，使马来西亚失去了这样一个让各族群亲近、融合的机会。

巫统通过偏颇不公的选举制度为自己掌握立法权和行政权提供了方便。在不公正的选举制下，巫统建立起了明显的选举优势，这一方面使执政党联盟中的其他政党比较依赖巫统的选举优势，如马华公会和印度国大党长久以来多是依靠混合选区中的马来选票来赢取国会议席；另一方面，使执政党联盟能够轻易地掌握国会中的多数议席，有利于巫统对立法权的控制。马来西亚效仿英国的宪法体制。首相为国会下议院多数议席党派的领袖，经由国家元首委任后负责组阁，首相全权遴选出政府各部部长和副部长，政府各部部长和副部长在国家元首任命后负责政府各个部门的工作。巫统主席作为联盟党和国民阵线的主席，往往成为下议院多数议席党派的领袖和政府的首相，但这不是绝对的，如前首相依斯迈沙比里便是巫统的副主席，而非主席。

巫统的长期执政，既使其牢牢控制了行政权，也使行政系统从来都没有严格地从政治中分离出来。大多数政治领导人都有官僚背景，高级官僚也被要求支持巫统。马哈蒂尔第一次主政时，更是修订法律允许高级公务员参加政党，为巫统控制行政系统提供了法律上的方便。更重要的是，行政系统中的一些部门作为国民阵线事实上的附属物公开地为其服务，这些部门包括：从属于信息部的"马来西亚广播电视台"和一个"特别处"；从属于乡村发展部的拥有1.4万成员的社会发展司（*Kewas*：*Jabatan Kemajuan Masyarakat*）；以及从属于首相公署的国家公民局（*Biro Tata Negara*）。[①] 巫统对政府强有力的控制，使得人们通常都认为二者是一体的，不仅平民百姓难以将二者区分清楚，就连公务员都认为二者没有多大的差别。

（二）马哈蒂尔对司法体系的干涉

马来西亚效仿英国的宪法体制，实行议会民主制，在国家机关中确立了三权分立的原则。司法权原本在三权分立的原则中拥有独立地位和制衡行政权、立法权的功能。为了削弱司法权对行政权和立法权的牵制，马哈蒂尔积极介入司法体系，对司法体系横加干涉。马哈蒂尔对司法体系的干

---

① 〔澳〕约翰·芬斯顿：《东南亚政府与政治》，张锡镇等译，北京，北京大学出版社，2007，第161页。

涉主要体现在两方面：一是弱化和降低司法权在三权分立原则中的角色和地位；二是干预法官的罢黜、任命与提拔。马哈蒂尔第一次执政结束后，马来西亚的司法独立性并没有恢复如初，司法权依然受到行政权的制约，这就有利于巫统政府继续控制司法体系。

马来西亚的法院体系由最高法院（包括高等法院、上诉法院和联邦法院）和下级法院（包括治安法庭、地方法院和土著法院）组成。司法机关成员是最高元首根据首相的建议来任命的。

独立以来，马来西亚的司法权一般情况下都不被政治所干扰。马来西亚的司法独立之所以能够得到较好保证，固然是和马来西亚宪法中对法官委任和罢免有明确的规定有关，更重要的是因为前三任首相都接受过法律训练，对司法权的独立性都比较尊重。马来西亚第四任首相马哈蒂尔，为扩大手中的权力，向司法机关提出了挑战。

马哈蒂尔对司法部门的挑战起因于巫统内部的派系斗争。1987 年巫统分裂成以马哈蒂尔与嘉化峇峇（Ghafar Baba）为首的 A 队和以东姑拉沙里（Tengku Razaleigh）与慕沙希旦（Datuk Musa Hitam）为首的 B 队，双方势力相当。在 1987 年 4 月 24 日举行的巫统全国代表大会上，双方展开全面角逐，最后 A、B 两队各有斩获，但以 A 队稍占上风。马哈蒂尔以 43 张多数票（约占 1% 的选票）重新当选巫统主席，而嘉化峇峇也以 40 张多数票当选为巫统署理主席。在巫统副主席的竞选当中，双方各有所得，而当选的 25 位中央最高理事中，A 队有 15 位，B 队则有 10 位。①

B 队不甘心自己的失败，12 位巫统党员（后有一人退出）在东姑拉沙里的支持下，在 6 月 25 日上诉高等法院，声称在 4 月 24 日的党选中，有 78 位代表来自非法的支部（没有注册），而这些非法代表的选票足以影响到党选结果。他们要求高等法院宣判巫统 4 月的党选无效，要求重新选举。在 1988 年 2 月 4 日，高等法院宣判整个巫统为非法组织。这个判决影响巨大，马哈蒂尔与他的政府部长都成了非法组织的领导人。在这种情况下，马哈蒂尔并没有惊慌失措，而是立刻宣布他的首相职位是议会授予的，巫统的非法性并不能危及他的首相地位。随后，马哈蒂尔在内政部的社团注册处迅速成功地注册了新巫统（UMNO Baru），并拒绝 B 队马来西亚巫统（UMNO Malaysia）的注册。2 月 16 日，国民阵线在马华公会总会长林良实的主持下，仅花三分钟，就接受新巫统为国民阵线的成员，新

---

① 〔马〕祝家华：《解构政治神话——大马两线政治的评析（1985～1992）》，吉隆坡，华社资料研究中心，1994，第 220～221 页。

巫统也随之接管了旧巫统的权力和资源。

　　经过此次惊心动魄的斗争后，马哈蒂尔深感独立的司法权对自己统治的威胁。于是，马哈蒂尔在 1988 年 3 月 18 日修改宪法，将宪法中的 121 条"联合邦之司法权必须操在两个具有同等管辖权与地位之高等法院"①，修改为最高法院"只具有联邦法律所赐予的权限和权力"②。

　　此次修宪动摇了马来西亚三权分立的原则，对政治体制影响深远。修宪前，宪法为国家最高法律，宪法凌驾于议会、政府和法院之上。三大机关的权力皆来自宪法。立法权、行政权和司法权三权分立且互相制约。司法机关主要职责是维护和解释宪法。③ 如果议会通过的法律和宪法不符，法院可以宣判它因违宪而无效。修宪之后，最高法院只有联邦法律所赐予的权限和权力，而"联邦法律"由议会所制定，就意味着最高法院降级，屈居在议会之下，三权不再拥有平等的地位。马来西亚知名律师杨培根对这次修宪评论道：理论上，修宪后，法院被置于国会之下。但是，实际上，政府内阁控制了国会，而国会又控制了法院。因此，行政、立法、司法所具有的平等地位变成了不平等的地位；由"平行线"改成了"垂直线"。这三权关系可图解如下（图 3 - 1）。④

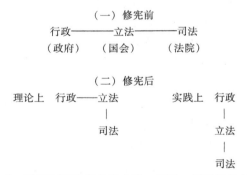

（一）修宪前

行政————立法————司法

（政府）　（国会）　　（法院）

（二）修宪后

理论上　行政——立法　　　实践上　行政

　　　　　　　｜　　　　　　　　　　｜

　　　　　　司法　　　　　　　　　立法

　　　　　　　　　　　　　　　　　　｜

　　　　　　　　　　　　　　　　　司法

图 3 - 1　马来西亚修宪前后立法、行政、司法地位的变化

---

① 《马来西亚联合邦宪法》，〔马〕黄士春译，吉隆坡，信雅达法律翻译出版社，1986，第80 页。

② 〔马〕杨培根：《修宪与国会民主》，载民主行动党社青团编委会《大家一起来关心：环保·修宪·人权》，吉隆坡，民主行动党社会主义青年团，1992，第 87 页。

③ 〔澳〕约翰·芬斯顿：《东南亚政府与政治》，张锡镇等译，北京，北京大学出版社，2007，第 168 页。

④ 〔马〕杨培根：《修宪与国会民主》，载民主行动党社青团编委会《大家一起来关心：环保·修宪·人权》，吉隆坡，民主行动党社会主义青年团，1992，第 87 ~ 88 页。

对于此次修宪给马来西亚带来的深远影响，第一任首相东姑·拉赫曼指出：我们的法官是宪法的守护者，也就是我们民主政府的监护人。当他们失去了独立性，我们那些不确定的自由将会受到威胁。1988 年我们法官的独立性确确实实地被剥夺了，因此今日我们大家都处在巨大的危险之中。①

虽然修改过的宪法钳制了司法权对马哈蒂尔统治的威胁，但是 B 队的诉讼当下还没有结束。11 位 B 队的巫统党员不服高等法院的判决，上诉到最高法院（1994 年修宪后成为联邦法院），要求旧巫统复活并再次举行改选大会。对马哈蒂尔而言，形势开始严峻起来，一旦最高法院推翻高等法院的判决，马哈蒂尔和新巫统的合法地位将会被否决。最高法院院长敦沙烈阿巴斯（Tun Salleh Abas）鉴于上诉案事关重大，在 5 月 23 日决定 6 月 13 日开庭审理此案。在此千钧一发之际，马哈蒂尔先下手为强。马哈蒂尔以最高元首的名义革除了自己不信任的敦沙列阿巴斯和两位大法官，安插了自己信任的法官。随后，最高法院代院长和新任的大法官，正式判决巫统为非法组织，维持了高等法院的判决。敦沙烈阿巴斯后来对此次事件评论道：在正常的情况下，B 队 11 位党员的上诉案是可以获得成功的。如果是这样的话，马哈蒂尔的政治生命将会结束，因为在旧巫统的党章中明确规定，任何一个巫统党员如果成立另外一个政党，该党员将会被自动开除出党，并且在几年之内都不得重新入党。敦沙烈阿巴斯非常肯定地指出正是巫统的案子导致了他的撤职。②

在这次司法危机中，马哈蒂尔修改了马来西亚三权分立的原则，将司法权置于立法权之下，使司法权成为立法权的附庸。马来西亚下议院还多次通过法令来扩大行政权的权限和缩小司法权的管辖范围，如下议院通过的《教育法令》《土地征用法令》《水务法令》《医疗保健法令》皆包含"部长的决定乃最后决定，不容法庭质疑"的条款。③ 这项条款严重侵犯了司法权，致使法院无从审查政府部长们的决定，使司法权难以起到制约行政权的作用。马哈蒂尔第一次执政结束后，马来西亚的司法独立性并没有恢复如初，司法权依然受到行政权的制约，这就有利于巫统政府继续控制司法体系。

---

① Tun Salleh Abas and K. Das, 1989：*May Day for Justice*, Kuala Lumpur：Magnus Books, p. xiii.

② 〔马〕祝家华：《解构政治神话——大马两线政治的评析（1985～1992）》，吉隆坡，华社资料研究中心，1994，第 229 页。

③ 〔马〕http：//merdekareview. com. my/news. php？n = 6009/2006/8/23，2007 年 10 月 20 日。

（三）马哈蒂尔对马来统治者传统权威的削弱

独立前，马来统治者和马来民族主义、伊斯兰教一道整合了分散的马来社会。马来社会以苏丹为中心的马来习俗、伊斯兰教以及马来语作为马来人团结的象征。在1957年马来亚联合邦宪法中，马来统治者的地位和权力有着明确的规定。宪法明确指出，苏丹制度被融入现代国会民主制度，马来亚是一个以国会民主为基础之君主立宪国。① 虽然马来亚的君主立宪制是在效仿英国的宪政制度，但是马来亚联合邦的宪法赋予了最高统治者和统治者会议实权，最高统治者和统治者会议是一种拥有实权的新型君主立宪制度。最高统治者可以依其判断委任一名能获得下议院支持的首相，根据首相的请求自主决定解散国会或拒绝解散国会。② 这一规定表明最高统治者可以在特殊情况下，对抗他不信任的多数党领袖，这是现代君主立宪制中没有的权力。另外，宪法还赋予了统治者会议以下四方面的权力：

1. 任免最高统治者；未经统治者会议同意，不得制订任何直接影响统治者特权、地位、荣誉或尊严之法律。

2. 凡涉及马来人特权政策的任何变更，必须先征询统治者会议。

3. 统治者会议可在首相和各州州务大臣或首席部长的陪同下讨论任何国家政策。

4. 有关改变各州边界和一些宗教事务必须得到统治者会议的同意。③

除了拥有上述诸多的实权之外，马来统治者还拥有完全的法律豁免权。

1981年马哈蒂尔上台执政，开始对苏丹和王室特权不满，并勇于向王室挑战。马哈蒂尔之所以这样做，一是他出身于平民，在削弱王权时没有太多顾虑，不像之前的三位首相和王室有着千丝万缕的联系，对王室都较为尊重；二是马哈蒂尔接受了现代权力划分的思想，想淡化马来传统社会的观念，欲让民选首相成为国内政治权力的最后掌握者。

1983年，马哈蒂尔与王室进行了第一次交锋。马哈蒂尔提出一项削弱王权的宪法修正案，主要内容为：国会通过的法案不论是否获得最高元

---

① 《马来西亚联合邦宪法（独立宣言）》，〔马〕黄士春译，吉隆坡，信雅达法律翻译出版社，1986。

② 《马来西亚联合邦宪法》，〔马〕黄士春译，吉隆坡，信雅达法律翻译出版社，1986，第24~26页。

③ 《马来西亚联合邦宪法》，〔马〕黄士春译，吉隆坡，信雅达法律翻译出版社，1986，第23页。

首的核准，十五天后自动成为法律；各州的统治者不能否决州议会的任何立法；将颁布紧急状态的权力从最高元首转交给首相。① 面对此项宪法修正案，最高元首拒绝签署。双方一度僵持不下，最后达成妥协。国会通过了 1984 年的宪法修正案。1984 年宪法修正案规定：当最高元首三十天内不签署一宗上、下议院通过的法案时，该法案将会被再次交给上、下议院表决，如果法案仍获通过，不论最高元首签署与否，该法案将在三十天后自动成为法律。② 这项修正案等于间接取消了最高元首的最后否决权，基本上达到了马哈蒂尔的目的。作为交换，马哈蒂尔放弃将颁布紧急状态的权力转交给首相的要求。

马哈蒂尔并没满足王权的让步，而是伺机进一步削弱王权。1993 年柔佛苏丹 Mahmood Iskandar 殴打曲棍球教练 Douglas Gomez 就为马哈蒂尔提供了这样一个难得的机会。③ 在柔佛苏丹殴打曲棍球教练的消息传开后，全国一片哗然。有关王室滥用特权和生活奢靡腐化的报道纷纷见诸报端。马哈蒂尔趁机再次提出了削弱王权的宪法修正案，这一次旨在取消马来统治者所享有的法律豁免权。马哈蒂尔在下议院中说道："'君主不会犯错'是一种封建的概念。任何人不得超越法律。君主犯法也应与民同罪，这是民主精神的体现。"④ 最后，上、下议院在没有反对票的情况下通过了宪法修正案，马哈蒂尔再一次取得对王权的胜利。

苏丹们最终同意放弃法律豁免权，但要求凡涉及他们的诉讼，必须经过联邦总检察长同意，设立特别法庭来审理。⑤ 该法律于 1993 年 3 月正式生效。一位宪法学者评论道："冲突的解决是一个重要的转折点，标志着马来西亚宪法权力平衡被改变。事件同样增强了马来西亚人民的愿望——苏丹们应当将自己的行为纳入议会民主范围内的君主立宪活动之

① 李悦箏：《马哈迪时期马来西亚之国家整合：1981~2003》，博士学位论文，台北，中国文化大学，2004，第 137 页。

② 《马来西亚联合邦宪法》，〔马〕黄士春译，吉隆坡，信雅达法律翻译出版社，1986，第 39 页。

③ 1992 年马来西亚运动会在柔佛州举行。柔佛州王子 Tengku Abdul Majid 是柔佛曲棍球队的一员。由于他在 7 月 10 日的决赛中殴打了霹雳队的守门员 Mohamad Jaffar Vello，故被马来西亚曲棍球总会纪律委员会判处了五年球禁。随后在马来西亚曲棍球总会举办的校际曲棍球比赛上，柔佛苏丹阿布巴卡学校曲棍球队在开赛前几小时宣布退出比赛。该校曲棍球队教练 Gomez 对此愤愤不平，公开抨击柔佛州曲棍球总会。Gomez 的批评引起柔佛王室不满。他在 11 月 30 日被召进宫内，被愤怒的苏丹 Mahmood Iskandar 殴打致伤。事后 Gomez 向柔佛州警察总部报案。

④ 〔马〕《钩球风波激起修宪风云》，《资料与研究》1993 年第 3 期。

⑤ 〔澳〕吴明安：《马来西亚司法制度》，张卫译，北京，法律出版社，2011，第 66 页。

中……对抗的结果是，苏丹的地位大打折扣。"①

　　此次修宪在马来西亚历史上创下了没有反对票的记录。当时对修宪唯一持反对立场的是四六精神党——由 1987 年巫统党争中的 B 队领袖东姑拉沙里在 1990 年大选前成立的政党。该党认为："统治者所享有的免控权一旦被撤销，相当于废除统治者的主权，这将使统治者的存在犹如虚设，马来人的统治权及尊严的最后堡垒将分崩离析，荡然无存。"② 当时反对修宪的还有大马律师公会，该公会认为，政府将曲棍球教练被苏丹殴打事件转化成人民与统治者的对抗，是不公平的做法。免控权是君主立宪制的主要组成部分，一旦撤销，君主立宪制将宣告名存实亡。这使行政权可以通过指控的威胁，令统治者屈服。统治者在面对政府时将无力反击，行政权最后拥有了支配地位。③

　　1994 年 5 月，马哈蒂尔再次修宪削弱王权对行政权的制约，欲让首相完全成为国内政治权力的最后掌握者。新的宪法规定，最高元首必须接受及根据政府的劝告执行任务。对于国会通过的法律，最高元首必须在三十天内批准并盖章，否则该法律将在三十天后自动生效。④ 东姑拉沙里对此评论道："现在元首退回法案给国会再考虑的权力也废除了。因此，首相的任何意愿，将不再有任何人纠正。这做法看来已使得首相的权力比最高元首还大。"⑤

　　多次修宪后，马来统治者的地位和权力被大大削弱，其在马来社会中的威望也一度遭受重创。然而最高元首仍然拥有一定的实权，最高统治者可以依其判断委任一名能获得下议院支持的首相，拥有颁布紧急状态的权力。同时他作为马来人特殊地位的守护者、伊斯兰教领袖的特殊身份和选举轮任的产生制度是一般君主立宪制中的国家元首所没有的。这一独具特色的国家元首制度和马来西亚在族群关系、政教关系、立法—行政关系与中央—地方关系上的一系列制度安排之间具有相当的互补性，从而使其在变迁的环境中能够保持相对的稳定性和强大的适应性。⑥ 在 2018 年大选后，马来西亚历史上第一次出现了政党轮替，最高元首在马来西亚首次的

① 〔澳〕吴明安：《马来西亚司法制度》，张卫译，北京，法律出版社，2011，第 66 页。

② 〔马〕《钩球风波激起修宪风云》，《资料与研究》1993 年第 3 期。

③ 〔马〕《钩球风波激起修宪风云》，《资料与研究》1993 年第 3 期。

④ 李悦肇：《马哈迪时期马来西亚之国家整合：1981～2003》，博士学位论文，台北，中国文化大学，2004，第 138～139 页。

⑤ 李悦肇：《马哈迪时期马来西亚之国家整合：1981～2003》，博士学位论文，台北，中国文化大学，2004，第 139 页。

⑥ 张孝芳：《马来西亚元首制度：历史制度主义的分析》，《东南亚研究》2018 年第 2 期。

政权更替过程中起到了难以替代的稳定的作用。

三　结语

在马来西亚政治整合的进程中，巫统通过其主导下的联盟党和国民阵线为各族群提供了一个沟通的平台。这个平台尽管有着诸多的缺点，但其包容性不容忽视。在马来西亚族群政治中，各族群的政治精英通过彼此间的合作将族群之间不时出现的针锋相对的局面——化解。从政治稳定的角度来看，马来西亚的政治整合无疑是相当成功和出色的。

马来西亚政治整合的最终目标应在于族群边界消融和族群团结以形成共同的马来西亚民族意识。正如何启良所言："政治统（整）合乃指一国之内超越种族观念，有凝聚力和紧密结合起来的一个政治状态。这样一个社会的组成，能使的人民与政府之间建立起认同感，使之更近似一个民族国家。"① 如果从这个角度来审视马来西亚的政治整合，马来西亚的政治整合很难让人信服它是成功的。

巫统在政治整合的进程中，首先着眼于马来人利益的捍卫与保护，其次才是马来西亚民族的建构。巫统作为一个为马来人利益而奋斗的政党是十分成功的，巫统成功地获得了大部分马来人的支持，在 1999 年之前的历次大选创造了"巫统＝马来人"和"马来人＝巫统"的传统神话。② 巫统在享有马来人支持的背景下，为扩大选举优势和掌握更多的权力，不惜牺牲选举委员会的中立性、司法权的独立性以及马来统治者在马来社会中的影响，千方百计地来确立自己在政党联盟和国家机关中的支配地位。

面对马来人在政治上的压力，其他族群基于自身的利益也迅速地内聚，不断强化本族群的政治意识。族群意识成为最有效的政治动员资源，族群政治随之出现。在族群政党联盟内部，各政党以族群身份为意识形态基础，依靠族群集团动员起来的力量争夺权力和向其他族群提出要求，族群归属往往决定公民的政治行为。

族群政治是按照族群原则对资源进行分配的一种政治形态，对民族建构通常会产生以下影响：一是族群之间容易产生对立情绪，族群关系成为零和博弈，一方之所得往往被另一方视为其所失，不利于族群间的融合；

---

① 〔马〕何启良：《政治动员与官僚参与——大马华人政治论述》，吉隆坡，华社资料研究中心，1995，第 25~26 页。

② 〔马〕策略资讯研究中心政治分析组编：《巫统的困境——第十届全国大选》，八打灵，策略资讯研究中心，2000，第 3 页。

二是政府如果不能够做到平等地对待每个族群，或者"故意"地厚此薄彼，极易使受歧视的族群对建构中的民族产生离心力。

在马来西亚，国家资源历来是向马来人倾斜，扶持马来人的政策在巫统看来深具合法性和正当性，尽管巫统坚称的合法性理由论述已由曾经的"马来人落后"转变为现在的"部分马来人落后"。巫统的扶弱政策极大地改善了马来西亚族群分层（族群间在教育、职业、收入等方面的结构性差异）状况，缓解了族群矛盾，减少了族群冲突，但是扶弱政策不会淡化族群意识，也不可能从根本上化解因族群政治制度化所造成的族群意识的加强，更无法真正推进族群融合和马来西亚民族建构。

马来西亚政治整合的措施倾向于将族群问题制度化与政治化。在此背景下，无论是处于有利地位的族群还是处于不利地位的族群，都以族群之名来动员自己的追随者并以族群为单位建立争夺政治权力和经济利益的集团，以便在各个层面进行博弈。族群博弈的结果为族群意识盛行，族群边界清晰，族群之间难以融合。马华公会前总会长翁诗杰认为马来西亚族群之间没有较好地融合，① 前首相纳吉布在阐述"一个马来西亚"的理念时，也意识到了这个问题的存在。② 马来西亚著名的民意调查机构默迪卡中心 2011 年的族群关系调查显示，60% 的马来受访者"有些不信任"和"极度不信任"华人，42% 的华人受访者则不信任马来人，44% 的受访者认为各族只是表面上团结。③ 这些表明，民族建构问题仍然困扰着马来西亚，三大族群至今无法形成深层次的集体意识。现阶段马来西亚族群意识与马来西亚民族意识之间存在着矛盾，族群意识一般处在马来西亚民族意识之前，而马来西亚民族意识则被族群意识分割而难以形成。马来西亚民族建构举步维艰。

① 马华公会前总会长翁诗杰曾说，大马建国五十年来，各族仍未真正交融，各族仍然停留在容忍的阶段，容忍是被动的、有限度的，不晓得何时会崩溃决堤。〔马〕翁诗杰：《大马虽建国五十年·各族仍未真正交融》，http：//www. sinchew. com. my/node/69552，2009 年 6 月 1 日。

② 马来西亚前首相纳吉布在阐述"一个马来西亚"的理念时，强调各族要超越容忍的阶段，真正地去接纳对方，"容忍"意味着不大喜欢，但无从选择，必须接受。〔马〕纳吉布：《一个马来西亚的概念》，http：//www. malaysiaeconomy. net/OneMalaysia/satu_malaysia1/1Malaysia_ concept/2010 - 03 - 29/4588. html，2011 年 7 月 8 日。

③ Merdeka Center for Opinion Research，2011：*Survey on Ethnic relations* 2011，Malaysia，pp. 10 ~ 31.

第二节　巫统的经济整合对马来西亚
民族国家建构的影响

独立后，马来西亚一直为一个分裂的社会所困扰。这个分裂社会的一个重要特征就是族群之间存在着巨大的经济鸿沟，巫统为此推出了一系列经济政策，力图打破族群划分与经济之间的联系。巫统的经济整合都是在国民团结的名义下进行的。不论这些经济政策能否实现国民团结，它们都对马来西亚民族建构产生了不可忽视的影响。

一　新经济政策与马来西亚民族建构的困境

（一）新经济政策出台的背景

马来亚独立后，马来亚政府基本上继承了英国自由的经济政策，殖民时代的经济结构随之保存下来。新成立的马来亚政府之所以这样做有两方面原因：第一，作为新成立的国家，马来亚首先面临着稳定社会、发展经济和建构民族国家的艰巨任务。"当时外国公司，特别是英国公司以及华人在较少程度上控制着整个国家经济。统治精英普遍认为，作为发展中国家，马来亚仍需获得他们的继续支持，任何限制他们的政府行为，必将为整个经济带来负面影响。为解决此问题，东姑·拉赫曼与英国达成非正式协议，他的政府将确保英国人的商业利益。"① 第二，各族政治精英在建国前达成协议：确保马来人在政治与行政上的主导地位，提供特别的援助来提升马来人教育和经济水平，同时保证向非马来人开放公民权及不干预非马来人的商业、文化及个人利益。②

在自由的经济政策下，华人资本从独立前的以农业、商业和锡矿业为主的结构转变为以制造业、商业、金融业、建筑业为主，其他行业为辅的多元结构。特别是制造业，政府从 1958 年到 1968 年推行新兴工业法来扶植中小企业，为华人经济的快速发展提供了契机。新兴工业法规定凡是有利国家经济发展的工业都可享受税务优惠，并按照资本额的大小，给予公司 2 年到 5 年不等的所得税优惠。这些都有利于以中小企业为主的华人资

---

① Edmund Terence Gomez, 1990：*Politics in Business：UMNO's Corporate Investments*, Kuala Lumpur：Forum Enterprise, p. 4.

② Edmund Terence Gomez, 1990：*Politics in Business：UMNO's Corporate Investments*, Kuala Lumpur：Forum Enterprise, p. 4.

本的发展，为华人扩大对制造业的投资创造了便利条件。据统计，到1968 年，在西马 9013 家制造业企业中，除 545 家为外资所有外，其余的8468 家均为民族资本拥有，且绝大部分为华人资本所拥有。[①]

巫统政府并不是在所有经济领域都实行自由的经济政策。在马来人为主的农业领域，巫统政府采取了积极扶持马来人的政策。独立前夕，政府根据世界银行的劝告制定了第一个五年计划（1956～1960），在 9.64 亿美元的开发支出总额中，除治安费外，其中 23.6% 用于农业开发，21.4% 用于运输，24.8% 用于电力和自来水，14.4% 用于教育等社会公共设施，由此可知，农业支出占据了相当大的比重；第二个五年计划（1961～1965），开发支出总额为 26.517 亿美元，是第一个计划的 2.6 倍，而农业开发支出所占比例与第一个计划基本类似。[②]

除财政政策上向马来人倾斜外，巫统政府还专门设立了一些机构来帮助马来人。为解决马来农民没有土地、缺少土地的问题，巫统政府于1956 年设立了联邦土地开发局（Federal Land Development Authority，FELDA）。封建时代，马来社会习惯上将土地分为两类，一类是正在被使用的土地，称为生地；另一类是荒芜地，称为死地。[③] 所有的土地都归苏丹所拥有，个人并不能拥有土地，个人只能拥有土地上生产出来的产品。换句话说，个人一旦在其土地上停止耕种，他就会自动丧失该土地。英国统治时期，殖民政府不仅引入了土地私有制，而且还划分出了马来人保留地。马来亚独立后，巫统政府没有将现有土地重新分配，而是通过联邦土地开发局开垦出了大片土地，并将这些新土地分配给无地、少地的马来人。

为扶持马来人的工商业，在时任巫统主席拿督翁的请求下，英国殖民政府在 1950 年设立了乡村和工业开发局（Rural And Industrial Development Authority，RIDA）。乡村和工业开发局的主要活动是为马来商人和出租车司机提供贷款和训练。[④] 由于资金不足，乡村和工业开发局并不能为马来人的商业发展提供有力的帮助。在 1965 年第一届土著经济大会之后，

---

① V. V. Bhanoji Rao, 1980：*Development Pattern and Policy 1947～1971*, Singapore：Singapore University Press, pp. 100～101.

② 〔日〕岸胁诚：《独立初期马来西亚的经济开发和国民统一》，《南洋资料译丛》2005 年第 1 期。

③ 〔马〕资研部：《初探我国土地政策的演变》，《资料与研究》1995 年第 14 期。

④ Edmund Terence Gomez, 1990：*Politics in Business：UMNO's Corporate Investments*, Kuala Lumpur：Forum Enterprise, p. 3.

乡村和工业开发局被原住民信托委员会（Majlis Amanah Ra'ayat，MARA）代替。从此，原住民信托委员会在培养马来资产阶级和小资产阶级方面扮演了重要的角色。① 原住民信托委员会在1966～1970年间发放了4800笔贷款，总额共计3100万零吉，② 主要用于帮助马来人建立各种工商业项目。这些项目除了在运输业方面取得一些成果外，其他领域大都没有成功，许多马来人也无力偿还贷款。与原住民信托委员会一起成立的还有土著银行（Bank Bumiputra），成立的目的是为马来人的资本扩张提供金融支持。

对许多人来说，原住民信托委员会和土著银行的成立，标志着政府对工商业领域干预的开始。③ 政府应在工商业领域发挥更大作用的思想来自第一届土著经济大会。这次大会的参加者主要是马来政治家和官僚，他们代表着马来官僚小资产阶级的利益。殖民地时期，马来资本家几乎不存在，但是从独立到新经济政策出台前，马来资本的增长在所有族群中是最快的。"国家的各种措施制造出了一批马来小资产阶级，特别是马来官僚小资产阶级。他们填补了英国人在政府中的空缺。通过政府提供的奖学金、工作雇佣中的族群固打制和其他类似措施，马来官僚小资产阶级迅速成长起来。"④ 随着马来官僚小资产阶级实力的上升，他们对在经济领域有限的参与越来越不满意。于是，在他们的要求下，第一届土著经济大会在巫统少壮派领袖拉扎克的主持下召开了。在这次大会上，巫统少壮派认为，在自由资本主义的竞争下，马来人缺少资金和技术无法与华人企业和外国企业竞争，他们要求政府在扶持马来人方面扮演更大的角色。这次大会总共通过了69项决议，大部分内容是要求政府干预经济，比如在第53号决议中写道："政府应该设立工业开发公司，援助马来人参与工业部门。而且，将来应该把这些工业移交给马来人。"⑤ 第二届土著经济大会于1968年召开，秉承了第一届大会的思想。因此，许多学者认为新经济政策的起源，或者说是马来人为发展经济要求政府给予强有力支持的构想

① K. S. Jomo, *Spontaneity and Planning in Class Formation：The Ascendancy of the Bureaucrat Bourgeoisie in Malaysia*，出版信息不详，p. 141.
② 林勇：《马来西亚华人与马来人经济地位变化的比较（1957～2005）》，博士学位论文，厦门大学，2006，第66页。
③ Edmund Terence Gomez，1990：*Politics in Business：UMNO's Corporate Investments*，Kuala Lumpur：Forum Enterprise，p. 5.
④ K. S. Jomo, *Spontaneity and Planning in Class Formation：The Ascendancy of the Bureaucrat Bourgeoisie in Malaysia*，出版信息不详，p. 141.
⑤ 〔日〕岸胁诚：《独立初期马来西亚的经济开发和国民统一》，《南洋资料译丛》2005年第1期。

起源于 1965 年第一届土著经济大会。①

　　20 世纪 60 年代末，随着农村经济的恶化和城乡差距的扩大，马来官僚小资产阶级提倡的国家干预经济思想在一般马来人中大受欢迎。独立后，尽管联邦土地开发局有许多土地开发的计划，但是许多马来农民仍然不能摆脱无地和贫困的状态。据联邦土地开发局总监说，土地开发局没有取得多大的成就，每年约有一万户农民成为无地农民，但是从 1956 年到 1975 年，土地开发局安排移居到外地的无地农民却只有三万一千户。② 联邦土地开发局只能吸收小部分无地农民，因此那些无法迁入开垦地的农民只能徘徊在乡村和城市之间。岸胁诚曾对马来西亚 1962 年和 1967 年的失业率进行过比较，他发现农村的失业率从 5% 提高到了 5.3%，而城市则从 8.09% 上升到了 9.73%，年轻人的失业问题更为突出，15 ~ 19 岁每 2 人就有 1 人，20 ~ 24 岁每 4 人就有 1 人。③ 另外，他还对政府的橡胶再植补贴政策进行了考察，发现橡胶再植政策促进了大种植园的发展，却未能改善马来小农的境遇。这是因为：橡胶从再植到收获一般需要六七年，政府有限的补助金不足以让马来小农进行橡胶再植。当时的马来人大多居住在农村，华人多生活在城市，乡村经济的不景气，城乡差距的扩大很容易被理解为马来人与华人的经济差距在扩大。这就为马来官僚小资产阶级提供了方便，以整个族群的名义来纠正两者之间过大的经济差距。

　　（二）新经济政策和国民团结

　　1969 年"五·一三"事件为新经济政策的出台提供了绝佳的机会。对于新经济政策和"五·一三"事件的联系，新经济政策的主要策划者拉扎克是这样认为的，他说："从我们过去的经验，我们完全认识到了仅仅加强经济基础设施建设是不够的。1969 年'五·一三'事件就很清楚地说明了这一点。这次事件几乎导致了国家的分裂。从中要吸取的教训，迫使我们所有人要加强国民团结，重建和巩固族群和谐关系，但是现在各族群不仅生活方式和文化价值各不相同，而且更重要的是，今天各族群的经济状况存在不平衡的现象。"④ 拉扎克的言论意味着巫统将以"五·一三"事件为契机，运用国家权力纠正马来人与华人的经济不平衡现象。

①　日本的小野泽纯教授和马来西亚学者 Shamul bin Amri Baharuddin 均持这样的观点，参见〔日〕原不二夫《被忘却了的"第一次马来人经济会议"》，《人文杂志》2001 年第 8 期。

②　〔马〕林马辉：《马来西亚的种族关系和阶级关系（下）》，《南洋资料译丛》1987 年第 2 期。

③　〔日〕岸胁诚：《独立初期马来西亚的经济开发和国民统一》，《南洋资料译丛》2005 年第 1 期。

④　Chandra Muzaffar, 2000：*The Nep*, *Development and Alternative Consciousness*, Penang：Aliran Kesedaran Negara（Aliran），p. 1.

新经济政策有三大目标：一是不分族群消除一切贫困；二是社会重建，逐步缩小乃至最终消除族群经济差距；三是国民团结——新经济政策的最高目标。新经济政策主要内容体现在第一个远景规划和第二、三、四、五个大马计划中。新经济政策的核心内容是社会重建，主要目标是培养马来人工商业群体。

在培养马来人工商业群体时，巫统特别注重对马来企业家的培养。巫统认为，大量马来企业家的出现，不仅可以在族群之间实现经济平等，而且是国民团结的必要条件。巫统的领导人 Tan Sri Ghazali Shafie 曾说过，马来人和其他土著进入现代经济部门不仅仅是作为工人和雇员，最终他们必须取得对城市经济活动一定的所有权和控制权，成为工商业领域的资本家和企业家。仅仅以雇佣与被雇佣的族群关系来代替城市和乡村的族群关系对于国民团结是没有用的。[①] 马哈蒂尔也认为，种族平等是国民团结的一个先决条件。[②] 马哈蒂尔提出，为解决好不平衡的问题，马来西亚必须集中解决好马来人的问题，培养出更多的马来人企业家和马来人百万富翁，如果马来人富人数量与华人一样多，马来人穷人数量与华人一样多，马来人失业人数与华人一样多，这样就可以说马来西亚实现了平等。[③]

那么，如何衡量马来人的经济进步呢？巫统认为公司在现代经济中的地位愈来愈重要，各族群对财富的所有权和控制权应该主要通过公司的股权反映出来。于是，马来西亚政府在新经济政策中明确提出，马来人的公司股权要从 1970 年的 2.4% 增加到 1990 年的 30%。[④]

巫统政府将国家财富再分配仅仅集中在公司股权的再分配上，这体现出了对马来人的一种偏袒和对非马来人的不公。林勇教授指出，这是因为：第一，所谓资产所有权，应该包括对固定资产，如土地、房屋、商业建筑以及金融资产等的所有权。然而政府在这些方面没有制定出具体的量化目标。尤其是在土地财富方面，马来人占有明显的优势。新经济政策闭口不谈土地财富的再分配，只强调公司财富的再分配，对于华人和其他非马来人以及无地或少地的马来人来说显然是不公正的。第二，政府的这种政策

① Chandra Muzaffar, 2000: *The Nep*, *Development and Alternative Consciousness*, Penang: Aliran Kesedaran Negara (Aliran), p. 17.

② Mahathir bin Monhamad, 1981: *The Malay Dilemma*, Kuala Lumpur: Federal Publications SDN BHD, p. 62.

③ Edmund Terence Gomez, 1990: *Politics in Business*: *UMNO's Corporate Investments*, Kuala Lumpur: Forum Enterprise, p. 11.

④ 张锡镇：《当代东南亚政治》，南宁，广西人民出版社，1995，第 159 页。

安排，有利于在新经济政策时期通过农村开发计划和消除贫困计划以及国有企业计划，将大片土地和大量金融资产，分配给马来人特别是少数上层马来人。由于官方统计数据根本不涉及公司股权以外的财富分配情况，所以，以这些方式分配给马来人的土地及其相关财富就被有效地掩盖了。[①] 如果考虑到这些因素，新经济政策财富重组的结果就需要重新评估了。

　　托管制（Trusteeship）是巫统重组公司股权的主要工具。托管制是指人们将信任置于某人或某一组织之手来推行某种政策或职责。[②] 为完成新经济政策财富重组的目标，政府将土著托管机构（Bumiputra trust agencies）作为特殊用途的公共企业，以马来人的名义进行投资和收购企业股权。国家企业机构（Perbadanan Nasional，PERNAS）和国家证券公司（Permodalan Nasional Berhad，PNB or the National Equity Corporation）是新经济政策时期著名的托管机构。二者都是由政府控制的庞大商业集团，它们的任务就是在重要的经济部门进行投资，从而控制该经济部门。国家企业机构和国家证券公司都获得了政府巨额资金的资助，详见表 3 - 2。

表 3 - 2　　　　　政府对国家企业机构和国家证券公司的拨款　　　单位：百万零吉

机构	成立时间	第二大马计划（1971～75）	第三大马计划（197～1980）	第四大马计划（198～1985）
国家企业机构	1970	150	382	233.9
国家证券公司	1978	—	500	2922.9

　　资料来源：Third, Fourth and Fifth Malaysia Plans. 转引自 Edmund Terence Gomez, *Politics in Business UMNO's Corporate Investments*, p. 12.

　　在新经济政策时期，国家企业机构收购了许多上市公司的股份，其业务涉及船运业、保险业、建筑业、种植业、银行业和销售业等。而国家证券公司在新经济政策时期的发展更为惊人，它控制了金融业的25%，种植业的36%，工业的23%，产业（Property sector）的11%和矿业的5%。[③] 此外，还有许多类似的托管机构，如原住民信托委员会（Majlis Amanah

---

① 林勇：《马来西亚华人与马来人经济地位变化的比较（1957～2005）》，博士学位论文，厦门大学，2006，第124页。

② Edmund Terence Gomez, 1990：*Politics in Business：UMNO's Corporate Investments*, Kuala Lumpur：Forum Enterprise, p. 10.

③ Edmund Terence Gomez, 1990：*Politics in Business：UMNO's Corporate Investments*, Kuala Lumpur：Forum Enterprise, p. 12.

Ra'ayat，MARA）、马来西亚开发银行（Development Bank of Malaysia，BPMB）、马来西亚土著银行（Bank Bumiputera Malaysia Berhad，KKMB）、联邦土地发展局（FELDA）、树胶小园主发展局（RISDA）以及各种经济开发公司（State Economic Development Corporation，SEDCs）等。

除托管制外，巫统还通过建立国有企业和实行制造业许可证制度来帮助马来人。为帮助马来人积累资本、改善就业结构，马来西亚政府投入巨资建立大批国有企业来控制国民经济命脉，如国家贸易公司（National Trading Corporation）、国家石油公司（Petroliam Nasional Berhad，PETRONAS or National Petroleum Corporation）、普腾（PROTON）汽车公司和马来西亚重工业公司（Heavy Industries Corporation of Malaysia，HICOM）等。另外，马来西亚在1975年颁布《工业调整法令》，力图让制造业担负起发展经济和重组财富的双重任务。《工业调整法令》规定，超过一定规模后，制造业要想获得许可证，必须给予土著（马来人）30%的股份。

在新经济政策实行二十年后，马来西亚公司股权发生了巨大变化。参看表3-3。

表3-3　　　　　1970~1990年马来西亚有限公司股权分配　　　　单位：百万零吉,%

持有者	1970	%	1988	%	1990	%
土著	125. 60	2. 40	19 057. 60	19. 40	20 877. 50	19. 30
土著个人	84. 40	1. 60	12 751. 60	13. 00	15 322. 00	14. 20
信托机构	41. 20	0. 80	6306. 00	6. 40	5555. 50	5. 10
其他族群	1826. 50	34. 30	54 831. 60	56. 00	50 754. 00	46. 80
华人	1450. 50	27. 20	31 925. 10	32. 60	49 296. 23	45. 50
印度人	55. 90	1. 10	1153. 00	1. 20	1068. 00	1. 00
其他	—	—	1022. 60	1. 00	389. 50	0. 30
受托人公司	320. 10	6. 00	8283. 06	8. 10	9 220. 40	8. 50
本地人控制公司	—	—	7943. 60	13. 10	—	—
外国居民	3 377. 10	63. 40	24 081. 80	24. 60	27 525. 50	25. 40

资料来源：The Report of the National Economic Consultative Council（1991），Mid-term Review of Sixth Malaysia Plan（1991~1995），转引自〔马〕林水檺、何国忠、何启良、赖观福合编《马来西亚华人史新编》（第二册），第337~341页。

从表3-3可以看出，与新经济政策提出马来人的公司股权比例应在1990年达到30%的目标相比，1990年才达到19.3%，二者相差不少。但是，对这些数据详加分析后，可以发现政府统计的方法有问题，马来人公司股权比例被低估了，需要加以修正。

第一，政府之所以在1988年将本地人控制公司单列出来，是因为其股权不能被进一步划分，难以确定哪个族群拥有它，但是在1990年的统计中，却将它划在了华人的名下，这就使华人的公司股权有了一个飞跃，但实际上它有相当部分属于马来人。①

第二，表中受托人公司也被单列出来，但是其大部分都是为土著所拥有。由于受托人公司能够有效地掩盖股权持有者的政治身份和族群身份，所以它被巫统大肆利用来扩展自己的利益。Gomez曾对与巫统控制的15家上市公司进行调查，发现有13家公司中的前20位股东中受托人公司超过一半，而受托人公司股权超过50%的也有13家。② 实际上，巫统在这些公司占有的股份很可能比上面的分析还要高得多。③ 由于这种受托人公司有效地掩盖了股权持有者真正的身份，因此，我们也很难准确判断受托人公司财富在不同族群、个人或不同群体间的分配状况。不过，有一点基本上可以确定，那就是土著在公司中所拥有的股权没有充分反映出来，正如Ozay Mehmet所指，"受托人公司是划在其他马来西亚人拥有的股份之内……众所周知，这类公司相当大部分是土著所有"④。

由此看来，马来人公司股权比例被严重低估了，需要加以修正。从20世纪80年代中期开始，政府扶持马来人政策的效果逐渐显现出来，马来人和华人的经济力量对比在发生了巨大转变。从马来人和华人在各行业的龙头企业比较上来说，90年代除休闲服务业、零售业和建筑业外，其余所有产业的龙头企业皆为马来企业。⑤ 马来人已控制马来西亚的大企业，这也为马来西亚中华工商联合会前总秘书颜清文所认同，他在1991年曾谈道："今天的马来人社会，马来企业家已经不再需要华商的力量，相反地，华商在这方面却需要马来企业家的合作。大马的金融界，除了外

① Just Faaland, J. R. Parkinson and Rais Saniman, 1991: *Growth and Ethnic Inequality: Malaysia's New Economic Policy*, Kuala Lumpur: Dewan Bahasa Dan Pustaka, p. 139.

② Edmund Terence Gomez, 1990: *Politics in Business: UMNO's Corporate Investments*, Kuala Lumpur: Forum Enterprise, pp. 174~176.

③ Edmund Terence Gomez, 1990: *Politics in Business: UMNO's Corporate Investments*, Kuala Lumpur: Forum Enterprise, p. 176.

④ Ozay Mehmet, 1986: *Development in Malaysia: Poverty, Wealth, and Trusteeship*, London: Croom Helm, p. 103.

⑤ 〔马〕陈中和：《马来西亚伊斯兰政党政治——巫统和伊斯兰党之比较》，加影，新纪元学院马来西亚族群研究中心和策略资讯中心，2006，第182页。

资银行，大多数本地银行，都是由马来人所控制，如果华人还自我陶醉，以为经济控制权还在华人的手上，这是错误的想法。目前马来人社会的经济人才辈出，他们在搞大企业方面，不论是人才或资金，他们都有足够的条件。在整个国家的经济结构中……上层的经济活动，马来人已经站稳阵脚，这是政府多年来扶助马来人的成果。"①

在扶弱的层面上，经过二十年的发展，新经济政策在结束时基本上实现了就业重组的目标。在三大职业即专业技术人员、办公室文职人员和服务业工作人员中，马来人的就业比例基本上与马来人在全国人口的比例相一致。同时在另外三种职业中，即经营管理人员、销售人员和产业工人，虽然没有完全实现新经济政策的目标，但其增长速度也是相当迅速的。

这一时期巫统政府全面干预经济的做法给华人带来了前所未有的挑战。不同阶层华人所受的冲击程度并不一样，其中华人大资产阶级受到的冲击最小，他们甚至将危机转变成了机遇，不是为巫统提供资助，就是与马来政治家、官僚或企业家建立起特殊的合作关系。"五·一三"事件前，马华公会还能为华人大资产阶级提供保护，"五·一三"事件后，马华公会对政府决策几乎毫无影响，他们很难再为华人大资产阶级保驾护航了。在这种情形下，华人大资产阶级与马来政要的合作显得尤为必要。与此同时，马来人公司正走向集团化，巫统对全国各类公司的控制也在加强，政府部门在某些经济领域有着明显的垄断，这些都使得华人大企业迫切需要与马来人进行合作。②

从 20 世纪 80 年代中期开始，与巫统有着特殊关系的商人不再局限于马来人，各族群上层之间的合作越来越多，一些非马来人商人成为马来政治家生意上的代理人。这些非马来人商人与那些专注自己利益的商人不同，他们是马来政治家生意上的伙伴，后来他们中的一些人成了马来西亚的超级大富豪，如成功集团的陈志远，甘文丁有限公司（Kaumnting Bhd）的林天杰（T. K. Lim），美达有限公司（Metroplex Bhd）的 Dick Chan 以及 Tanjong Bhd 的阿南达克利斯南③（T. Ananda Krishnan）。④

---

① 〔马〕丘光耀：《马来西亚华人政策日益开放的导因》，《华侨华人历史研究》1995 年第 2 期。

② Edmund Terence Gomez and Jomo K. S. ，1999：*Malaysia's Political Economy*：*Politics*，*Patronage and Profits*，Cambridge：Cambridge University Press，p. 137.

③ 印度人大富豪，主要经营电子、通讯、博彩和娱乐业等。

④ Edmund Terence Gomez and Jomo K. S. ，1999：*Malaysia's Political Economy*：*Politics*，*Patronage and Profits*，Cambridge：Cambridge University Press，pp. 137 ~ 138.

新经济政策给华人中产阶级①带来的冲击前所未有。为培养马来中产阶级，巫统政府通过在高等教育、劳动力市场和私营企业领域的干预，来扩大马来人在现代经济部门的就业。这必然与华人的小企业主、商人、经营管理人员及专业技术人员产生竞争。这种竞争不是发生在上下阶层之间，而是同一阶层之内，因此该竞争带有更多的是种族色彩而非阶级色彩。

与华人上层阶级感兴趣的课题——30%公司股权和工业协调法令——不同，华人中产阶级更多关注的是教育、就业和升迁。经济学家佐摩（Jomo）认为，马来西亚的教育、就业和升迁机会是导致种族之间竞争与摩擦的根源，尤其是中产阶级之间，随着一方高喊必须平衡种族之间社会和经济的差异，而另一方则喊出必须根据资格、能力与技能来建设社会。② 马来西亚各族群的中产阶级不像上层之间有着诸多的合作，他们之间的矛盾反而是异常尖锐的，中产阶级也更勇于提出那些带有浓厚族群色彩的要求和倡议。

面对新经济政策以及马来资本的扩张，华人社会深感有必要联合起来，效仿巫统政府成立财力雄厚的马来人投资集团，累积小资本为大资本，寻求华人的生存发展之道。20世纪70年代，曾担任过马华公会总会长的陈群川提出，"在当前的环境下，为了巩固华商的经济地位，必须将小资本集合成大资本，以便向大企业进军，参与国家经济主流的活动"③。在此背景下，马华控股在1977年成立，它的负责人是陈群川。当时马华控股缴足资本3000万零吉，并吸引了一些华人企业家参与，而马华控股的最大股东是马华公会在1968年成立的马华多元合作社。马华多元合作社当初以每人100零吉为会费，并经营一些出租汽车公司和小商店等。

马华控股后来多次发售股本，缴足资本增至7.5亿零吉。马华控股通过收购、合并、新建等途径迅速壮大起来。在巅峰时期，马华控股的附属公司及联号达130家，并有7家上市公司，拥有的资产在1985年竟达50亿零吉。④ 华人社会看到马华控股有如此骄人的成绩，在"经济自强"的

---

① 马来西亚所谓的中产阶级，即是指专业技术人员、经营管理人员、办公室文职人员、销售人员以及服务人员。参见 Government of Malaysia, 1976：*Third Malaysia Plan (1976 ~ 1980)*, Kuala Lumpur：Government Printer, pp. 82 ~ 83。

② 〔马〕佐摩·依萨·萨尔里：《新经济政策是否能够实现国民团结？》，社会分析学会，翻译小组译，吉隆坡，社会分析学会，出版时间不详，第33页。

③ 郑焕宇：《马来西亚新经济政策与华人资本》，《东南亚研究》1980年第2期。

④ 廖小健：《马华著名财团及其中青年掌舵人》，《八桂侨史》1995年第1期。

口号下，于70年代后期和80年代初期纷纷成立控股公司和合作社。当时不少于150家的华人社团和行业公会计划成立他们的控股公司或者合作社，抑或两者都有。据杨国庆（Emile YEOH Kok-Kheng）统计，最终成立的控股公司超过了50家，活跃的控股公司大概有10家。① 对于控股公司的投机行为，原不二夫认为，半投机性的股份收购在经济景气时可以像滚雪球似的获得利润，但在经济不景气时就会遭受毁灭性打击。② 80年代中期，马来西亚经济不景气，马华控股因大肆扩张而形成了巨额债务，陈群川又因经济问题而被新加坡政府扣留，这些负面因素相互叠加致使马华控股处在破产的边缘。许多合作社和控股公司都因经济不景气和投资不当出现了经营困难。1986年，一些合作社因为金融问题引发民众恐慌提款，华人社会出现骇人听闻的合作社风暴。在这次危机中，五十多万的马来西亚人，大部分是华人中下层，失去了他们在合作社中的财富，有些人甚至失去了一生的储蓄，加上依靠他们的家人，这次合作社风暴波及了大约250万人。③

这次合作社运动本来是华人中下层在马来人优先的经济政策下，试图通过资本筹集和运作来求得生存和发展，谁知竟然以这样惨烈的局面收场，他们的愤懑之情自不必说，巫统提出新经济政策的最高目标——国民团结自然是难以实现。

（三）新经济政策和马来民族主义流变

新经济政策需要巫统政府在经济领域中发挥更大的作用，这为巫统掌握更多的经济资源打开了方便之门，也使巫统拉近了政治与商业的关系。在这种关系中，商人与政治人物既不敌视对方，也非代表不同的利益，而是在"国家利益"的旗号下相互利用。④ 当巫统打着马来民族主义的旗号开始大肆为自己谋取利益的时候，马来民族主义就走上了蜕变之路。

---

① Emile YEOH Kok-Kheng, 2007: "Identity and Economic Development in a Multi-ethnic Society: Malaysian Chinese and the Making of the Nation", in Voon Phin Keong ed., *Malaysia Chinese and Nation-building: Before Merdeka and Fifty Years After*, Volume 1, Kuala Lumpur: Center for Malaysia Chinese Studies, pp. 204～205.

② 〔日〕原不二夫：《新经济政策下的马来西亚华人企业》，《南洋资料译丛》1991年第3期。

③ Emile YEOH Kok-Kheng, 2007: "Identity and Economic Development in a Multi-ethnic Society: Malaysian Chinese and the Making of the Nation", in Voon Phin Keong ed., *Malaysia Chinese and Nation-building: Before Merdeka and Fifty Years After*, Volume 1, Kuala Lumpur: Center for Malaysia Chinese Studies, p. 208.

④ Edmund Terence Gomez, 1990: *Politics in Business: UMNO's Corporate Investments*, Kuala Lumpur: Forum Enterprise, p. 10.

　　巫统在政府和党的企业中广泛采用了托管制。然而，经营这些企业的马来精英们，并没有以增加一般马来人的财富为目的，只是趁机中饱私囊。许多托管人身兼多家公司的董事，他们不仅是政府和巫统控制下公司里的董事，而且还拥有自己的公司。① 在这种权力集于一身，公私又不分的情况下，营私舞弊就在所难免。经济学家 Ozay Mehmet 曾指出，在一个相对比较短的时间内，托管制成了精英们发财致富的制度安排。②

　　Gomez 曾对巫统控制下的企业中的托管制进行过深入研究。他发现，托管制结构的最高层是政治精英，负责制定商业投资政策。这些政治精英在经济精英中委任托管人，而这些托管人又委任其他人作为巫统控制公司的董事和经理。这些董事和经理就是第二梯队的托管人，经常出现在公众视野之中。他们通常被认为是公司的负责人。为方便起见，他们被称为代理人。③

　　托管制和效忠的概念是密不可分的。托管人的委任常常被视为巫统政治精英给予效忠者的奖赏，奖赏的方式包括发给特许权、执照、垄断权和政府津贴等，以此来限制其他企业的竞争和确保托管人商业活动取得成功。反过来，托管人的效忠和回报则巩固了政治精英在巫统党内的位置，形成了荣辱与共的一体。巫统资产的主要托管人——财政总监（Treasurer）就是和巫统党主席共进退的，一旦巫统的领导层有变或党主席不再支持财政总监，财政总监和他任命的代理人就要离职。如马哈蒂尔 1981年当选巫统党主席后，就委任他的同乡 Daim bin Zainuddin 为巫统的财政总监，而原先作为党资产的主要托管人东姑拉沙里和他的代理人纷纷离职。新经济政策时期，随着巫统掌握越来越多的经济资源，巫统的党选开始染上金钱的味道，并且蔓延开来。从巫统支部、区部的领导人竞选到党内最高理事会的选举往往都带有金钱政治的痕迹。④ 同时，党内主要领导人获利不均也成为巫统派系斗争的一个重要因素。

　　私有化计划是巫统向朋党集团施惠的又一重要手段。20 世纪 80 年代中期，马来西亚经济出现滑坡，政府财政面临着巨大压力。为减少公共支出、提高国有企业效率和增加马来人财富，马来西亚政府推出了私有化计

① Edmund Terence Gomez, 1990：*Politics in Business*：*UMNO's Corporate Investments*，Kuala Lumpur：Forum Enterprise, p. 49.

② 林勇：《马来西亚华人与马来人经济地位变化的比较（1957~2005）》，博士学位论文，厦门大学，2006，第 125 页。

③ Edmund Terence Gomez, 1990：*Politics in Business*：*UMNO's Corporate Investments*，Kuala Lumpur：Forum Enterprise, p. 25.

④ 〔马〕Terence Gomez：《安华 VS 马哈迪？派系斗争，金钱政治及红利票》，叶瑞生译，《资料与研究》1996 年第 19 期。

划。该计划随即成为马来西亚政府培育马来工商业群体最有效的方式。

马来西亚政府私有化的方式有：（1）国家资产以低廉的价格出售给私人。马来西亚电讯局拥有超过 50 亿零吉的资产，在第五马来西亚计划中又获得政府 96 亿零吉的拨款，最后却以 5.25 亿零吉的价格出售给私人。① 布兰邦公司（PEREMBA）下属的产业香格里拉市价达 10 亿零吉，而最后却以 1.7 亿零吉卖给了个人，购买者可谓是占尽了便宜。② （2）一些高利润的项目卖给巫统控制的公司。马来西亚最大的私有化工程——南北大道工程在不公开招标的情况下出售给巫统控制下的马来西亚联合工程公司。TV3 是一家获利颇丰的电视公司，也被卖给巫统控制下的公司。

巫统通过私有化迅速催生了一大批马来资本家。这批马来资本家都和巫统高层有着密切的关系，其中有政治人物、贵族、官员、军人和宗教人士等。马来资本家的大量涌现，逐渐改变了巫统的基层领导结构。巫统的基层曾经是由乡村教师所控制，而 20 世纪 80 年代后巫统大会的代表主要是由商人、政府官僚和国、州议员所组成。③ 巫统作为马来民族主义的化身，其成员组成的变化昭示着马来民族主义的蜕变。

由于一小撮马来精英占据了原本是分配给整个马来族群的财富，导致了马来人内部收入差距的持续扩大。据统计，在 1990 年，马来人的基尼系数④为 0.428，在三大族群中是最高的，华人的基尼系数是 0.423，印度人的基尼系数是 0.394；新经济政策时期，马来人和华人家庭月收入的差距比在逐渐缩小，1970 年西马地区华人与马来人的差距比为 2.29，到 1990 年，这一比例缩小为 1.74。⑤ 有学者认为，造成马来西亚收入差距的主要影响因素，不是华人与马来人之间的收入差距或其他族群内部的收

① 〔马〕柯嘉逊：《私有化与公众利益》，《资料与研究》1996 年第 23 期。
② 〔马〕柯嘉逊：《私有化与公众利益》，《资料与研究》1996 年第 23 期。
③ Edmund Terence Gomez，1990：*Politics in Business：UMNO's Corporate Investments*，Kuala Lumpur：Forum Enterprise，p. 6.
④ 基尼系数是意大利经济学家基尼在 1922 年提出的定量测定收入分配差异程度的指标。它的经济含义是：在全部居民收入中用于不平均分配的百分比。基尼系数最小等于 0，表示收入分配绝对平均；最大等于 1，表示收入分配绝对不平均；实际的基尼系数介于 0 和 1 之间。基尼系数越大，则收入分配越不平均；基尼系数越小，则收入分配越接近平均。联合国有关组织规定：若低于 0.2 表示收入绝对平均；0.2～0.3 表示比较平均；0.3～0.4 表示相对合理；0.4～0.5 表示收入差距较大；0.6 以上表示收入差距悬殊。参见林勇《马来西亚华人与马来人经济地位变化的比较（1957～2005）》，博士学位论文，厦门大学，2006，第 28 页。
⑤ 林勇：《马来西亚华人与马来人经济地位变化的比较（1957～2005）》，博士学位论文，厦门大学，2006，第 108～110 页。

入差距，而是马来人内部的收入差距，而且这种趋势越来越明显。①

巫统作为马来民族主义的化身，一向以马来人的代言人和保护者自居。巫统在兴起之时，将全体马来人的幸福和未来作为本党的奋斗宗旨，巫统也由此获得了马来人的广泛支持。从新经济政策时期开始，巫统在马来西亚大权在握，控制了越来越多的经济资源，巫统并没有像其承诺的那样，反而将财富集中在少数马来精英手中，造成了马来人内部收入差距的持续扩大，这就违背了巫统的奋斗宗旨，意味着马来民族主义在马来西亚的流变。

二　国家发展政策与马来西亚民族建构

（一）国家发展政策与新经济政策的不同之处

1991 年马来西亚政府开始实行新的经济政策，即国家发展政策（National Development Policy，NDP），其主要内容体现在第二个远景规划（1991～2000）和第六、七个大马计划（1991～1995、1996～2000）以及《2020 宏愿》计划里。

与新经济政策相比，国家发展政策出现了一些积极的变化。新经济政策强调直接剥夺非马来人财富来调整社会不平等现象，而国家发展政策则强调经济增长；新经济政策主张加强政府干预，而国家发展政策则强调人民自立；国家发展政策重申了马来人公司股权 30% 的目标，但是没有制定具体时间表；国家发展政策引入了"平衡发展战略"，新经济政策则没有；国家发展政策突出了族群合作的思想，新经济政策则没有。②

与新经济政策相比，国家发展政策提出了更为远大的目标。新经济政策强调通过实现族群经济平等来改善族群关系，从而达到"国民团结"的最高目标，而国家发展政策提出了要让马来西亚在 2020 年跻身于先进国的行列，先进的概念不应局限于经济领域，而是涵盖政治、经济、社会、精神、心理和文化各方面的全面发展。③《2020 宏愿》指出，马来西亚要成为一个先进国，必须克服从独立以来一直困扰着马来西亚的九大挑

---

① 林勇：《马来西亚华人与马来人经济地位变化的比较（1957～2005）》，博士学位论文，厦门大学，2006，第 111 页。

② 林勇：《马来西亚华人与马来人经济地位变化的比较（1957～2005）》，博士学位论文，厦门大学，2006，第 212 页。

③ 〔马〕马哈蒂尔：《马来西亚：迈向前路（2020 年宏愿）》，陈亚才等译，载曾庆豹《与2020 共舞：——新马来人思潮与文化霸权（附录二）》，吉隆坡，华社资料研究中心，1996，第 92 页。

战。其中第一项挑战就是"建立一个团结、具有共同目标的马来西亚。国家和平、领土完整、族群融合、生活和谐、充分合作，塑造一个忠于君国和为国献身的马来西亚民族（Bangsa Malaysia）"①。

这是"马来西亚民族"（Bangsa Malaysia）首次出现在国家政策之中。丘光耀评论道："若与过去数十年来巫统领导人所发表过的种族性言论相比，这可称得上是一个十分新颖且富有创意的名词。"② 此外，这一时期国民阵线政府还在社会、教育和文化方面表现出开放的姿态。具体措施如下：（1）放松对华文教育和华人文化的管制。马来西亚政府批准了华文大专学校——南方学院的办学准证；不定期地给独立中学拨款，肯定独立中学毕业生对国家与社会发展的贡献；鼓励马来人学习儒家思想，并指示国家语文局出版《孟子》《论语》的马来译本；宣称伊斯兰教文明与儒家思想有许多融合之处；将舞狮列为国庆游行的项目之一。（2）解除马来西亚华人访问中国的禁令，并鼓励华商到中国投资。当时的副首相安瓦尔也频频用华语向华人问好，更以一句"我们都是一家人"赢得华人空前的好感。

当时，迅速发展的经济、宽松的社会氛围以及《2020 宏愿》中马来西亚民族对华人的召唤，都使得华人普遍认为"巫统已不再奉行种族主义的治国政策，也不再为华人的权益与前途感到茫然与担忧，进而认为数十年来依靠'施压'来捍卫与争取民族权益的时代已经过去，目前应该是转入'协商'与和平共处的时代了"③。短短时间内，《2020 宏愿》即以没有人能事先预知的方式，崛起为支配性意识形态。④ 如在 1993 年巫统党选时，副主席安瓦尔就以"宏愿队伍"来为自己的团队命名进行竞选；90 年代还有许多商家和店铺将"宏愿"（wawasan 或 vision）或"2020"作为自己的商号或产品的商标名称。这些都表明《2020 宏愿》已经深入马来西亚社会，特别是华人的心中。以马哈蒂尔自己的话说，就是"它以某种方式说出了吾国公民的最佳抱负"，"将国民思维从生产力较为落后的境地，转引向建设更有希望的未来"，并"指出我们作为一个

---

① 〔马〕马哈蒂尔：《马来西亚：迈向前路（2020 年宏愿）》，陈亚才等译，载曾庆豹《与2020 共舞：——新马来人思潮与文化霸权（附录二）》，吉隆坡，华社资料研究中心，1996，第 92~93 页。

② 〔马〕丘光耀：《马来西亚华人政策日益开放的导因》，《华侨华人历史研究》1995 年第2 期。

③ 〔马〕丘光耀：《马来西亚华人政策日益开放的导因》，《华侨华人历史研究》1995 年第2 期。

④ 〔马〕邱武德：《超越马哈迪》，王国璋等译，吉隆坡，燧人氏事业有限公司，2004，第22 页。

民族应走的方向"①。

国民阵线政府在这个时期打出的"马来西亚民族"的口号，确实抓住了广大华人的心。华人把这一举动视为巫统主动将华人融入主流社会的一种姿态。华人普遍认为，只要巫统高举"马来西亚民族"的旗帜，就应该给予拥护和肯定，他们衷心地希望巫统真正秉持"一家人"的精神，公平地对待华人。1995 年的大选，以巫统为首的国民阵线获得了华人空前的支持，国民阵线更是创下了自建国以来最高的得票率 65.4%，而华人反对党民主行动党则遭受了建党以来的重创，国会议席由上届大选的 20 席跌至 1995 年大选的 9 席，并只获得 30% 到 50% 的华人选票。②

对于国民阵线政府的开放政策，也有一些政治人物和学者表示怀疑。当时的民主行动党秘书长林吉祥认为："巫统对华人政策所施的小恩小惠是微不足道的。同时也是没有法制基础的。因为'小开放'并未触及巫统建国政策的本质，只不过是巫统领袖个人言谈作风开明所制造的假象而已。行动党对上述概念提出争取'大开放'（Full Liberalization），企图实现一个让全体大马人民，不分所谓'土著'与'非土著'都能在同一片阳光底下享有公平地位的'马来西亚人的马来西亚'理想。"③ 丘光耀也表达了相同的担忧，对国民阵线政府的开放政策评论道："当前国阵政权下的小开放，却导致华人社会忘却了'居安思危'的哲理，看不清时下的'小开放'实质上是没有法制基础的，只不过是巫统领导人的政治策略和手段因形势的转变而转变（即人治）。因为它可以开放，也当然可以收紧。"④

（二）国家发展政策与新经济政策的相同之处

对国家发展政策的异议和担忧并非没有道理。这一时期最重要的开放政策——国家发展政策在本质上和新经济政策是一致的。国家发展政策继续执行以"马来人优先"为核心的族群保护政策，仍然以消除贫困和重建社会为其主要目标；按族群来重组财富的基本思想，依然贯穿于整个国家发展政策之中。

国家发展政策时期，私有化成为族群重组财富最重要的工具。1991

---

① 〔马〕邱武德：《超越马哈迪》，王国璋等译，吉隆坡，燧人氏事业有限公司，2004，第 22 页。

② 〔马〕丘光耀：《从"民族认同"到"国家认同"——1995 年马来西亚大选华人心态的分析》，《八桂侨史》1995 年第 3 期。

③ 〔马〕丘光耀：《从"民族认同"到"国家认同"——1995 年马来西亚大选华人心态的分析》，《八桂侨史》1995 年第 3 期。

④ 〔马〕丘光耀：《马来西亚华人政策日益开放的导因》，《华侨华人历史研究》1995 年第 2 期。

年，国民阵线政府颁布了《私有化总体规划》，从总体上指导私有化计划的实施。该规划指出了马来西亚私有化计划的五大目标，即促进经济增长、减少政府的财政负担和管理负担、改善和提高管理水平和生产效率、缩小国有企业的规模，以及协助完成社会重建目标。① 马来西亚私有化计划的前四个目标和其他国家相似，而最后一个目标则是马来西亚独有的，这表明了私有化是这一时期财富重组的重要手段。

国家发展政策时期，私有化活动几乎涉及所有行业。就行业分布来看，私有化项目主要集中在：首先是建筑业，占22.5%，其次是制造业，占15.2%，再次是批发零售业、宾馆饭店业，占11.3%。在私有化活动中，主要的私有化项目包括了国家体育馆大楼、普腾（Proton）汽车集团、巴生港和柔佛港的建设工程等。② 私有化的方式有：出售股权、公开上市、出售资产、公司化与上市、B-O-T（建立、营业、转让）、B-O（建立、营业）、公司化。③

这些大型的私有化项目，多数是在没有公开竞争，甚至没有招标的情况下完成的。有权势的政治人物竞相成为私有化项目的主要受益人，各类寻租活动与金钱政治大行其道。一种新型的与政治权贵关系密切的马来人、非马来人或跨族群综合企业，逐渐演变成享有特权的寡头企业集团，这些集团大多涌向银行业、资源开发、建筑、房地产、赌博、旅游、交通、公用事业与选择性的进口替代工业。④ 这些行业的兴衰成败基本上都是由政府决定的。马来亚大学经济与管理系教授鲁加亚·穆罕穆德（Rugayah Mohamed）针对私有化计划曾提出一个令人深思的问题：如果私有化不能促进竞争，那么公共所有权向私人所有权的转移仅仅是公共垄断被私人垄断所替代。⑤ 公共权力与市场权力的高度融合，从长远来看，不仅使巫统的执政风险加大，还有可能造成经济风险与执政风险负面的相互激励，最终形成全社会的政治稳定问题。⑥

---

① 林勇：《马来西亚华人与马来人经济地位变化的比较（1957~2005）》，博士学位论文，厦门大学，2006，第199页。
② 林勇：《马来西亚华人与马来人经济地位变化的比较（1957~2005）》，博士学位论文，厦门大学，2006，第200页。
③ 〔马〕鲁加亚·穆罕穆德：《马来西亚公营企业的改革》，《南洋资料译丛》1999年第1期。
④ 〔马〕邱武德：《超越马哈迪》，王国璋等译，吉隆坡，燧人氏事业有限公司，2004，第45页。
⑤ 〔马〕鲁加亚·穆罕穆德：《马来西亚公营企业的改革》，《南洋资料译丛》1999年第1期。
⑥ 宋效峰：《马来西亚现代化进程中的政治稳定：政党制度的视角》，博士学位论文，山东大学，2009，第93页。

　　国家发展政策时期，马来人内部收入差距继续呈现出扩大之势。据统计，从1990年到1997年，马来人的基尼系数由0.428上升到0.4495，华人则由0.423减少到0.4188，很明显马来人内部收入差距扩大了，而华人缩小了；马来人内部收入差距的持续扩大，始终是马来西亚整体收入分配不平衡的主要表现。[①] 华人和马来人的家庭月收入差距在1990年到1995年则有所扩大，从1990年的1.74增加到了1995年1.80，不过在1999年又减少到了1.74。[②] 这表明华人和马来人的差距在这段时间略有波动，整体变化不大。

　　在实施国家发展政策时期，由于华人人口的持续下降和马来人人口的持续上升，以及马来人优先的政策因素，马来人在农业领域之外的其他职业领域的就业比例增长最快。从各族群在主要职业领域就业比重的变化来看，马来人的就业比例持续增加，而华人则一直在下降。详见表3-4。

表3-4　　　国家发展政策时期马来西亚三大族群的职业变化比较　　　单位:%

职业	马来人			华人			印度人		
	1990	1995	2000	1990	1995	2000	1990	1995	2000
专业技术人员	60.5	64.3	63.9	29.1	26.2	25.8	7.7	7.3	7.6
教师与护士	68.5	72.3	73.2	24.6	20.5	18.4	6.4	6.6	6.9
经营管理人员	28.7	36.1	37.0	62.2	54.7	52.3	4.0	5.1	5.5
文职人员	52.4	57.2	56.8	38.6	34.4	32.9	8.6	7.7	8.6
销售人员	29.9	36.2	37.3	58.4	51.9	49.8	6.8	6.5	6.8
服务员	57.8	58.2	57.7	26.8	22.8	21.8	9.5	8.7	8.5
农业工人	69.1	63.1	61.2	13.1	12.9	10.3	7.3	7.5	6.9
产业工人	43.6	44.8	44.7	39.6	35.0	33.8	10.8	10.3	10.0

　　资料来源：Seventh Malaysia Plan（1996~2000），Chapter 4，pp. 82~83；Eighth Malaysia Plan（2001~2005），Table 3-8；Third Outline Plan（1991~2000），pp. 104~105. 转引自林勇《马来西亚华人与马来人经济地位变化的比较（1957~2005）》，第168页。

　　从表3-4可以看出，截至2000年，华人仅在经营管理人员和销售人

[①] 林勇：《马来西亚华人与马来人经济地位变化的比较（1957~2005）》，博士学位论文，厦门大学，2006，第179页。

[②] 林勇：《马来西亚华人与马来人经济地位变化的比较（1957~2005）》，博士学位论文，厦门大学，2006，第181、184页。

员中占有相对优势，其他职业领域已被马来人全面超越，在现代经济部门的就业结构上，马来人与全国的族群结构趋于一致。

在国家发展政策结束之后，从 2001 年到 2010 年，马来西亚实行国家宏愿政策。从 2001 年到 2005 年，马来人在专业技术人员、办公室文员、产业工人、新兴电子工业等领域，从业人员的就业优势地位得以持续加强；以前处于相对弱势的销售领域，马来人也取得了优势地位；华人仅在高级经营管理人员的就业比例上占有相对优势。① 另外，华人由于生育率低——华人已从新马合并时占全国人口的 35.25% 下降至 2010 年的 24.34%，而以马来人为主的土著增长到 67%②——人口大幅度下降，进一步削弱了华人在马来西亚的经济实力。

随着华人经济实力在马来西亚的大幅下降，华人以往的"他者"形象正在逐渐模糊，马来人开始从自身的角度来看待马来社会的问题。这可以从马哈蒂尔和安瓦尔的言论中体现出来。2001 年 5 月 17 日，马哈蒂尔会见部分国立大学的马来教师说，他看不出抑制非马来人会有助于马来人克服其弱点。③ 2002 年 6 月 12 日，巫统控制下的《新海峡时报》也发表过类似的观点：后新经济政策时代的马来人不应全面抱持受害者的心态，以至于把所有的失败归咎于他族。④ 安瓦尔在 2008 年补选国会议员时指出，油价暴涨使马来人生活很辛苦，但我们（马来人）须知道这不是华人的错。无法帮助马来人脱离贫穷，是马来领袖贪污腐败所致，马来领袖贪污腐败也不是华人的错，而是这些领袖获得权力后自甘堕落。⑤ 这些言论虽然是在不同场合、不同背景下发表的，但均表明华人的威胁性已经大大降低。华人实力大幅度下降同时还意味着马来人进一步左右着国家的根本大局。

三　结语

"五·一三"事件后，巫统认为这场悲剧的深层原因是马来人对华人

---

① 林勇：《马来西亚华人与马来人经济地位变化的比较（1957~2005）》，博士学位论文，厦门大学，2006，第 219 页。

② Population Malaysia 1963~2006，http：//www. mytrade. com. my/Download/Econs Stats/Population Malaysia 1963~2006，2015~10~18.

③ 〔马〕邱武德：《超越马哈迪》，王国璋等译，吉隆坡，燧人氏事业有限公司，2004，第 214 页。

④ 〔马〕邱武德：《超越马哈迪》，王国璋等译，吉隆坡，燧人氏事业有限公司，2004，第 215 页。

⑤ 〔马〕安华：《选贤任能》，http：//www. sinchew-i. com/sciWWW/node/39400？tid = 185，2011 年 2 月 17 日。

在经济上所享有巨大利益的不满。为此，巫统推出了旨在纠正经济不平衡的新经济政策，并提出该政策的最高目标是实现国民团结。在巫统看来，如果马来西亚各族群在经济上没有达到更大的平衡，要实现国民团结几乎是不可能的。

新经济政策在实行二十年后，马来人和华人之间的距离非但没有拉近，反而在疏远，正如何国忠所言："五·一三以后，（在）新经济政策扶持土著（的情形）下，'族群利益'的意识无所不在。族群的成员极容易就察觉到社会资源分配的不均，不只经济发展如此，教育领域也是如此，族群的生活形态或文化常被夸大来划分彼此，华人处处受到限制。"①在新经济政策结束之际，马来人和华人之间的界限更加分明，族群意识也更加突出，新经济政策的最高目标——国民团结自然无法实现，更不用说重在族群融合的马来西亚民族建构。

然而在新经济政策实行二十年后，马来人和华人之间的经济差距大大缩小，各族群在经济上也达成了更大的平衡。这对马来西亚整个社会的稳定有着不容忽视的积极意义。这也是大多数学者比较一致的看法，不少华人也持这一观点。1998 年印尼发生排华骚乱后不久，时任马来西亚国会下议院副议长的翁诗杰指出，长久以来，印尼社会一直存在着贫富悬殊的现象，而贫富之间的鸿沟又和种族脱离不了关系；与印尼一样，马来西亚也是多元种族的国家，华人当初在新经济政策下做出的忍让和牺牲，确实在某个程度上为马来西亚换来了长治久安，也培养出了一群富裕的土著。②

国家发展政策时期，"马来西亚民族"（Bangsa Malaysia）首次出现在官方的政策——《2020 宏愿》之中。"马来西亚民族"曾在较短的时间内获得华人热烈的赞同与支持，也使得华人从未如此地靠近马来人。在"马来西亚民族"大放异彩之时，华人渴望马来西亚政府能够秉持"一家人"的精神，取消土著与非土著的二分法，给华人以公平公正的待遇。然而"马来西亚民族"仅限于口号之中，与以往的政策并无本质上的区别。马哈蒂尔提出的"马来西亚民族"也渐渐地在华人社会中失去了初时的魅力和光芒。

"五·一三"事件后，一个向马来人倾斜的制度被建立了起来。③ 这

①　〔马〕何国忠：《马哈迪的族群政策与华人社会》，htttp：//www2. nsysu. edu. tw/cseas/pa-per12. doc，2010 年 1 月 2 日。

②　〔马〕吴益婷：《印尼华人错在哪里?》，《资料与研究》1998 年第 34 期。

③　〔澳〕约翰·芬斯顿：《东南亚政府与政治》，张锡镇等译，北京，北京大学出版社，2007，第 179 页。

个制度在扶助马来人时基本上有两个层面：一是扶弱，扩大一般马来人在现代经济部门的就业，努力使现代经济部门的就业结构和全国的族群结构相一致；二是扶强，这是马来西亚政府更为关注的，希望培养出一个能和华人企业家相抗衡的马来企业家阶层，并且最终能够引领整个国家经济的发展。巫统政府在这两个层面持续不断的努力，极大地改变了马来人和华人之间经济力量的对比以及造成了马来社会内部贫富分化的加剧。

马来民族主义从兴起之日就与想象中他族的威胁纠缠在一起，作为马来民族主义的化身，巫统将华人的威胁在想象中不断放大，制造出他者的神话。基于马来人对华人的恐惧，巫统将不同来源、不同州属的马来人整合在一起，同时巫统在马来人与他族之间塑造了一条族群边界，确保其他族群难以通过改变族群身份来获取马来人享有的各种照顾，以此来加固马来人的内部认同和换取马来人对巫统的支持。随着华人经济实力和人口数量在全国比重的不断下降，华人的他者形象变得模糊起来，与此同时，马来民族主义在马来西亚发生了蜕变，马来人内部开始分化。

为了维护巫统马来人保护者的身份，巫统保守派有时会故意渲染华人的他者形象，制造出紧张的族群关系来唤起马来人的支持。但是，马来西亚族群政治模式最初确立的条件毕竟发生了变化，曾经落后的马来人已经全面掌握了政治、经济和文化等各种资源，按照族群身份进行资源分配以照顾"后进"族群的政治模式在马来西亚日益受到质疑。随着华人实力的大幅度下降，华人难以对马来人形成实质性的威胁，马来人政治进一步主导着马来西亚的政局走向。

今后马来西亚若要走出族群政治的困境，除了依靠马来人中的改革派是否敢于挑战既得利益集团，真正取消族群固打制（quota）和落实"以民为本、绩效优先"的治国理念，同时也有赖于主体族群马来人能否抛弃恐惧，以开放、自信的心态拥抱更高层次的集体身份，将他族视为我族，平等对待，重塑马来西亚的族群关系，摆脱二元对立的逻辑。

第三节　马来西亚民族建构文化政策的困境

民族建构最重要的目标在于培育一个共同的民族意识，而这种民族意识的产生往往需要借助民族想象的能力，正如本尼迪克特·安德森所言，民族是一种想象的共同体，因为即使最小的民族的成员，也不可能认识他们大多数的同胞，和他们相遇，或者甚至听说过他们，然而，他们相互连接的意象却活在每一位成员的心中。① 安德森认为近代出现的所谓印刷资本主义（Print-capitalism），包括学校、文学和报刊等都是创造想象的有力工具。安德森在谈及学校塑造人们一致的体验时说道：庞大、高度理性化、中央层级化，结构上与国家官僚体系类似。统一课本、标准文凭及分龄进阶的安排、课程教授材料的确定等，这些都创造了一种自足的、连贯一致的经验。② 马来西亚也不例外，巫统在建国后主要以马来语为教学媒介语的国民教育体系和马来文化来建构自己想象中的马来西亚民族。

一　马来西亚民族建构的文化政策与实践

巫统作为马来民族主义的化身，依靠马来人的支持，最终获得了新成立国家的政治领导权。厄内斯特·盖尔纳认为民族主义就是"为使文化和政体一致，努力让文化拥有自己的政治屋顶"③。马来政治民族主义的成功大大刺激了马来文化民族主义的复兴。在马来人掌握政治领导权的基础上，马来文化民族主义致力于将自己的文化上升到国家意识形态的高度，以马来族群的文化作为整合马来西亚社会的基础，反过来，作为意识形态的马来文化则为马来人统治的合法性提供了辩护。马来文化民族主义与马来政治民族主义紧密配合，制定国家原则，推行国家文化政策、国家教育政策及国语政策，来建构自己想象中的马来西亚民族。

1969 年"五·一三"事件之后，马来文化民族主义者确立了国家原则。"五·一三"事件是马来人和非马来人在建国后最为激烈的一次斗争。"五·一三"事件爆发后的第二天，巫统政府就终止国会运作，全国改由巫统领导下的"国家行动理事会"来统治。随后国家行动理事会发表报告书，指责非马来人作为外来移民，"如何不守本份，如何不肯向马来政治权威及文化效忠和认同，以致引发马来人的猜忌造成种族冲突的悲剧"④。同时，成立国民团结局来研究恢复国内族群关系的方式和手段。国民团结局后来被赋予起草国家原则的权力。

在 1970 年的独立纪念日，国家元首公布了由国民团结局起草的国家

---

① Benedict Anderson, 2006：*Imagined Communities：Reflctions on the Origin and Spread of Nationalism*, London：Verso, p. 15.

② Benedict Anderson, 2006：*Imagined Communities：Reflctions on the Origin and Spread of Nationalism*, London：Verso, p. 111.

③ 〔英〕厄内斯特·盖尔纳：《民族与民族主义》，韩红译，北京，中央编译出版社，2002，第 57～58 页。

④ 杨建成：《马来西亚华人的困境——西马来西亚华巫政治关系之探讨，1957～1978》，台北，文史哲出版社，1982，第 242 页。

原则："马来西亚，致力于促成它全体种族间的更大团结：维护民主生活方式；创立一个公平社会，在此社会内，国家财富公正地分享。确保国内丰富和不同的文化传统，获得宽大的对待；建立一个基于现代科学和工艺的进步社会；兹遵照以下原则的指示，来达致以上的目标：信奉上苍；忠于君国；维护宪法；尊崇法治；培养德行。"[1]　其中，在国家原则的导言中，"特别阐述了第三条原则，重申支持宪法"[2]，将体现了"马来人的马来西亚"的宪法放在了特别突出的位置。"五·一三"事件是马来西亚历史发展的分水岭，马来人通过这场权力斗争，把"空洞"宪法中的"马来人的马来西亚"的理念落实为国家的意识形态。

在国家原则的指导下，马来西亚国家文化政策得以确立。1971 年 8 月 16 日到 20 日国家文化大会在马来亚大学召开，大会确立以下三大原则作为马来西亚的国家文化政策。

1. 马来西亚的国家文化必须以本地区原住民的文化为核心。

2. 其他适合及恰当的文化元素可被接受为国家文化的元素，但是必须符合第一及第三项的概念才会被考虑。

3. 伊斯兰教为塑造国家文化的重要元素。[3]

国家文化大会后，文化青年体育部从三个方面开始执行国家文化政策：一是研究土著文化，二是提高艺术表演水平，三是成立文化发展机构。国家文化政策出台后，一方面，政府成立了许多地方性文化组织，推动文化活动，并且还举办一些文化庆典活动来推动马来传统文化的表演，如槟城文化庆典活动（Pesta Pulau Pinang）；另一方面，政府在有关文化的议题上取得发言权，任何不在官方定义与诠释下的文化艺术表演，都会遭到警方当局的阻挠，理由是这些没有经过国家许可的文化表演活动是具有"政治颠覆性"的。[4] 20 世纪 70～80 年代华人文化几乎不能在官方场合出现，有时连自我娱乐都成问题。

国家文化概念固然有许多含糊的地方，但整个立场十分清楚：国家文化就是以马来文化和伊斯兰教文化为主流。这个概念的重点就是以单元文

---

① 杨建成：《马来西亚华人的困境——西马来西亚华巫政治关系之探讨，1957～1978》，台北，文史哲出版社，1982，第 242～243 页。

② Cheah Boon Kheng, 2002：*Malaysia：The Making of a Nation*，Singapore：Institute of Southeast Asian Studies，p. 133.

③ 〔马〕何国忠：《马来西亚华人：身份认同、文化与族群政治》，吉隆坡，华社研究中心，2002，第 102～103 页。

④ 〔马〕林开忠：《建构中的"华人文化"：族群属性、国家与华教运动》，吉隆坡，华社研究中心，1999，第 129 页。

化消除多元文化。马来精英显然认为，如果其他族群向马来文化认同，就不会有族群纠纷，这和以后马来人常提及的一种语文，一种文化，一种民族是一脉相承的。① 马来西亚政府流行一种自以为是的看法，他们认为华文、泰米尔文学校的存在是导致马来西亚种族冲突的根源。②

其实"一种语文，一种文化，一种民族"的思想早在建国时期就开始酝酿了。马来西亚作为在殖民地基础上形成的新兴国家，不同于拥有悠久历史的西方民族国家。在西方国家中，其民族要么早于现代国家的形成，要么与现代国家同步形成。像马来西亚这种在殖民地基础上形成的国家，一般是先有国家，后对其民族进行塑造。所以，这些新兴国家"首要的工作就是强化理想的民族形成模式以塑造一个新的民族，这个模式就是一种民族、一种语言及一种文化统合在一个共同的历史经验及固定的领域上，同时还要加上种族、宗教和共同的经济体系"③。这些国家的领导人一般都相信统一的国民教育体系（包括共同的课程、统一的教学媒介语等）是建国的不二法门。

这种将国民教育体系作为建构马来西亚民族的重要手段最早可以追溯至殖民地政府时期的《方吴报告书》。为制定马来亚的教育政策，殖民地政府曾设立了一个教育调查委员会，以英国人巴恩（L. J. Barnes）为主席。该委员会最后写成《巴恩报告书》，于1951年公布。该报告书主张设立以英文或马来文为主要教学媒介语的国民学校，并废除其他语文源流的学校。在《巴恩报告书》还没完成之时，殖民地政府成立另一个调查团，借以考察华文教育的情况。调查团成员为方卫廉（William P. Fenn）和吴德耀两位博士，方、吴二人最后写成了《方吴报告书》。报告书支持华文教育继续存在，但是认为需要做出一些修改。另外，《方吴报告书》还提出了多元教育体系下的"马来亚教育政策的最终目的应是导致一个共同的马来亚民族……新的学校教育必须是以马来亚，亚洲再到世界的顺序为中心"④。

独立前夕以教育部部长拉扎克（后为马来西亚第二任首相）为首的

---

① 〔马〕何国忠：《马来西亚华人：身份认同、文化与族群政治》，吉隆坡，华社研究中心，2002，第103页。

② 曾少聪：《漂泊与根植——当代东南亚华人族群关系研究》，北京，中国社会科学出版社，2004，第259页。

③ Chai Hon-chan, 1971: *Planning Education for a Plural Society*, Paris: UNSCO, p. 13.

④ 〔马〕林开忠：《建构中的"华人文化"：族群属性、国家与华教运动》，吉隆坡，华社研究中心，1999，第67页。

教育委员会推出了《拉扎克报告书》。该报告书也提及了国家教育政策的最后目标，并明确指出国民教育体系必须以马来文为教学媒介语。《拉扎克报告书》认为："本国教育政策之最后目标，必须集中各族儿童在一个国民教育体系下，而在此体系之下，国语成为教学媒介语；然而要达此目标，不能操之过急，必须逐渐推进。"[1]

建国后，巫统对于建立一个以马来语为唯一教学媒介语的国民教育体系矢志不渝。巫统的做法是建立在这样一个假设之上：在一种以一个语言、一个国家为中心的课程下，将可促使马来西亚民族早日形成，而其他语文源流学校的存在是达成这个统合目标的障碍。[2] 这种做法也得到了国父东姑·拉赫曼的支持。第四任首相马哈蒂尔也认同这一点。马哈蒂尔在《马来人之困境》中写道："语言以及与之紧密相连的文化，仍然是促进国民团结的必需因素。在一个多元族群的国家中比如马来西亚，只要对语言和相关文化的选择达成协议，就可以达致团结。而在国民团结的过程中，人民必须真正地融合起来。"[3]

建国前，马来亚实际上还存在着以英语、华语、泰米尔语为教学媒介语的学校。华教工作者认为，教学媒介语只是教育的一种工具，只要课程内容以马来亚为主轴，同样可以达至认同马来亚的教育目标，他们坚决要求华人受母语教育的权利。马来西亚华校教师总会多方奔走，马华公会也积极与巫统协商，才使《拉扎克报告书》中的最终目标没有被写入1957年的教育法令。

马来文化民族主义者始终不能割舍《拉扎克报告书》的最终目标，1960年公布了《达立报告书》，在第19条中重提了"利用国语教学之最后目标"。具体措施有：以马来语为教学媒介语的小学称为国民小学，其他语文源流的小学则称为国民型小学；政府只为以马来语（国语）和英语（官方语言）为教学媒介语的中学提供全部津贴；以前政府为华文中学举办的会考、升学考试和离校文凭考试全部终止。[4] 1961年的教育法令就是根据《达立报告书》而制定的。

---

① Chai Hon-chan, 1977: *Education and Nation-building in Plural Societies: West Malaysia Experience*, Australia: Australia National University, p. 24.

② 〔马〕林开忠：《建构中的"华人文化"：族群属性、国家与华教运动》，吉隆坡，华社研究中心，1999，第85页。

③ Mahathir bin Monhamad, 1981: *The Malay Dilemma*, Kuala Lumpur: Federal Publications SDN BHD, p. 102.

④ 〔马〕莫顺生：《马来西亚教育史1400～1999》，吉隆坡，马来西亚华校教师总会，2000，第78～80页。

　　根据 1961 年教育法令，巫统政府致力在马来西亚建立一个以马来语为教学媒介语的国民教育体系。为了加速这一进程，1967 年 9 月国会通过国语法案，规定马来语为唯一的官方语言，取消了英语的官方语言地位，致使国民型英文学校逐步改制成为国民学校。到 20 世纪 80 年代初期，马来西亚以国语为教学媒介语的教育制度基本建立了起来。

　　上述的政策和实践都使马来西亚的民族建构带上了"马来人的马来西亚"的浓厚色彩，同时这些政策和实践也有助于马来文化的强势地位的形成。

二　马来文化强势地位的形成

　　马来西亚是一个多元文化的社会，不同文化在此进行着交流和融合，特别是在生活层面上，这种例子俯拾皆是：譬如在衣着方面，有一些华人喜欢穿马来同胞的沙笼及 baju kebaya；在食物方面，许多华人受到友族的影响，喜欢吃辛辣的食物，甚至有一些已是到了无辣不欢的地步。本地华人喜欢吃果王榴梿，享用马来食物如叻沙、沙爹、罗惹等；印度食物如 roti canai，putu mayong，capati 等，华人也吃得津津有味……华人的语言，尤其是方言，也受到其他语言的影响，福建话可能是受马来语影响最多的方言，尤其是北马的福建话，如石头叫 batu，结婚叫 kahwin，刚刚叫 baru，医生叫 dukun，钱叫 duit，帮忙叫 tolong，辣椒叫 sambal 等，华语受其他语言影响的也不少，如巴刹、甘榜、德士、罗里、巴士等。[①]

　　这样的文化交流和融合是自然和不知不觉的过程。同时，这些文化在另外一个层面却经历着碰撞和对抗。在马来西亚民族建构的推动下，马来文化经常得到政治权力的支持与帮助，在和其他文化的相互碰撞中，逐渐成为多元文化社会中的强势文化。在面对国家主体文化——马来文化的宰制时，以马华文化为代表的非马来文化一向处于守势，往往表现为被动式的反应。直到今天，"华人文化在国家政策运作的过程中始终走不进主流"[②]。

　　1971 年国家文化政策通过后，马来文化上升到国家文化的层次，并被作为民族国家建构的重要工具。一般马来知识分子和政治精英都认为马来文学是马来文化的核心部分，马来文学在塑造国家特征和建构民族主体

　　① 〔马〕许文荣：《从"总纲领"对马华文化的定义论马华文化的建设》，《星洲日报》1996 年 12 月 22 日；转引自〔马〕何国忠《马来西亚华人：身份认同、文化与族群政治》，吉隆坡，华社研究中心，2002，第 98 页。

　　② 〔马〕何国忠：《马来西亚华人：身份认同、文化与族群政治》，吉隆坡，华社研究中心，2002，第 89 页。

意识方面起着重要的作用。著名马来学者莫哈末·泰益·奥斯曼（Mohd. Taib Osman）就认为在各种艺术门类当中，文学是建构国家特征的最重要机制，因为它运用的语言就是人类日常沟通的最高级形式；另外，文学在马来西亚还可以成为个人"社会化"的重要工具。① 马来西亚的第二任首相拉扎克和第三任首相胡先翁不但鼓励各类马来文学大赛的举办，而且直接促成几个马来文学机构的成立和国家文学奖的设立。

国家文学奖是马来西亚政府于1981年通过国家语文局设立的国家最高文学奖项。国家文学奖以语言来定夺一个文学作品是否能被称为国家文学，充分体现了马来文化的强势地位。马来作家协会主席伊斯迈·胡辛（Ismail Hussin）认为，在马来西亚，只有以马来文创作的作品才可以被称为国家文学；那些以其他土著语言如伊班文等创作的文学作品，可以被称为地方文学；以华文和泰米尔文创作的文学作品，则可以被称为族群文学；它们也是马来西亚文学，但是由于这些作品的读者群只限于特定的群体，因此我们无法把它们视为国家文学。② 针对马来文学等于国家文学的论调，马华作家方北方最先做出回应，他认为"精通马来文而能写作的马来作家所写的是本族的人民生活与社会现象，可以说是一个种族的文化。因而对何以一个种族文化可以代表有三大民族组成的马来西亚国家文化提出质疑"③。同时，雪华堂在1985年召开大会要求把国家文学奖开放给各族群作家、各语文作品，该要求也得到了马来西亚泰米尔作家协会的响应和支持。但是，马华文学未能获得国家的认同，也未能获得官方资源的支持，更与国家文学奖无缘。马华文学在国家一直处于非主流地位。

在现行的国家文化政策下，马华文化不可能被直接纳入国家文化。何国忠认为，此举影响重大，"宪法虽然规定华人可以自由发展自己的文化，但是华人文化如果不是国家文化的一部分，政府就没有义务去发展它。华人的艺术、文学、音乐、哲学等人文学科的范畴，就只得靠自己努力"④。这就给华人社会带来了长期的负担和挑战。更加严重的是，处于强势地位

① 〔马〕许文荣：《马来西亚政治与文化语境下的华人文学》，http：//www.fgu.edu.tw/~wclrc/drafts/Malaysia/xu-wen-rong/xu-wen-rong_ 02.htm/2008/03/12，2008年6月5日。
② 〔马〕伊斯迈·胡辛：《马来西亚国家文学》，载庄华兴主编《国家文学——宰制与回应》，吉隆坡，雪隆兴安会馆和大将出版社，2006，第35页。
③ 〔马〕庄华兴：《叙述国家寓言：马华文学与马来文学的颉颃与定位》，载庄华兴主编《国家文学——宰制与回应》，吉隆坡，雪隆兴安会馆和大将出版社，2006，第113页。
④ 〔马〕何国忠：《马来西亚华人：身份认同、文化与族群政治》，吉隆坡，华社研究中心，2002，第104页。

的马来文化常常会压缩华人文化的生存空间。

马来文化的强势地位主要是以马来语为教学媒介语的国民教育体系为依托的。国民教育体系不仅向未来的公民传授和普及知识，而且还向他们灌输马来西亚是一个以马来文化为中心的国家，从而推动马来西亚民族建构朝着马来民族主义者期望的方向前进。马来西亚独立后，华人渴望建立一个各族群有着平等地位的马来西亚人的马来西亚。随着华人在政治上的挫败和经济上的受限，华人的族群意识进一步强化，他们对族群身份的保持也更加敏感，"他们知道华人的身份是靠文化的传承才可以维持的"①，而没有华文教育就没有华人的文化。华人和马来人都把教育领域视为重要的"攻防战"，因此华文教育与以马来语为教学媒介语的国民教育体系矛盾丛生，双方的对立与分歧从建国延续至今。

华文小学虽然从建国时就被纳入国民教育体系，但是华小的发展一直处于内忧外患之中。建国五十年来，华小学生增加将近一倍，但是学校数量却比建国前减少了53所。见表3-5。

表3-5　　建国五十年来华小与国小在学生人数、学校数量上的比较

	1957 年		2007 年		增加/减少	
	学生人数	学校数量	学生人数	学校数量	学生人数	学校数量
华小	361208	1342	643679	1289	+282471	-53
国小	428368	2180	2286328	5781	+1857960	+3601

资料来源：《董总50年特刊》，第1267页；教育部2007年1月统计数据；沈天奇：《选前准建华小校地经费得自找　政府应俯顺民意制度化建华小》http：//merdekareview.com.my/news.php？n＝6009/2008/2/26，2008年3月2日。

五十年来，马来西亚的人口布局发生了巨大变化，人们从乡村涌向城市，导致市区的华小常常爆满，一些乡村的华小却由于缺乏生源，面临着关闭的危险。华人迫切地希望华小能像国小一样随时随地地根据需要来增建。此外，华小的发展始终面临着拨款不足、师资短缺和华语作为教学媒介语变质等问题。对于华文中学来说，因为《1961年教育法令》的执行，他们要么被迫接受改制，不再以华文作为教学媒介语；要么拒绝改制，成为国家教育体制外的独立中学。

_____

① 〔马〕何国忠：《马来西亚华人：身份认同、文化与族群政治》，吉隆坡，华社研究中心，2002，第90页。

　　1969 年"五·一三"事件后,巫统推行新经济政策,所有的国家资源、教育领域都实行固打制,其中最令华人不安的是华人子弟升大专院校的机会迅速锐减。当时的副首相马哈蒂尔在下议院透露,1977 年国内 5 间大学申请入学的学生达 25988 人,其中 5953 人获准入学。在录取的学生当中,4457 人为土著学生,占 74.8%;华族学生 1187 人,占 19.9%;印度族学生 266 人,占 4.4%;其他籍 43 人,占 0.7%。① 在固打制实行前后,马来西亚国内大学马来人与非马来人录取比例上的差别也是非常惊人。根据第三个马来西亚计划,表 3 - 6 是 1970 年和 1975 年各个族群学生的分配情况。

表 3 - 6　　　　　1970 年和 1975 年各个族群高校学生的分配情况

年度	马来族		华族		印度族		其他	
	人 数	%	人 数	%	人 数	%	人 数	%
1970	3237	39.70	4009	49.20	595	7.30	307	3.80
1975	8153	57.20	5217	36.60	743	5.20	141	1

　　资料来源:〔马〕郑良树:《马来西亚华文教育发展史》(第四分册),第 383 页。

　　与此同时,独立中学经过一番挫折后,逐渐兴盛起来,不仅教学水准有了大幅度提高,而且学生人数也逐年增加。独立中学的毕业生除极少部分远赴西方国家继续求学和一部分到中国台湾升学外,有相当一部分留在了国内。为解决这部分学生的升学出路,新山的宽柔中学经过十多年的申请,教育部终于批准了他们兴办南方学院的准证。1990 年 9 月 28 日,南方学院正式开学。这是华人社会在马来西亚兴办的第一所民办大专院校。为了实现《2020 宏愿》,增加马来西亚人接受大专教育的机会,马来西亚政府鼓励私人学校的双联课程。在这样的大环境下,董教总建议创办的新纪元学院于 1997 年 5 月 28 日获得批准,槟城韩江中学校董会创办的韩江国际学院也于 1999 年 7 月 13 日获得批准。

　　经历了将近半个世纪的奋斗,在 20 世纪结束之时,华人社会终于得偿所愿地创办了三所自己的大专院校,至此马来西亚有了一套从小学到中学再到大专的完整的华文教育体系,尽管独立中学和大专都是民办的,不在国家的教育体制之内,马来西亚著名的华文教育史专家郑良树教授评论

---

　　① 〔马〕郑良树:《马来西亚华文教育发展史》(第四分册),吉隆坡,马来西亚华校教师总会,2003,第 383 页。

道：“这样的成绩，真是得来不易。”① 同时，郑良树教授也坦言，国家独立之后，华文教育不但难以分享到国家自决、民族自主的丰美蛋糕，反而由于一系列的教育政策对华教进行不同级数的统合，也先后给华社带来一波又一波的震荡和压力，华教的山径越走越崎岖，华社为了自卫做出了一系列的反应，并因此和政府发生了诸多矛盾和摩擦。②

马来西亚独立后，马来民族主义者把马来文化作为国民团结的基础，希望借此来整合多族群的马来西亚社会。今天，随着国语马来语的成功推广，各族群之间有了进一步的了解和沟通。马来文化在与其他文化自然的互动中，已经开始相互调适和融合。但是，当文化与政治纠缠在一起的时候，马来文化依靠权力的支持与帮助，有意无意地压制了其他文化的发展空间，遭到了马来西亚华人文化和印度人文化不折不挠的抵制和反抗。马来文化和其他文化在碰撞的过程中，“我族”与“他族”的界限进一步扩大，人们的族群意识也得到了强化，使得马来西亚民族建构举步维艰。

建国后，巫统政府选择了以马来文化和马来语为唯一教学媒介语的国民教育体系来建构自己想象中的马来西亚民族。然而，马来西亚民族建构成败的关键在于族群间的融合，巫统仅仅用文化和教育的手段推进族群间的融合，其效果往往有限，因为巫统政府从政治和经济上对马来西亚的整合同样也会对族群间的融合产生重大影响，就像陈志明所说：“华人在某些文化问题上团结一致，与其说是针对相关问题进行抗争，不如说是借此表示他们对捍卫更广泛的华族利益的支持。这种文化上的反应，显示了他们对文化、社会和经济歧视的察觉。”③ 因此，从民族建构的手段上来讲，巫统民族建构的政策显得过于单薄和不完整。可见，马来西亚民族建构不仅需要从政治、经济和文化等方面全方位地进行，而且需要马来西亚政府在各方面能够一视同仁地对待各个族群，否则民族建构就难以取得真正显著的成效，甚至会适得其反，因为有时尝试建立一个马来西亚民族的努力而制造的问题比所能解决的问题更多。

---

① 〔马〕郑良树：《马来西亚华文教育发展史》（第四分册），吉隆坡，马来西亚华校教师总会，2003，第391页。

② 〔马〕郑良树：《马来西亚华文教育发展史〈分序：发展的时代〉》（第四分册），吉隆坡，马来西亚华校教师总会，2003，第3页。

③ Tan Chee-Beng, 1988: “Nation-Building and Being Chinese in Southeast Asian State: Malaysia”, in Jennifer Cushman and Wang Gungwu eds., *Changing Identities of the Southeast Asian Chinese Since World War II*, Hong Kong: Hong Kong University Press, p. 143.

本章小结

马来西亚建国以来，民族国家建构的政策基本上都是由马来民族主义的化身——巫统（马来人全国团结组织）来主导，即使巫统一度成为在野党，但是巫统的民族国家建构政策的影响仍然广泛存在。巫统政府的政策对马来西亚民族建构虽然都有着积极的一面，但是消极影响不容忽视。巫统的政治整合有助于马来西亚的政治稳定，但是强化了族群的政治意识，不利于族群间的融合。同样，巫统的经济整合缩小了族群间的经济差距，有助于社会稳定，但是拉大了马来人和非马来人的距离，影响了一个共同的马来西亚民族意识的形成。巫统政府在推行文化教育政策时，马来文化和非马来人文化发生了碰撞，"我族"与"他族"的界限进一步扩大，人们的族群意识得以强化，使得重在族群融合的马来西亚民族建构举步维艰。

第四章　马来西亚肯定性行动的
实践与反思

第一节　肯定性行动的实践

"肯定性行动"（Affirmative Action），又可译作"优先行动""照顾行动"或"平权措施"等。肯定性行动是政府对社会中的弱势群体在高校招生和就业方面采取的一种扶助措施。[1] 为帮助马来人追上经济上处于优势的非马来人，马来亚[2]建国后就推出了肯定性行动。相对于其他国家的肯定性行动，肯定性行动在马来西亚的独特之处，在于它的受益者马来人不仅是多数群体，而且在政治上占据主导地位。目前国内外关于马来西亚肯定性行动的研究相对较少，主要论文有 Lee Hock Guan 的《马来西亚肯定性行动》[3] 和 Hwok-Aun Lee 的《马来西亚肯定性行动：20 世纪 90 年代以来的教育和就业结果》[4]。这两篇论文对马来西亚肯定性行动做了一些开拓性的研究，但是对该行动的反思显得不够深入。本书在分析马来西亚

---

[1] 我国对肯定性行动的研究大都集中在美国，主要研究美国政府对黑人族群在升学、就业方面采取的扶持措施以及分析这些措施所产生的影响。（参见杨超《近年来国内关于"肯定性行动计划"的研究述评》，《世界历史》2008 年第 4 期）世界上很多国家都实行过肯定性行动，各国的定义和内容不尽一致，但狭义的肯定性行动一般指的是政府对弱势族群在升学、就业方面采取的扶助措施。（参见联合国发展项目 Daniel Sabbagh，2004：*Affimative Action Policies：An International Perspective*，Human Development Report Office）

[2] 1957 年，马来亚独立。1963 年，英属的新加坡、沙巴、沙捞越与马来亚合并，组成马来西亚。1965，新加坡被迫从马来西亚分离出来。

[3] Lee Hock Guan，"Affirmative Action in Malaysia"，*Southeast Asian Affairs 2005*，pp. 211 ~ 228.

[4] Hwok-Aun Lee，"Affirmative Action in Malaysia：Education and Employment Outcomes Since the 1990s"，*Journal of Contemporary Asia*，Vol. 42，No. 2，May 2012，pp. 229 ~ 254.

肯定性行动成就与问题的基础上，从平等理论的角度对其进行反思。

马来亚独立后，政府着手在国内实行扶持马来人的肯定性行动。在新经济政策时期（1971～1990），肯定性行动在马来西亚全面展开，新经济政策结束之后，肯定性行动仍然存续于国家发展政策（1991～2000）和国家宏愿政策（2001～2010）之中。马来西亚历届政府的经济政策都将肯定性行动纳入其中。

摆脱英国的殖民统治后，马来亚推出肯定性行动，主要目标是提升马来人在多元社会中的经济实力。在新经济政策之前，肯定性行动的效果有限，马来人就业人数较多的领域主要局限在政府部门。政府对公务员实行严格的配额制，如民事服务部门马来人与非马来人的比例是4∶1，外交部门、海关部门为3∶1，从1950年到1967年，马来人高级文官的人数增长了3倍。① 即便如此，多数马来人仍然待在农村，1970年马来人在农村人口中的比例为63.4%，华人的人口比例则为26.1%；同一时期，马来人在城市人口中的比例为27.4%，而华人的人口比例则为58.7%。② 在发展中国家，农民收入往往最低，产业工人收入高于农民，城市里从事金融、保险和服务业的人员收入最高。在现代社会，"个人的地位取决于家庭中养家活口的人的经济状况"③。社会作为一个整体来说是分层的。从马来人、华人在城市和农村中的人口比例来看，20世纪60～70年代马来西亚的社会分层④含有族群背景，马来人和华人在经济领域有着清晰的结构性差异。

1969年5月13日，马来西亚爆发了历史上最为激烈的一次族群冲突，史称"五·一三"事件。"五·一三"事件后，马来西亚建立了一个全面扶持马来人的制度。巫统认为这次冲突很大程度是由马来人与华人的经济差距过大引发的，有必要建立一个向马来人倾斜的制度来缩小马来人与非马来人特别是华人之间的差距。巫统政府认为，增加马来学生高等教育的人数是纠正社会各阶层、各族群不平等的重要手段，可以缩小族群间的差距，改善族群关系和推动社会进步。

---

① 何西湖：《马来西亚华人政策的演变与发展》，《广西民族学院学报（哲学社会科学版）》2004年第6期。

② Government of Malaysia, 1973: *Mid-Term Review of the Second Malaysia Plan*, *1971～1975*, Kuala Lumpur: Government Printer, p. 25.

③ 〔美〕罗伯逊：《社会学》，黄育馥译，北京，商务印书馆，1990，第303页。

④ 社会分层是各类人的结构性不平等，人们由于在社会等级制度中地位的不同有着不同的获得社会报酬的机会。参见〔美〕罗伯逊《社会学》，黄育馥译，北京，商务印书馆，1990，第301页。

"五·一三"事件后，巫统政府成立了马吉伊斯曼尔委员会（The Majid Ismail Committee）来检讨马来西亚高等教育的现状。该委员会认为在现行的根据考试成绩进行大学招生的机制下，大约只有20%的马来人能进入大学，因此，该委员会建议，高校招生不仅在学生人数，而且在专业选择方面，都应当反映全社会的人口结构。① 据统计，从1959年到1970年，在全部的毕业生中（包括获得证书、文凭和学位的三类毕业生），马来人所占的比重大约是26%，而华人占的比重则为60%，并且更重要的是，人文学院中60%的毕业生是马来人，而在科学、工程和医学方面80%到90%的毕业生是华人。② 于是巫统政府决定公立大学1971年按照族群"固打制"（Quota）进行招生，即按照族群人口比例来分配公立大学学生的名额。在华人政党的争取下，巫统政府在1979年6月将标准定为公立大学55%的份额保留给马来人，而非马来人的份额为45%（华人和印度人的份额分别是35%和10%）。③

在"固打制"的帮助下，马来学生在公立大学中的人数迅速攀升。比如，1980年公立大学招生人数的72.8%是马来学生，其中修读证书和文凭课程的马来学生有87.7%，而攻读学位课程的则有62.7%。④ 在马来西亚，除马来亚大学和马来西亚理科大学外，马来学生在公立大学中的人数比例通常都会达到70%，甚至更高的比例。马来西亚还设立了一些专门招收马来学生的大学，只是近期才将极少部分的名额留给非马来人，如玛拉工艺大学。由于马来人在公立大学中的份额远远超过了当初确立的55%，一直遭到华人和印度人的非议。

在各方压力下，2001年时任首相马哈蒂尔宣布公立大学在2002年的招生中采用以成绩为考核标准的绩效制。2002年马来西亚公立大学招生的结果并没有像华人之前预料的那样——华人学生会大幅度增加，马来人与非马来人入学的比例在两种招生制度下竟然相差不大。在2002年公立大学的新生中，马来学生的比例是68.9%，华人学生的比例为26.4%，印度学生的比例则为4.7%。⑤ 公立大学招生之所以出现

---

① Tham Seong Chee, 1983: *Malaysia Modernization: A Sociological Interpretation*, Singapore: Singapore University Press, p. 130.

② Lee Hock Guan, "Affirmative Action in Malaysia", *Southeast Asian Affairs 2005*, p. 214.

③ 廖小健：《马来西亚的马来人教育：发展与影响》，《南洋问题研究》2007年第4期。

④ Lee Hock Guan, "Affirmative Action in Malaysia", *Southeast Asian Affairs 2005*, p. 214.

⑤ Hamzah Bin Ali, 2003: *The Politics of Meritocracy in Malaysia*, Master Thesis of Naval Postgraduate School (USA), p. 88.

这样的结果其主要原因在于公立大学招生虽然摒弃了"固打制"，但采用了"双轨制"。

马来西亚公立大学是通过两种途径来选拔学生的，一是马来西亚高级教育文凭考试（STPM），二是大学预科班。高中学生两年毕业后，华人大多是通过上中六学级参加难度较大的马来西亚高级教育文凭考试进入大学，而马来学生多是通过大学预科班升入大学。大学预科班的课程比中六学级的课程容易，参加大学预科班的学生通常被形容为"一只脚已踏入大学门槛"，但是它的名额大多留给了马来学生。在"双轨制"下，华族学生在公立大学中的名额比在固打制下更加难以得到保障和监督。比如，2012 年在马来西亚国民大学约 3100 名的新生中，华人学生只有 290 人，在大学新生中的比例仅为 9%，比往年的比例少了许多。① 这种体制更引起了华人社会的关注和强烈反响。

马来学生在公立大学中人数的大幅增加有助于增加马来人在现代经济部门的就业人数。根据劳动部的统计，在 1981～1990 年，从高等学校毕业的马来学生的就业率达到了 80%～90%。② 为了扩大马来人就业，政府还直接干预私人企业活动。1975 年，政府颁布了《工业协调法令》（Industrial Coordination Act），规定凡从事制造业的公司，其股本总额达 10 万零吉（含）以上，或全职员工达 25 人（含）以上者，均须向国际贸易及工业部申请工业执照，并且华人的企业须让与土著 30% 的股权和雇佣 50% 的土著人为工人。③ 这直接促进了马来人在制造业领域就业比例的迅速增加。由于该法令对华人中小企业影响甚大，不断遭到华人的反对和抵制。20 世纪 80 年代初期，马来西亚经济发展低迷，于是政府放松了对私人企业的管制，对《工业协调法令》多次修改，不断放宽标准。1986 年，《工业协调法令》经过修改后，规定股本总额 250 万零吉以下或全职员工不超过 75 人的公司不再需要申请制造业执照。④ 之后华人中小型企业不再受到《工业协调法令》的约束。

为扩大马来人在现代经济部门的就业，巫统政府 20 世纪 80 年代还大规

---

① 《马国大华族生，今年录取率仅占 9%》，http：//asean. zwbk. org/newsdetail/20773. html，2015 年 10 月 19 日。

② Takashi Torri，"The Mechanism for State-Led Creation of Malaysia's Middle Classes"，*The Developing Economies*，XLI～2，June 2003，p. 239.

③ 李毅：《马来西亚中小企业的发展路径与政策调整——一个制度变迁的分析》，《南洋问题研究》2003 年第 4 期。

④ 叶兴建：《马来西亚华商中小企业发展研究》，《华侨华人历史研究》2006 年第 4 期。

模兴办国有企业。如马来西亚重工业公司（HICOM）、普腾汽车公司和国家贸易公司（NTC）等。这些大型国有企业都大大增加了马来人制造业工人和专业技术人员的数量。除此之外，政府还一度成为马来西亚最大的雇主，扩充了公务员的队伍，加大了对马来人就业的扶持。1985 年政府部门就业约占全国就业总数的 15%。[①] 1970 年政府部门招收了 397000 人，1985 年政府部门招收人数是 1970 年的两倍多，达到 819500 人；而 1970 年到 1985 年，政府部门新增就业机会的四分之三都给了马来人。[②] 马来人优先的政策几乎将马来西亚政府从多元族群的机构变成了一个单一族群的机构。

第二节　肯定性行动的成就与问题

肯定性行动在马来西亚取得了显著的成绩，与此同时也出现了不容忽视的问题。当前马来人在公立高校中的份额远远超过了当初确立的份额，这大大提升了马来人在现代经济部门的就业机会，而政府在经济领域直接、间接的干预也相应地增加了马来人在现代经济部门的就业比例。肯定性行动现阶段基本上实现了马来人在现代经济部门的就业比例与其在全国人口的比例相一致的目标，马来人与华人在经济领域的结构性差异已得到根本性改善。

马来亚独立初期，除了农业领域和政府部门外，马来人在其他职业领域中的比例都大大低于马来人在全国人口中的比例。经过多年的扶持，马来人在现代经济部门的就业比例持续上升。2005 年，除高级经营管理人员外，马来人在现代经济部门的就业结构基本上与全国的族群结构趋于一致。2005 年以马来人为主的土著在全国的人口比例为 65.88%，其中马来人为 54.10%，而其他族群中，华人为 25.31%，印度人为 7.54%。[③] 详情参见表 4 – 1。

随着马来人人口比重的上升和华人人口比重的下降，马来人在现代部门的就业比例还会进一步提高。

①　Heng Pek Koon，"The New Economic Policy and The Chinese Community in Peninsular Malaysia"，*The Developing Economies*，XXXV ~ 3，September 1997，p. 279.

②　Ling Liong Sik and Kok Wee Kiat eds.，1988：*The Future of Malaysian Chinese*，Kuala Lumpur：Malaysian Chinese Association，p. 29.

③　Population Malaysia 1963 ~ 2006，http：//www. mytrade. com. my/Download/EconsStats/Population Malaysia 1963 ~ 2006，2015 ~ 10 ~ 18.

表4-1　　　　　　　　　2005 年马来西亚族群就业状况　　　　　单位:%

职业	土著	华人	印度人
高级经营管理人员	37.1	55.1	7.1
专业技术人员	58.5	31.9	8.2
办公室文员	56.7	34.3	8.4
服务业工人和销售人员	51.5	39.6	8.0
农牧渔业工人	80.8	11.3	4.3
手工艺品及其相关销售人员	46.0	44.6	8.2
产业工人	60.4	24.8	12.9
电子工业从业人员	51.1	25.2	14.7
总计	56.5	32.4	9.3

资料来源：Government of Malaysia：*The Ninth Malaysia Plan*，2006～2010，p. 334.

在政府的扶持下，马来西亚已培植出了一个人数众多的马来中产阶级。随着马来中产阶级的崛起，马来西亚族群间的收入差距明显缩小。据政府统计，马来人与华人的家庭月收入差距由 1970 年的 1∶2.29 已缩小到 2009 年的 1∶1.38，马来人与印度人的收入差距也由 1970 年的 1∶1.77 缩小到 2009 年的 1∶1.10。[1]

总的来看，在公立大学中，马来人的比例远远超过了华人；在职业领域，马来人的比例与其在全国人口的比例趋于一致；以收入水平而论，马来人与华人的差距大大缩小。因此，从社会分层的角度来看，马来人和华人的结构性差异现阶段已得到根本性改善。

马来人与华人经济差距的不断缩小对整个社会的稳定有着十分重要的意义。如 1997 年爆发的东南亚金融危机波及印尼后，印尼爆发了骇人听闻的排华事件，而同样拥有众多华人的邻国马来西亚却保持了平静。国际公平世界运动主席詹德拉·慕斯达化也指出，这次印尼土著对华人所作的攻击让人想起也是多元民族的马来西亚，如果不是当年通过新经济政策重组各族经济结构，减少各族间的贫富悬殊，或许马来西亚也一样会发生同样的悲剧。目前，马来西亚的富人不只限于某一族群，而是来自各族。[2]

---

① Government of Malaysia，2010：*Tenth Malaysia Plan*，*2011～2015*，Putrajaya：The Economic Planning Unit，Prime Minister's Department，p. 147.

② 〔马〕吴益婷：《印尼华人错在哪里?》，《资料与研究》1998 年第 34 期。

马来西亚肯定性行动取得了不俗的成绩，但存在的问题也日渐引起人们的关注。首先，马来社会产生了一种根深蒂固的思想。马来人需要扶持成为一种习惯的观念和期待，马来人优先被视作当然的基本权利。一旦政策调整，就会引发矛盾，成为新的焦点。马来人将政府的照顾当成拐杖，迟迟不愿放手，正如巫统的领导人所说："尽管过程缓慢，小部分自信的马来人正在思考丢掉拐杖，但是他们是非常小的少数派，人员在短时间内也不会增加。他们一般被认为是马来人的叛徒。"① 其次，马来人优先政策鼓励了马来人人口的超常增长。据统计，从 1957 年到 1995 年，马来西亚华人人口增加了 2.4 倍，印度人人口增加了 2.3 倍，而马来人人口增加了 4.4 倍。② 人口的超常增长会影响族群整体素质的提高，因为高生育率将增加对资源的压力，减少国家和家庭对于下一代教育的人均投入。最后，马来人优先也意味着马来人不必像华人和印度人那样努力就可以进入高校，找到工作，取得商业上的成功，长此以往，会严重削弱马来人的进取心，不利于马来人竞争力的提升和国家经济的发展。

在扶弱政策的影响下，马来西亚失去了以往较快发展的势头，有沦为"中等收入陷阱"国家的危险。面对此种困局，2009 年出任马来西亚首相的纳吉布，上台伊始就提出了"一个马来西亚"的理念，宣布他将公平地对待各族，做一个全民首相。纳吉布宣称，他将修改长期实施的扶弱政策（即帮扶马来人和原住民的政策），全面修改以种族为基础的优先权和配额制度，因为这类保障种族的经济政策已成为国家经济发展的阻碍。③ 在"一个马来西亚"理念的指导下，纳吉布重新修订了"新经济政策"，部分取消了有限公司必须将 30% 股权保留给土著的硬性规定，并实施新经济模式，力争马来西亚 2020 年跻身发达国家。

"一个马来西亚"政策背离了马来人优先的思想，冒犯了既得利益者，"一个马来西亚"政策遭到了马来人保守派的强烈质疑，他们认为纳吉布背弃了巫统历届领袖"扶持马来人"的做法，有"叛祖"之嫌。④ 在保守派的强大压力下，纳吉布重申国家分配财富必须反映多数种族的比例，强调"一个马来西亚"政策不会违背宪法中对马来人特殊地位的规

---

① Steven gan, "The day that they took away our computers", http：//www. malaysiakini. com/editorials/22770, 2015 ~ 11 ~ 28.

② Pang Hooi Eng, 2000："The Economic Role of Chinese in Malaysia", in Lee Kam Hing and Tan Chee-Beng, eds., *The Chinese in Malaysia*, New York：Oxford University Press, pp. 94 ~ 122.

③ 陈鸿瑜：《马来西亚史》，台北，兰台出版社，2012，第 525 页。

④ 齐顺利：《政治整合视域下的马来西亚民族建构研究》，《国际论坛》2012 年第 4 期。

定，政府只是采取不同的方式来扶持马来人。马来西亚国家经济咨询委员会成员再纳·阿兹南（Zainal Aznam）坦言，政府迫于马来右翼组织，尤其是土著权威组织的压力，最终放弃成立"平等机会委员会"，并对《新经济模式结论篇》做出修改，继续实行扶弱政策。①

第三节　关于肯定性行动的反思

马来西亚肯定性行动日渐引起人们的质疑，面临着存废的争议。我们有必要对肯定性行动的合理性进行反思。马来亚独立后，马来人与华人之间存在着巨大的经济鸿沟。为了缩小族群间的经济差距，巫统政府推出了扶持马来人的肯定性行动。在这种背景下，马来西亚推行肯定性行动的理由是比较充分的，正如马哈蒂尔所说："马来人依附于一种制度以提高他们与其他种族平等的地位，从而建立一个更公平的社会，也不是错误的。"②

新经济政策时期，巫统政府加大了执行肯定性行动的力度。这就需要巫统政府在经济领域中发挥更大的作用，为巫统占有更多的资源提供了机会，而巫统将财富更多地分配给了与巫统有密切联系的个人和集团，造成了马来社会的贫富分化。对于新经济政策产生的马来人贫富分化，马哈蒂尔评价道："新经济政策……在土著的财富分配中，并不致力于让所有的土著挣得一样多，或者分配得一样多……新经济政策的目标在于创造出一个有劳动报酬差异的土著族群，正如其他非土著族群一样，特别是华人族群……公平的目标不是在于个人之间，而是在于族群之间。"③

马来西亚肯定性行动追求族群之间的平等实际上是一种结果的平等，正如美国社会学家密尔顿·M. 戈登（Milton M. Gordon）所说："经济和政治的酬赏，无论是公共领域还是私人领域，都按照数量定额分配，定额的标准是人口的数量或由政治程序规定的其他方式决定。这类平等主义强调的更多的是结果的平等，而不是机会的平等。"④ 对于各族群来说，结

---

① 骆永昆：《马来西亚土著权威组织》，《国际研究参考》2013 年第 2 期。

② Mahathir bin Monhamad, 1981：*The Malay Dilemma*, Kuala Lumpur：Federal Publications SDN BHD，p. 177.

③ Lee Hock Guan, "Affirmative Action in Malaysia", *Southeast Asian Affairs 2005*, p. 220.

④ 〔美〕密尔顿·M. 戈登：《种族和民族关系理论的探索》，载马戎编《西方民族社会学的理论与方法》，天津，天津人民出版社，1997，第 131 页。

果平等意味着各种资源和机会分配的结果应当大致一样。这一点在第二个马来西亚计划中有明确的规定："就业模式在所有的层次和所有的部门……必须反映种族人口比例。"① 前首相纳吉布也认为，要落实公平社会，必须要公平分配国家财富，即必须反映多数种族的比例，如果没有反映土著的地位，便是不公平的分配。②

通过扶持落后族群来实现族群平等的做法可以在短时间内取得明显的成效，可以为落后族群提供更多的机会，加快落后族群的发展，有利于整个社会的稳定，有其积极的一面。然而，族群的整体社会地位、平均收入水平等宏观经济指标是这个族群的全体成员的个体情况汇合在一起而计算得出的，所以，只有在两个族群全体成员在"社会分层"的结构方面完全相似的条件下，两个族群在经济领域里才有可能实现平等。③ 由于每个族群中的成员情况都在不断发生变化，族群之间的结果平等只能是相对的，而不可能是绝对的。如果始终以族群之间的绝对平等为目标，肯定性行动在实行到一定程度之后，负面性就会凸显出来，到时则会增加部分人的惰性，同时挫伤另一部分人的积极性，违反了"同工同酬"这个最基本的公平原则，积极的平等追求最后就可能转变为消极的结果平等。

在政府的扶持下，马来人已在各个领域成长起来，但是马来人习惯了政府的照顾，生成了依赖思想，与他族公平竞争的自信心却没有完全建立起来。在此种情形下，马来人认为，在自由竞争的环境中，马来人仍然难以与非马来人竞争。当马来人中的一些有识之士主张废除肯定性行动时，许多马来人显得犹豫不决，正如马来西亚青年伊斯兰运动主席尤斯里·穆罕默德（Yusri Mohamad）所说："安瓦尔废除肯定性行动的努力应当被抵制，因为它在马来人中引起了广泛的抨击。……马来人现在还没有做好在平等的基础上与他族竞争，马来西亚还没有做好接受绩效制的准备。"④

长期执行马来人优先的政策将会严重抑制非马来人工作的热情和积极

① Government of Malaysia, 1971: *Malaysia Second Malaysia Plan, 1971 ~ 1975*, Kuala Lumpur: Government Printer, p. 42.
② 〔马〕纳吉布：《经济欲增长 标须贯彻绩效与公平准绳》，http：//www. nanyang. com/node/377257？tid = 510，2015 年 10 月 16 日。
③ 马戎：《民族社会学——社会学的族群关系研究》，北京，北京大学出版社，2004，第513 页。
④ James Hookway, 2008: "Affirmative Action Lies at Root of Malaysia's Political Turmoil", *The Wall Street Journal Asia*, Hong Kong, Jul 18.

性，不利于经济的发展和社会的和谐。由于历史和殖民统治的原因，马来人在建国初期经济上处于落后地位。华人也觉得有必要扶持马来人，但是认为这应当有时间限度，而不能永远持续下去。近年来，马来西亚华人一直在要求机会平等。机会平等意味着社会要为每个人创造公平的竞争环境和对等的进入机会。① 如果一个社会能够不分族群给予每个人平等竞争的机会，将会极大地激发出人们的潜能，鼓励人们通过自身的奋斗来改善自己的处境，从而释放出每个人的活力、创造力，有助于推动社会的进步和经济的发展。

在马来人人口比重不断上升和华人人口比重持续下降的背景下，肯定性行动对华人的影响会愈来愈严重。据统计，从 1961 年到 2000 年的 40 年间，华人人口比重从 1961 年的 35.6% 下降到 2000 年的 25.5%。② 世界上很多国家都实行过肯定性行动，不同的是其他国家肯定性行动的受益群体基本上是少数族群，而马来西亚的受益群体则是多数族群——马来人。当一个国家对少数族群实行优惠政策时，多数族群的承受能力往往较强，政策的结果对多数族群和国家的影响也较小。与其他国家的肯定性行动相比，作为少数族群——马来西亚华人的承受能力相对较弱，华人所受的影响也相对较大。随着华人人口比重的不断下降，华人受到的影响会日渐增大，华人愈发认为自己受到了不公正对待。

本章小结

马来人与华人在经济领域的结构性差异得到根本性改善之后，马来西亚应当终止肯定性行动，因为肯定性行动短期效果好，但是从长远来看，这种追求族群之间结果平等的政策，无法激发人们的工作积极性，不利于社会的发展。否则，无论是受益的马来人还是受损的华人，都会产生不满情绪。马来人因为没有实现族群之间绝对的平等，要求继续实行肯定性行动，而华人因为受到歧视，愈发对政府不满，进而影响到他们对国家的认同。创造全体国民对国家的高度政治认同，有一个最重要的内容，那就是社会平等和政治民主；而这种社会民主和平等的因素，正是现代民族的巨

① 高奇琦：《论西方政治哲学平等思想与民族平等理论的发展》，《民族研究》2013 年第 3 期。

② 〔马〕文平强：《马来西亚华人人口比率下降：事实与对策》，载文平强编《马来西亚华人人口趋势与议题》，吉隆坡，华社研究中心，2004，第 59 页。

大凝聚力的根基所在。① 当华人既不能与马来人享有平等的政治权利，又无法与马来人在经济平等上达成共识时，华人很难与马来人形成休戚与共的一体感，对马来西亚民族的认同也难以形成。

---

① 王建娥：《国家建构和民族建构：内涵、特征及联系——以欧洲国家经验为例》，《西北师大学报（社会科学版）》2010 年第 2 期。

第五章　马来西亚国家再造的争论

第一节　伊斯兰国家的缘起

马来西亚身处伊斯兰世界的边缘地区，但向来都会受到中东地区伊斯兰教思潮的影响。1979 年伊朗通过革命建立了政教合一的"伊斯兰国家"，对伊斯兰世界产生了深远的影响。除了革命的手段外，伊斯兰党正以和平的方式在马来西亚推动着"伊斯兰国家"的建立。当前国内外对马来西亚"伊斯兰国家"的研究相对较多，主要成果有范若兰的论文《马来西亚伊斯兰教国理念、实践和政党政治》①、陈中和的力作《马来西亚伊斯兰政党政治》②、穆罕默德·舒克里·萨莱（Muhammad Syukri Salleh）的论文《建立伊斯兰国家：马来西亚吉兰丹州的理想与现实》③等。这些研究主要侧重于"伊斯兰国家"自身的研究，对于"伊斯兰国家"与民族国家理念上的差异、现实中的冲突以及伊斯兰刑法、伊斯兰极端势力对马来西亚的影响关注较少。

马来人之所以重新寻求伊斯兰教作为救世良方很大程度上是受到了中东伊斯兰教复兴的影响。作为伊斯兰世界的一员，马来西亚历来受到中东地区各种思潮的影响，如苏菲主义、瓦哈比运动和近代的伊斯兰现代主义。④ 第二次世界大战后，中东地区大部分伊斯兰国家纷纷对伊斯兰教改

---

① 范若兰、孟庆顺：《马来西亚伊斯兰教国理念、实践与政党政治》，《东南亚研究》2005 年第 2 期。

② 〔马〕陈中和：《马来西亚伊斯兰政党政治》，加影，新纪元学院马来西亚族群研究中心和策略资讯中心，2006。

③ Muhammad Syukri Salleh, "Establishing an Islamic State: Ideals and Realities in the State of Kelantan, Malaysia", *Southeast Asian Studies*, Vol. 37, No. 2, September 1999.

④ 范若兰：《马来西亚伊斯兰教复兴运动试析》，《东南亚研究》1998 年第 1 期。

革，建立起世俗国家。但是经过几十年的发展，这些国家非但没有实现国富民强，相反，普遍的现象是道德沉沦、贪污横行、贫富分化严重、社会动荡不安，特别是在阿以冲突后，阿拉伯国家一败再败，引发了穆斯林重新反思伊斯兰教的作用。"他们认为，要再现伊斯兰教初期的辉煌，就要纯洁伊斯兰教，严格遵守《古兰经》和《圣训》，并在此基础上建立伊斯兰国家。中东伊斯兰教由此兴起。"[1]

中东伊斯兰教复兴运动发展的顶峰乃是 1979 年伊朗伊斯兰革命的成功。这次成功的革命对整个伊斯兰世界产生了深远影响。马来西亚伊斯兰政治研究专家陈中和认为，伊朗伊斯兰革命政府的成立有着以下的意义。

1. 为现代社会（自法国大革命以来）第一个不论是在意识形态、组织形式、革命领袖抑或其宣示的目标上，皆以宗教为其激励和表现手法的革命运动。

2. 一个全然拒绝西方政治理念和物质主义，以《古兰经》和圣训为基础的伊斯兰政体在以西方政治理念和人文思想所主导的当代全球社会中骤然诞生。

3. 与苏联 1917 年革命成功后对全世界输出共产革命的行为如出一辙，伊朗伊斯兰革命政府也对全球输出伊斯兰复兴革命运动，号召各国以革命的方法成立伊斯兰教政权，因此得以将伊斯兰复兴运动提升为全球性重大的议题，引起世界的关注，更在伊斯兰世界引起巨大的震撼与影响，对日益高涨的伊斯兰宗教激进主义政治势力有推波助澜的作用。[2]

在中东伊斯兰教复兴运动的激励下，马来西亚伊斯兰教复兴运动蓬勃兴起，一些组织与中东地区伊斯兰宗教激进主义组织保持联系，如"马来西亚穆斯林青年运动与埃及穆斯林兄弟会、巴基斯坦的 Jama'at-i-Islami 组织关系密切，积极支持巴解组织和阿富汗的抗苏斗争，并对伊斯兰革命持同情态度"[3]。在海外留学的马来学生也深受中东伊斯兰教复兴运动的影响，他们经常去聆听伊斯兰学者讲经，参加伊斯兰训练营，坚信自己的伊斯兰信仰，遵从更为严格的伊斯兰教规范。这些人回国后，大都加入了国内的伊斯兰教复兴运动。

马来西亚伊斯兰教复兴运动最早可以追溯至 1969 年的"五·一三"事件。"五·一三"事件是马来西亚独立后最为激烈的一次族群冲突，给

---

① 范若兰：《马来西亚伊斯兰教复兴运动试析》，《东南亚研究》1998 年第 1 期。

② 〔马〕陈中和：《马来西亚伊斯兰政党政治——巫统和伊斯兰党之比较》，加影，新纪元学院马来西亚族群研究中心和策略资讯中心，2006，第 206 页。

③ 范若兰：《马来西亚伊斯兰教复兴运动试析》，《东南亚研究》1998 年第 1 期。

马来西亚社会带来了前所未有的震撼，引发了不同群体对当下时局的反思。一些马来青年学生开始从伊斯兰教中寻求解决马来人困境和族群矛盾的良方。正如马来亚大学一位伊斯兰复兴阵线领袖所说："这是一个焦虑的时代，存在很多问题：马来人贫困、语言、腐败……过去我们在伊斯兰教之外考虑这些问题，事实上，我们能通过伊斯兰教来解决它们。"① 在这种思想影响下，许多学生组织在"五·一三"事件后纷纷向伊斯兰教靠拢，成为马来西亚伊斯兰教复兴运动的重要力量。1969 年成立的马来西亚伊斯兰青年运动（Angkatan Belia Islam Malaysia，ABIM）就深得马来学生们的支持。

马来西亚伊斯兰青年运动的第一任主席是安瓦尔，在他的领导下，马来西亚伊斯兰青年运动成为马来西亚伊斯兰教复兴运动最有影响的组织之一。该组织"最初主张建立伊斯兰教国，后来倾向于通过宣教让伊斯兰教徒了解真正的伊斯兰教教义，实现宗教生活化，即以伊斯兰教教义指导政治、经济、教育、文化等各个层面"②。马来西亚伊斯兰青年运动早期曾以示威游行等激进方式与政府对抗，安瓦尔还在《内安法》下被捕入狱，但是在 1982 年，在马哈蒂尔的盛邀下，安瓦尔加入巫统，希望在体制内推动伊斯兰化政策。从此，马来西亚伊斯兰青年运动也逐渐地从政治斗争转向宣讲传教，从反政府的立场转向支持政府的伊斯兰化政策。

马来西亚伊斯兰青年运动还有一些成员则寄希望于伊斯兰党来推动马来西亚伊斯兰复兴运动。在安瓦尔加入巫统之前，马来西亚伊斯兰青年运动曾有一批精英加入伊斯兰党。这批精英中有法兹诺（Ustaz Fadzil Noor）、哈迪阿旺（Ustaz Hadi Awang）、Ustaz Nakhaie Ahmad 和 Mustapha Ali 等。这些人加入伊斯兰党后，联合党内的乌拉玛，将党主席 Mohamad Asri 和他的亲信排挤出伊斯兰党。伊斯兰党在此转型，放弃以往激进马来民族主义的取向，将目光转向伊斯兰教在马来西亚的复兴。

1983 年 Yusuf Rawa 成为党主席后，宣布"党将朝向解放乌玛（穆斯林）社群之路，并作出反基督教西方社会暨反国家体制的宣告。他指出当前世界被拒绝阿（安）拉之路的人们所操纵，这一群任意妄为的人（Mustakbirin）将人类文明导向苦难的境地；并且压迫穆斯林并拒绝他们

---

① Zainah Anwar, 1987: *Islamic Revivalism in Malaysia: Dakwah among the Students*, Petaling Jaya: Pelanduk Publications, p. 11.

② 廖小健:《马来西亚政治中的伊斯兰教因素》,《当代亚太》2003 年第 12 期。

应享有的权益"①。伊斯兰党借用伊斯兰改革主义者 Maududi 伊斯兰文明"复兴"的概念，提出"文明复兴运动"（Tajdid Hadhari），认为"复兴"并不是寻求和蒙昧合作的道路，也并非将蒙昧和伊斯兰加以融合，而是将伊斯兰从蒙昧思想的束缚中解放出来，伊斯兰党将全力以赴地去复兴伊斯兰教，最终使伊斯兰教超越其他一切宗教和生活形态而成为主宰全人类社会的永恒价值。伊斯兰党眼中的蒙昧思想是从西方引进的思想，如民族主义、资本主义和政教分离思想等。伊斯兰党自称是真正的伊斯兰党，指责执政党巫统是卡菲尔（Kafir），攻击巫统所倡导的马来民族主义是"阿沙比亚"（Assabiyah），即被先知穆罕默德所痛恨的部族主义、地方主义，违背了伊斯兰教"乌玛"理念，还攻击政府实施的新经济政策是基于民族主义而不是伊斯兰的公正原则。②

为复兴伊斯兰教，伊斯兰党提出要在马来西亚建立伊斯兰国家。该党认为，如果仅仅"执行安拉在信仰方面的教导，如礼拜、天课、朝觐等义务相对容易，但是执行安拉的其他教导，如法律、经济、政治、社会体系等不容易"，只有在伊斯兰国家内才有可能完全遵循安拉的教导，所以，"伊斯兰党通过政党斗争的目标是在马来西亚建立伊斯兰国家……伊斯兰党为上台执政而进行的斗争不是为了权力本身，而是要建立能完全实现安拉法律的伊斯兰国家。除非在遵循《古兰经》、圣训和沙里阿法的伊斯兰政府的保护下，否则伊斯兰教的复兴和沙里阿法的神圣不能得到保证"③。

第二节　伊斯兰国家对马来西亚民族国家建构的挑战

巫统伊斯兰化政策和巫统马来民族主义的蜕变，使得巫统在马来西亚伊斯兰教事务中的领导地位和权威开始动摇。在 1999 年全国大选中，约一半的马来选民抛弃了巫统而选择了伊斯兰党。大选之后，巫统为了为重新获得马来人支持，同伊斯兰党争夺伊斯兰教正统身份，马哈蒂尔宣布马来西亚已经是伊斯兰国家。举国上下为之震惊。随后，伊斯兰党对此大加批判，与之展开何谓真正伊斯兰国家的争论。伊斯兰国家议题的出现就为

---

① 〔马〕陈中和：《马来西亚伊斯兰政党政治——巫统和伊斯兰党之比较》，加影，新纪元学院马来西亚族群研究中心和策略资讯中心，2006，第 210 页。

② 范若兰：《马哈蒂尔的伊斯兰教理念和实践评析》，《世界宗教研究》2008 年第 1 期。

③ Huhammad Syukri Salleh, 1999: "Establishing an Islamic State: Ideals and Realities in the State of Kelantan", *Southeast Asian Studies* (Kyoto University), No. 2.

马来西亚现有的民族国家建构带来了巨大压力。

在全球伊斯兰复兴运动的推动下，马来西亚的伊斯兰复兴运动蓬勃发展起来。为了在伊斯兰复兴运动中掌握主动权，马哈蒂尔领导下的巫统政府在20世纪80年代开始推行一系列重大的伊斯兰化政策。在法律上，提高伊斯兰法院的权力。在国家管理方面，政府在1985年实行"在国家行政上吸纳伊斯兰价值的政策"，希望用伊斯兰教价值观来提高国家行政效率，改善公务员工作态度，培养公务员良好品质。在经济上，建立伊斯兰银行、伊斯兰保险公司、伊斯兰典当行、伊斯兰经济基金和伊斯兰资源集团等。在教育上，创立国际伊斯兰大学、伊斯兰思想研究院和伊斯兰训练中心，并将伊斯兰文化作为全国大专院校的必修课。在伊斯兰教传播方面，1988年政府宣布除伊斯兰节目外，其他宗教节目均不得在电视和广播上播出。

马哈蒂尔尽管在法律、政治、经济、教育等方面推动伊斯兰化，但是他奉行的原则仍是"实用主义"，一切以促进马来人的现世成就为导向。在他看来，提高马来穆斯林的地位和提升伊斯兰地位是相辅相成的，就像马哈蒂尔在第51届巫统大会上所讲："五十年来巫统皆为维护马来人的尊严而斗争。巫统的斗争不能和伊斯兰信徒的斗争分离。因为显而易见地，当巫统成功，当马来西亚成功，全世界就会宣布这是伊斯兰的成功。"① 同时，这些伊斯兰化政策也不得以损害经济发展为前提，正如范若兰教授所讲："马哈蒂尔始终清醒地认识到马来西亚的目标是建成现代化国家，本身又是一个多元种族社会，国家发展的基础是现代政治、经济、教育制度和现代观念，不可能将伊斯兰教原则完全照搬，所以伊斯兰银行之类的经济机构只是对现代经济体制的补充，不可能取代现代经济体制。"②

在马来西亚伊斯兰复兴运动中，政府推行的伊斯兰化政策对马来社会产生了强有力的影响，使马来人的伊斯兰教意识有了一个飞跃式发展。从20世纪70年代开始，马来西亚戴头巾的穆斯林女性迅速增加，各清真寺出现大量按时礼拜的穆斯林。据 Micheal G. Peletz 在森美兰州大港镇（Bogang）田野调查显示，1978年到1988年该地区的马来人出现了以下的变化：马来妇女穿长裙、戴头巾者显著增加；马来人的招呼语 "Apa Kha-

---

① 〔马〕陈中和：《马来西亚伊斯兰政党政治——巫统和伊斯兰党之比较》，加影，新纪元学院马来西亚族群研究中心和策略资讯中心，2006，第149页。

② 范若兰：《马哈蒂尔的伊斯兰教理念和实践评析》，《世界宗教研究》2008年第1期。

bar"逐渐改变成阿拉伯语"Assalamualaikum"。① 在伊斯兰复兴运动中，范若兰教授根据人们对伊斯兰教的虔诚程度，将马来人分为两种：世俗的马来人和伊斯兰教的马来人。两种马来人都日益认同伊斯兰教，相信以伊斯兰信仰规范马来人的行为，将会使马来人成为有道德的好穆斯林，只不过后者更相信伊斯兰教能解决马来西亚面临的一切困难。② 马来人穆斯林认同的觉醒，对马来人政党政治产生的影响不容小觑。旅美学者王碧君博士于1999年和2000年对马来西亚新生代进行的一项调查显示，在政党倾向方面，马来人受访者约半数支持伊斯兰党，只有约三分之一支持国民阵线；在问及如何决定支持哪一个政党时，马来人受访者把伊斯兰教排在了第一位，其次才是社会公正、诚信以及政治稳定、经济发展。③ 因此，颇具讽刺意味的是，巫统伊斯兰化政策的推行可能造成了一个反向的结果：其伊斯兰化政策促进了马来穆斯林对伊斯兰的觉醒，反而导致伊斯兰党支持率上升，使巫统伊斯兰化政策的大部分成果最终极可能由伊斯兰党所接收。④

伊斯兰教成为伊斯兰党攻击巫统蜕变的武器。巫统自建党以来就扛着马来民族主义的大旗，将马来族群的诉求作为本党的奋斗方向，一直都以马来人保护者的身份出现。但是从20世纪80年代开始，巫统由于商人入主和政商勾结开始走上蜕变之路。马来民族主义在马来社会昔日耀眼的光环开始逐渐褪色。在许多马来人看来，马来民族主义在"马来人优先"的口号下造就的马来精英阶层更多折射出的是一种裙带关系和触目惊心的腐败。巫统给马来社会带来的恶果是：马来人内部贫富分化日益严重、族群内部关系紧张。强调平等主义的伊斯兰教遂成为中下层马来人反对经济地位不平等现象重要的思想武器，就如他们在指责巫统的领导人时说得那样："领导人指责腐败，可他们却越来越富有。他们谈论马来民族主义，但他们却与马来人疏远，而亲近西方。"⑤

① Michael G. Peletz, 1997: "Ordinary Muslim and Muslim Resurgent in Contemporary Malaysia: Notes On Ambivalent Relationship", in Robert W. Hefner and Patricia Horvatich, eds., *Islam: In an era of Nation-States: Politics and Religious Renewal in Muslim Southeast Asia*, Honolulu: University of Hawai'i Press, pp. 241~243.
② 范若兰、孟庆顺：《马来西亚伊斯兰教国理念、实践与政党政治》，《东南亚研究》2005年第2期。
③ 廖小健：《马来西亚政治中的伊斯兰教因素》，《当代亚太》2003年第12期。
④ 〔马〕陈中和：《马来西亚伊斯兰政党政治——巫统和伊斯兰党之比较》，加影，新纪元学院马来西亚族群研究中心和策略资讯中心，2006，第314页。
⑤ Zainah Anwar, 1987: *Islamic Revivalism in Malaysia: Dakwah among the Students*, Petaling Jaya: Pelanduk Publications, pp. 12~13.

马来人分化第一次在政治上发挥出巨大影响力是在 1999 年的全国大选上。在 1999 年全国大选前夕，马来社会正在进行着建国以来第一次大规模反政府的示威运动——"烈火莫熄"运动①。"烈火莫熄"运动起源于 1998 年金融危机中下台的副首相安瓦尔所遭受的粗暴和不公正的待遇，后期"烈火莫熄"运动渐有超越"安瓦尔事件"之势，进一步发展成社会变革和政治改革的运动。在此背景下，以马来族群捍卫者自居的巫统，在 1999 年的大选中，它在马来人集中的地区被打得落花流水，输掉所有马来选民超过 90% 的选区，在所有马来选民超过 66% 选区内，总得票比替阵②为低。③

巫统元老穆沙希淡（Musa Hitam）谈及此次大选时说道："我的经验非常不寻常，是我一生中不曾经历过的。在马来人占多数的选区，国阵的领袖和党工看起来精疲力尽，压力重重。这是因为这么多的马来人——年轻的、年长的、劳工、有知识的、富有的、贫穷的——都坦然、无惧、义务反顾地为反对党竭力助选，不管那是回教党（伊斯兰党）、行动党、人民党或公正党。只有在华人占多数的地区，国阵和巫统的领袖和党工才能松一口气。他们风趣地告诉我，'丹斯里，这里没问题'。"④

大选结束，在国民阵线 148 个国会议席中，巫统只有 72 个。这是历史上巫统所占议席第一次不到国民阵线议席的一半。这次大选明显是在华人的帮助下，巫统才涉险过关的。华人之所以支持国民阵线，原因有三：一是华人对 1998 年印尼发生的排华骚乱心有余悸，故他们支持国民阵线力求稳定；二是国民阵线警告华人选民，由替代阵线组建的政府将会是伊斯兰国家，这让大部分华人选民不敢将选票投向反对党；三是大选前华人社会流传"看到机会"的意见忽然间变得重要起来。当时有人说，当马来人出现两个阵营，华裔选票举足轻重，华人要乘这个马来人分裂的时机，支持国民阵线以回归主流。⑤

---

① "烈火莫熄"即是马来文 Reformasi，也是英文 Reformation，是为改革运动，这是华人采取音译与意译相结合的巧妙译名。

② 替阵，是替代阵线（Barisan Alternatif）的简称，在 1999 年 10 月 24 日正式成立，由公正党、人民党、伊斯兰党和民主行动党联合组成，目标是把执政党联盟国民阵线取而代之，故名替代阵线。

③ 〔马〕策略资讯研究中心政治分析组编：《巫统的困境——第十届全国大选》，八打灵，策略资讯研究中心，2000，第 20 页。

④ 〔马〕邱武德：《超越马哈迪》，王国璋等译，吉隆坡，燧人氏事业有限公司，2004，第 140～141 页。

⑤ 〔马〕策略资讯研究中心政治分析组编：《巫统的困境——第十届全国大选》，八打灵，策略资讯研究中心，2000，第 3 页。

对于此次巫统大选失利，邱武德（Khoo Boo Teik）评论道，巫统的真正失败，主要不在丢掉了多少议席，而是竟有半数的马来选民，已经能接受并打算选出不是由巫统领导的联邦政府。① 这种打击对巫统来说是前所未有的，因为巫统之所以能在执政党联盟中一党独大，固然与不公正的选举制度有关，但关键的原因还在于它能获得马来人的大力支持，它在1999 年之前的历次大选中成功缔造了"巫统＝马来人"和"马来人＝巫统"的传统神话。② 在 1999 年的大选中，马来人反对党伊斯兰党成为最大赢家，不仅一跃成为国会中最大的反对党，而且摆脱了一直以来作为地方政党的形象。除了保住吉兰丹州政权，攻下登嘉楼外，它还在吉打和玻璃市表现不俗，并在槟城、霹雳、彭亨和雪兰莪有所斩获。

为重新获得马来人支持，同伊斯兰党争夺伊斯兰教正统身份，抵消伊斯兰党建立伊斯兰国家在马来社会的影响力，马哈蒂尔在 2001 年 9 月 29 日突然宣布马来西亚已经是伊斯兰国家。举国上下为之震惊。马哈蒂尔为什么说马来西亚已经是伊斯兰国家呢？他说，理由很明显，因为穆斯林自由地以伊斯兰教方式生活，在信奉伊斯兰教时没有阻力，而且享有伊斯兰教所规定的公平，所以，"没有必要修改马来西亚宪法使它成为伊斯兰教国，因为马来西亚已是伊斯兰教国"③。马哈蒂尔言下之意是没必要在马来西亚建立另一个伊斯兰国家，伊斯兰党关于建立伊斯兰国家的目标已毫无意义。马哈蒂尔宣布马来西亚已是伊斯兰国家后，伊斯兰党对此大加批判，指出马来西亚并不是伊斯兰国家，虽然目前伊斯兰教是马来西亚的国教，亦由穆斯林掌权，但国家法律并没有以《古兰经》和圣训为最高法典，伊斯兰教教义也不是国家最高原则，宪法也没有明确规定国家领袖必须是穆斯林。④ 伊斯兰党主席哈迪阿旺说，巫统提出的伊斯兰国家与伊斯兰党的伊斯兰国家虽有相同之处，但不同之处在于巫统认为伊斯兰教属于国家的一部分，而伊斯兰党认为国家只是伊斯兰教的一部分，源出于《古兰经》。⑤

---

① 〔马〕邱武德：《超越马哈迪》，王国璋等译，吉隆坡，燧人氏事业有限公司，2004，第11 页。

② 〔马〕策略资讯研究中心政治分析组编：《巫统的困境——第十届全国大选》，八打灵，策略资讯研究中心，2000，第 3 页。

③ 范若兰、孟庆顺：《马来西亚伊斯兰教国理念、实践与政党政治》，《东南亚研究》2005年第 2 期。

④ 范若兰、孟庆顺：《马来西亚伊斯兰教国理念、实践与政党政治》，《东南亚研究》2005年第 2 期。

⑤ 范若兰、孟庆顺：《马来西亚伊斯兰教国理念、实践与政党政治》，《东南亚研究》2005年第 2 期。

为此，伊斯兰党在 2003 年 11 月公布了《伊斯兰国家文献》（Negara Islam），向世人解释什么才是真正的伊斯兰国家。

学术上，对于什么才是真正的伊斯兰国家，我们不妨参考一下美国学者 John L. Esposito 对穆斯林世界中国家类型的划分。他将穆斯林世界的国家分为三类，即伊斯兰国家（Islamic state）、穆斯林国家（Muslim state）和世俗化国家（Secular state）。

伊斯兰国家：政府宣扬他们伊斯兰的特征，伊斯兰法（Islamic law）是国家最重要的法律；这种对伊斯兰的承诺（Islamic commitment）不仅被用来合法化国内的统治，而且被用来加强与其他穆斯林国家的外交关系。如沙特阿拉伯、巴基斯坦等国。

穆斯林国家：以西方的政治、经济及社会发展模式作为国家政治意识形态的最主要部分；但也接受部分伊斯兰教立法内容，如宣布伊斯兰教为国教，推行伊斯兰化政策。这种国家政体的领导人必须是穆斯林，而国内的伊斯兰教事务也必须在国家机关的控制和宣导之下。如突尼斯、叙利亚、埃及等国。

世俗化国家：将伊斯兰教与政治严格分离，国家在行政立法等方面完全是按照西方的立法模式。伊斯兰教的规范习俗只限于私人生活领域。如土耳其。①

据 John L. Esposito 对穆斯林世界国家类型的划分，巫统所说的伊斯兰国家明显属于穆斯林国家，而非真正的伊斯兰国家。巫统无意在马来西亚建立真正的伊斯兰国家。不仅华人和印度人极力反对建立伊斯兰国家，而且许多世俗的马来人也难以接受它。但是，伊斯兰国家议题的出现，还是为马来西亚提供了一个与民族国家完全不同的建国方向，从此马来西亚在建国政策上就多了一项选择。从巫统被迫宣布马来西亚已经是伊斯兰国家来打击伊斯兰党的策略上看，伊斯兰国家在马来社会还是颇具吸引力，这为巫统主导的民族国家建构带来了巨大的压力。

第三节　伊斯兰刑法的争论与影响

马哈蒂尔 2003 年辞职退休，巴达维当选新一届首相。人们对新首相巴达维寄予了厚望，在 2004 年的大选中，巴达维领导下的国民阵线大胜，

---

①　John L. Esposito, 1998: *Islam and Politics*, New York: Syracuse University Press, p. 99.

在 219 个国会议席中获得 199 个议席。① 在这次大选中,伊斯兰党受到重挫,仅赢取 6 个国会议席,还失去了登嘉楼州,只以较小的优势保住吉兰丹州。大选结束后,伊斯兰党对大选结果进行了反省,认为它推行的"伊斯兰国家"暂时还难以被国人所接受,不能操之过急。伊斯兰党之后改变竞选策略,与人民公正党、民主行动党组成人民联盟,力图推翻国民阵线。在 2008 年和 2013 年的大选中,伊斯兰党不再提"伊斯兰国家",与另外两党共同倡导"公正""民主""自由""廉洁""民生"等理念。在这两次大选中,人民联盟都打破了国民阵线之前对国会三分之二议席控制的霸权,且在多个州执政,促进了两线制在马来西亚的出现。伊斯兰党在这两次大选中都表现不俗,先后获得 23 个和 21 个议席,进一步巩固了伊斯兰党在全国的影响。

在这两次大选中,伊斯兰党不再提"伊斯兰国家"并不意味着伊斯兰党放弃了"伊斯兰国家"的目标。伊斯兰党的性质决定了它的最终目标是取代世俗政体,建立一个以《古兰经》和圣训为治国基础的伊斯兰政体。2015 年,伊斯兰党重提"伊斯兰刑法",希望国会通过修改联邦法律来让吉兰丹州落实"伊斯兰刑法",朝野上下随即产生了不小的震动。

吉兰丹州早在 1993 年就通过了"伊斯兰刑法",但由于该法违背了联邦宪法而没有执行。伊斯兰党始终不能割舍"伊斯兰刑法",因为伊斯兰刑法是以固定刑罚(Hudud)为主的伊斯兰刑事条款,固定刑罚是天启——《古兰经》或圣训所确定的惩罚事项,为安拉直接降示人间的刑罚,也被称为"安拉之法"。在伊斯兰党看来,一个坚信《古兰经》为天启的穆斯林,没有权利怀疑伊斯兰刑法的正当性以及拒绝它,这是全面遵守安拉教导和建立"伊斯兰国家"的必经之路。担任过伊斯兰刑法研究会主席的哈迪阿旺明言,纵然伊斯兰刑法和联邦宪法相抵触,伊斯兰党仍要尽力在吉兰丹州实施伊斯兰刑法,以完成安拉的旨意。② 哈迪阿旺后来在登嘉楼州执政,于 2002 年通过了伊斯兰刑法,但也没有执行。2015 年 3 月 19 日,在伊斯兰党主席哈迪阿旺的支持下,吉兰丹州议会一致通过伊斯兰刑法修正案,决定在吉兰丹州实施该法。为了将伊斯兰刑法在吉兰丹州落到实处,哈迪阿旺向国会提呈私人法案,要求修改 1965 年伊斯兰法院刑法权力范围,要求扩大伊斯兰法院的刑事权限。

---

① 范若兰:《对立与合作:马来西亚华人政党与伊斯兰党关系的演变》,《东南亚研究》2010 年第 4 期。

② 〔马〕陈中和:《马来西亚伊斯兰政党政治——巫统和伊斯兰党之比较》,加影,新纪元学院马来西亚族群研究中心和策略资讯中心,2006,第 267 页。

　　伊斯兰党重提伊斯兰刑法后，以华人为主的民主行动党随即宣布终止与哈迪阿旺合作，随后伊斯兰党也宣布断绝与民主行动党的政治合作关系，但两党都表示仍会与人民公正党合作。人民联盟最终因为伊斯兰党与民主行动党的决裂而瓦解。民主行动党之所以坚决反对伊斯兰刑法，除了因为该刑法产生于中世纪，显得过于残酷，难以适应现代文明社会之外，也在于该党的建国理念是建立一个不分族群、人人平等的"马来西亚人的马来西亚"。可以说，民主行动党与伊斯兰党最初的结合是一种权宜之计，是为了制约国民阵线霸权，为赢得大选才走在一起的，但是两党的终极目标不同，因此，两党合作的基础比较脆弱，合作范围也有限，一旦伊斯兰党大力推进建立"伊斯兰国家"的终极目标，两党的合作也就走到了尽头。

　　对于伊斯兰党保守派（宗教学者）执意推进建立伊斯兰国家，丝毫不顾及与友党合作的做法，党内一些开明派（专业人士）表示了异议，正如伊斯兰党雪州国会议员卡立沙末所说："实际上，因为民联三党结盟，非马来人给在野党的支持率已大幅增加。我不明白的是，为何不继续争取更多，而是要搞破坏。"[1] 在 2015 年 6 月伊斯兰党的党选中，党主席、署理主席到三个副主席等高职全部由保守派获得，开明派完全处于下风。在此种情形下，开明派决定离开伊斯兰党，组建一个新的政党——国家诚信党，并与民主行动党、人民公正党在 2016 年 1 月正式结成联盟——希望联盟。新联盟明确规范了三党的关系及决策原则，为避免重蹈覆辙，希望联盟弃用了之前人民联盟"异中求同"的决策原则，主张今后任何决定都必须建立在共识之上。

　　对于这次丹州议会通过的伊斯兰刑法修正案，巫统的态度一直比较"暧昧"。先是巫统丹州议员支持伊斯兰刑法修正案在州议会中通过，随后哈迪阿旺接二连三向国会提交私人法案。国会一般会优先辩论执政党的法案，以至于国会总是没时间对哈迪阿旺的私人法案进行表决，但在 2016 年 5 月国会开会期间，巫统首相署部长阿莎丽娜突然援引国会常规，提出临时动议，要求优先辩论哈迪阿旺的私人法案，令许多政党猝不及防，朝野政党对此争吵不休。在此种情形下，哈迪阿旺主动要求私人法案展延到下次国会开会。

　　对于巫统这次意外"放行"哈迪阿旺的私人法案，国民阵线成员党马华公会极力反对，时任总会长廖中莱号召全民捍卫联邦宪法，全力反对

---

[1] 《伊党 18 开明派领袖 9 月 14 日成立新党》，http：//www.zaobao.com/special/report/politic/mypol/story20150721 - 505180，2015 年 12 月 8 日。

伊斯兰刑法私人法案，并不排除在这方面与反对党合作。① 国民阵线中另一华人政党民政党也表达了相同的立场。此外，沙巴、沙捞越两州的国民阵线成员党对哈迪阿旺的私人法案也进行了有力反击。身为沙捞越土著保守党的领导，也是沙捞越首席部长的阿德南说，沙州是个多元种族的州属，穆斯林仅占四分之一，沙州政府绝不支持伊斯兰刑法私人法案。② 沙巴人民团结党主席，也是主管国民团结事务的首相署部长佐瑟古律也说，基于马来西亚奉行世俗体制，沙巴、沙捞越两州 1963 年才同意加入，联邦政府若执意通过该私人法案，势必刺激沙巴和沙拉越州以"自己的方式"表达不满，其中包括"分道扬镳"。③ 国民阵线成员党都纷纷表达了自己反对伊斯兰刑法的立场。

但巫统在国民阵线中一党独大，马来西亚又是以马来穆斯林居多，约占总人口的六成，若巫统和伊斯兰党结盟，且能够获得绝大多数马来穆斯林支持的话，两党完全可以联合执政，而不需要其他政党的帮助。巫统和伊斯兰党都是以马来穆斯林为主的政党，但是两党有着极大的不同，一个正在建构以马来人为中心的世俗民族国家，另一个旨在建立神权"伊斯兰国家"。具体而言，两党的建国理念有以下三方面的不同。

首先，最高权力来源不同。在巫统进行的民族国家建构中，马来人拥有国家的主权，伊斯兰教只是国家的一部分。而在伊斯兰党的"伊斯兰国家"中，国家主权属于真主安拉，一切的权力也皆来自安拉，国家是伊斯兰教的一部分。

其次，统治阶层不同。在巫统主导的民族国家建构中，国家的统治阶层是马来精英，包括国会议员、政府官僚、贵族、商人以及亲巫统的宗教人士。在"伊斯兰国家"中，乌拉玛是穆斯林社会中的学者，他们最有资格领导穆斯林社会。他们是先知的继承人，他们对伊斯兰知识、律法和教义有深入的了解，并擅长将伊斯兰教教义应用在生活中。

最后，意识形态不同。巫统主导下的民族国家建构的意识形态是马来民族主义。对巫统来说，伊斯兰教只有在与马来族群权益相挂钩时才有意义。长久以来，巫统不是将伊斯兰教作为区分我族与他族的客观标准，就

---

① 《不排除与反对党合作　马华号召全民反对伊刑法》，http：//www.zaobao.com/sea/politic/story20160530-622816，2016 年 6 月 1 日。

② 《穆斯林仅占四分一人口　首长：砂拉越坚拒伊刑法》，http：//www.zaobao.com/news/sea/story20160606-625584，2016 年 7 月 2 日。

③ 《反对巫统"支持"伊刑法法案　国阵成员党领袖恫言辞官》，http：//www.zaobao.com/news/sea/story20160529-622532，2016 年 7 月 5 日。

是将其作为国家仪式，以显示马来西亚是马来人的国家，或者希望马来人能够汲取伊斯兰教的价值以形成马来人的优秀品质，但所有的这一切都是以马来民族主义为核心的。伊斯兰党的意识形态是伊斯兰教。伊斯兰教宣扬人类都是安拉的子民，而对种族、民族、族群不加以考虑，就像伊斯兰党精神领袖聂阿兹所讲："马来族群和华人是一样的，人类保护（Jaga）族群是不对的……我们应保护伊斯兰，而非族群……就算我是华人吧，就算我是马来人吧，我们都是先知亚当（阿丹）的子孙。"①

从建国理念上看，巫统和伊斯兰党难以兼容，但不排除它们为了权宜之计暂时结合在一起。此外，巫统强化伊斯兰的做法有与伊斯兰党竞争的成分，但客观上也促成了两党对某些政策看法的靠近。如纳吉布宣布从2015年起马来西亚开始实行"伊斯兰法指标"制度，涵盖政治、经济、社会、文化、教育、商业、医疗、环境等八个领域，伊斯兰教价值观成为政府今后推行政策的评估标准。② 这意味着政府今后要出台政策，还需要考虑是否符合伊斯兰教教义，对此伊斯兰党是乐见其成的。但是，巫统如果选择伊斯兰党做盟友，极可能引起坚决反对"伊斯兰国家"友党的出走，甚至东马出现分裂势力，伊斯兰党能否对冲这种影响，稳固巫统的统治，这些都是巫统在选择盟友时需要慎重考虑的。伊斯兰刑法及其带来的争议已经引起两线制的分化与重组，由于各政党的建国理念不同，政党之间的分化与组合，势必会对马来西亚的建国方向产生重大影响。

第四节　伊拉克与大叙利亚伊斯兰国组织对马来西亚的影响

除了伊斯兰党在国内矢志不渝地推动着伊斯兰政权的建立，伊拉克与大叙利亚伊斯兰国组织（简称"伊斯兰国组织"）在中东的崛起，使得马来西亚的世俗国家体制在外部也面临着强烈的冲击。自2014年6月宣布重建"哈里发"以来，"伊斯兰国组织"在两河流域攻城略地，急剧扩张。"伊斯兰国组织"以一种前所未有的暴力恐怖主义方式改变了伊拉克

---

① 〔马〕陈中和：《马来西亚伊斯兰政党政治——巫统和伊斯兰党之比较》，加影，新纪元学院马来西亚族群研究中心和策略资讯中心，2006，第203页。

② 《马国成为全球首个实施"伊斯兰法指标"国家》，http://www.zaobao.com/news/sea/story20150201-441836，2016年7月5日。

和叙利亚的政治版图，对中东地区乃至世界的和平与稳定形成了严峻的挑战。贝克尔·巴格达迪为"伊斯兰国组织"的领导人，自称"哈里发"，号召全世界的穆斯林支持及效忠他。"伊斯兰国组织"在穆斯林世界产生了巨大的影响，马来西亚也不例外。

马来西亚少数穆斯林被"伊斯兰国组织"深深吸引，几经辗转来到中东地区。"伊斯兰国组织"也比较注重招揽马来群岛的穆斯林，用马来语发布过宣传视频，并将来自马来西亚、印尼和菲律宾的穆斯林共同组建成"马来群岛单位"（Katibah Nusantara）。"马来群岛单位"曾发布视频，扬言对马来西亚警方大肆逮捕"伊斯兰国组织"成员的行为进行报复。截至 2016 年 1 月，马来西亚警方共逮捕 157 名"伊斯兰国组织"成员，并发现有 72 人前往叙利亚，其中 8 人回国，17 人战亡，还有 47 人仍留在叙利亚。[①] 从警方的数据来看，马来西亚前往叙利亚的穆斯林并不多，但许多抵达叙利亚的穆斯林并不为警方所知。马来西亚穆斯林在叙利亚大都成为"人肉炸弹"和狙击手。

除了少数到叙利亚直接参与"伊斯兰国组织"的武装活动外，国内还有部分穆斯林对"伊斯兰国组织"也是同情和认可的。据警方调查，马来西亚大约有 5 万名"伊斯兰国组织"的同情者。[②] 马来西亚国际伊斯兰大学从事伊斯兰研究的学者阿马莫哈末，从 2011 年开始对超过 50 名被扣留的人士进行访谈，询问他们加入恐怖组织的原因，他们给出的理由几乎相同，都是担心穆斯林遭到迫害。"他们认为伊拉克、阿富汗、也门及巴勒斯坦的穆斯林一直被迫害，全球各地许多穆斯林遭杀害，他们不想袖手旁观，所以选择加入伊国组织帮助穆斯林。"[③] 马来西亚大部分参与"伊斯兰国组织"的人认为，全球穆斯林都受到了不公正对待。在马来西亚，宣布效忠以及暗中支持"伊斯兰国组织"的成员来源广泛，在警方抓捕的疑犯中，有军警人员、公务员、商人、大学教师、学生、家庭主妇以及无业人员，甚至还有政府高官。他们中有的是宣传"伊斯兰国组织"的极端思想，鼓动人们参与"伊斯兰国组织"的武装活动，有的是在同情"伊斯兰国组织"的人员中募捐，将资金转移给"伊斯兰国组织"以及相关恐怖组织，有的是设法将有志前往

---

① 《马国警方：伊国组织分子等待指令袭马》，http：//www.zaobao.com/sea/politic/story20160127 – 575426，2016 年 12 月 7 日。

② 马华公会：《IS 的崛起与强大》，《蓝天》2016 年第 2 期。

③ 《马警政治部主任：物质与权力吸引马穆斯林加入伊国组织》，http：//www.zaobao.com/sea/politic/story20150124 – 438775，2016 年 1 月 5 日。

叙利亚的穆斯林送过去。

对于越来越活跃的伊斯兰极端势力，马来西亚政府非常担忧那些经历过战火熏陶的"伊斯兰国组织"成员回到国内展开恐怖主义活动，同时更为忧心那些"伊斯兰国组织"同情者，在"伊斯兰国组织"的号召下突然变身为"独狼"，展开恐怖袭击。与以前的恐怖活动相比，潜在的"独狼"对组织的依赖大大降低，甚至于无，行动成本也可无限低，甚至一把刀就可以展开恐怖袭击。一个温和的穆斯林可能突然间变成恐怖分子。对警方来说，"独狼"更加难以发现和追查，将给国家安全带来更为严峻的挑战。

为了应对"伊斯兰国组织"的威胁，马来西亚政府在 2014 年 11 月，向国会提呈《如何应对伊斯兰国组织的威胁》（Ke Arah Menangani Anca-man Kumpulan Islamic State）白皮书，阐释政府应对"伊斯兰国组织"的立场。为了全面防范恐怖主义，马来西亚政府在 2015 年 4 月通过了防范恐怖主义法案和对抗国外恐怖主义法案，以及五项相关法令修正案。防恐法案是一项旨在预防恐怖袭击的法案。新法案将授权安全部门在未经审讯的情况下，扣留涉嫌恐怖活动者两年，并根据情况需要再延长两年。对抗国外恐怖主义法案适用于身处国外的公民，如果马来西亚公民在国外违反此法，等同在国内犯罪；另外，任何支持、参与恐怖活动的外国公民，特别是要到马来西亚，或从马来西亚前往他国者，政府都可采取措施阻止他们。面对"伊斯兰国组织"的新策略，通过社交网站来招募"圣战士"和宣传恐怖思想，新法案也将允许内政部监听或监视可疑分子在社交媒体如面簿、视频网站、电子邮件、手机短信与电话等所得的情报作为法庭证据。这些证据在以前法令下，是不能作为法庭证据的。由于"伊斯兰国组织"的威胁是全球性的，马来西亚也非常注重国际合作，与他国联合反恐，交换情报，并在 2015 年 12 月与沙特阿拉伯等 34 个国家组成打击"伊斯兰国组织"的军事联盟。

为防止穆斯林受到极端思想的蛊惑，马来西亚政府还与"伊斯兰国组织"展开关于"圣战"的话语权争夺。圣战派萨拉菲主义是"伊斯兰国组织"意识形态最明显的标签。圣战派萨拉菲主义认为，通过发动"圣战"打击那些没有按照真主的意志进行统治的异端统治体制，恢复伊斯兰的纯洁及其统治过的领土是伊斯兰义不容辞的任务，也是唯一正确的策略；异教徒是"圣战"的对象，而且伊斯兰世界中的异教徒是其首先打击的对象；"圣战"的最终目的，是通过"圣战"方式建立以伊斯兰教法为基础的伊斯兰政权。① "伊斯兰国组织" 宣称，所有不认同其理念的人都是异教徒，包括持异议的穆斯林，都可成为圣战的对象。对此，马来西亚时任内政部部长阿末扎希表示，马来西亚是否参与圣战以及界定圣战的标准，都必须由全国伊斯兰教裁决理事会来决定，并需获得国家元首认可，换言之，一场战斗或斗争是否是圣战，并非任何人或任何组织随便说了算。② 旨在马来西亚建立伊斯兰政权的伊斯兰党对圣战同样不认可，在确认吉打州伊斯兰党长老会前宣传主任莫哈末洛菲到叙利亚参与圣战后，尽管他参加的是叙利亚反政府武装力量，并非 "伊斯兰国组织"，但伊斯兰党还是果断将其开除。③

除了面临 "伊斯兰国组织" 成员的恐怖袭击外，马来西亚还在国家类型上面临着 "伊斯兰国组织" 的 "合法性" 责难。在 "伊斯兰国组织" 看来，马来西亚是世俗的民族国家，属于异端统治体制。"伊斯兰国组织" 宣扬纯洁伊斯兰教，以暴力来实现目标，鼓吹建立全球 "哈里发"，以 "叛逆性" 的理念和实践正在挑战现代民族国家体系，它不仅否定现代民族国家的主体地位，不承认国家之间的平等以及主权来源的世俗性，而且鼓动扩张，挑战现有国家的领土边界。"伊斯兰国组织" 日益显露出自己反体系性的理念和力量，企图彻底颠覆现有的世界秩序和规范，以改变穆斯林社会在世界政治、经济和文化权力结构中的地位。

就马来西亚而言，"伊斯兰国组织" 认为，马来西亚是一个世俗的国家，是圣战的对象，现行的政权应该被推翻。于是时任首相纳吉布成为被暗杀的对象，一些 "伊斯兰国组织" 成员直言不讳地想在马来西亚建立伊斯兰政权。鉴于巫统对 "伊斯兰国组织" 成员及其思想进行全力围剿，伊斯兰党也不认可 "伊斯兰国组织" 建立伊斯兰政权的方式，"伊斯兰国组织" 对马来西亚能够产生的影响主要体现在国家安全方面，而非建国方向上。"伊斯兰国组织" 在国际力量的合围之下最终瓦解，但它的理念却可能在实践受挫之后，更加顽固，无法根除，成为恐怖主义流毒。

---

① 李捷、杨恕：《"伊斯兰国" 的意识形态：叙事结构及其影响》，《世界经济与政治》2015 年第 12 期。

② 《马警反恐组主任：伊国组织内部常自相残杀》，http：//www. zaobao. com/sea/politic/story20141103 –407498，2016 年 7 月 5 日。

③ 《两马来人参加叙利亚圣战丧命》，http：//www. zaobao. com/sea/politic/story20140916 –389371，2016 年 7 月 5 日。

本章小结

马来西亚未来的建国方向大体上有三种可能性。马来西亚是走向神权"伊斯兰国家"，抑或维持现有的马来人主导的民族国家，还是走向不分族群、人人平等的多族群国家。对于伊斯兰党提倡的"伊斯兰国家"在马来西亚的前景，虽然部分穆斯林在坚定地追求着它在马来西亚的实现，但是鉴于当今世界普遍流行的世俗国家体制，以及部分世俗的马来人和绝大部分非马来人对它的排斥，"伊斯兰国家"在马来西亚出现的可能性不是没有，但是相对较小。如默迪卡民意调研中心曾在 2014 年对"安拉之法"——伊斯兰刑法进行过调查，被访谈的马来人中有 67% 表示理解伊斯兰刑法，但高达 58% 的马来人认为马来西亚还没有做好接受它的准备，另有 12% 的马来人则表示不确定是否做好准备。[①] 巫统主导下的以马来人为中心的民族国家体制，已在马来西亚运行了半个世纪。由马来人特权带来的马来人与非马来人关系紧张、马来人内部分化加剧以及巫统金钱政治所衍生的腐败，显示出这种基于马来人特权之上的马来民族国家体制正面临越来越多的挑战。针对马来人特权和按照族群进行分配的族群政治，民主行动党和人民公正党提出了建立不分族群、人人平等的多族群国家。这种理念无疑对非马来人有着巨大的吸引力，但在马来人为主的土著接近总人口的七成，而非土著仅有三成的马来西亚人口结构中，究竟多少马来人真正认同这一理念，多少马来人是因为自身受益不均才反对马来人特权的？这是一个值得探究的问题。马来西亚将来走向何方，不仅受制于现实环境，而且取决于人们想往何处去。

---

① Merdeka Center for Opinion Research，2014：*Public Opinion Survey* 2014 *Peninsular Malaysia Voter Survey Public Opinion on Hudud Implementation*，p. 5.

第六章　希望联盟政府与民族国家建构：尝试及其限度

第一节　希望联盟上台执政的原因解析

马来西亚正在从以往的马来人、华人为主的双族群社会转向以马来人为主的多族群社会。族群结构的变化对华人、马来人有着完全不同的意义。对全国人口比重不断下降的华人而言，马来人优先产生的负面影响越来越突出，而对全国人口比重不断上升的马来人来说，意味着马来人无论在执政党联盟，还是反对党联盟都将占据主导地位。在巫统政府异常贪腐的情形下，华人、印度人与部分马来人在 2018 年大选中共同掀起全民海啸，在马来西亚历史上第一次实现了政权更替。

学界对于马来西亚的族群结构已有不少探讨。对马来西亚族群政治有着深入研究的瓦希尔（R. K. Vasil）提出，独立初期的马来西亚是双族群结构。[①] 华人学者王国璋进一步阐述了这种双族群结构，他认为马来西亚两大族群间"无可避免地"倾向维持一种稳定的敌对、互不信任与冲突的关系，这源于对峙双方人数上的势均力敌，都想夺取主导权。[②] 时至今日，马来西亚的各族人口数量增长不一，族群结构发生了较大改变。1957年，马来人仅仅接近人口总数的 49.8%，而华人占 37.2%，印度人占 11.3%。[③] 2016 年，以马来人为主的土著占人口总数的 68.6%，华人为 23.4%，印度人为 7%。[④] 这意味着马来西亚正在从曾经的以马来人、华

---

① R. K. Vasil, 1984: *Politics in Bi-Racial Societies: The Third World Experience*, New Delhi: Vikas.

② 〔马〕王国璋：《马来西亚政治发展》，载潘永强主编《当代马来西亚政府与政治》，吉隆坡，华社研究中心，2017，第 1 页。

③ Gordon P. Means, 1970: *Malaysian Politics*, London: University of London Press, p. 12.

④ Department of Statistics Malaysia, *Current Population Estimates*, *Malaysia*, *2014~2016*, 22 July 2016, p. 3.

人为主的双族群社会转向以马来人为主的多族群社会。

马来西亚的政治发展纷繁复杂，但族群政治始终是发展的主线。族群几乎在每个角落或公开或隐晦地发挥着作用。马来西亚族群结构的变化必然对政治产生重大影响。2018 年 5 月 9 日马来西亚举行第 14 届全国大选，巫统领导下的国民阵线首次失去政权，而前首相马哈蒂尔领军的希望联盟以简单多数议席取得胜利，得以组建政府。学界对于巫统政府败选的原因已有不少分析，[①] 本书从族群结构变化的角度解读这次政权更迭，同时展望马来西亚族群政治的未来走向。

一　华人反对巫统政府的原因解析

从 2008 年马来西亚大选起，华人开始定下心来支持华人反对党——民主行动党，力度一届比一届大，这可以从民主行动党不断增长的国会议席上看出来。在 2018 年大选中，国民阵线中的华人政党马华公会只夺得一个国会议席，国民阵线中的另一个华人政党——民政党竟然一席未得，而民主行动党获得了史无前例的 42 个国会议席。华人选票主要集中在这三个华人政党的国会选区，可以说民主行动党获得了绝大部分华人的支持。详见表 6 - 1。

表 6 - 1　　　华人政党在 2008 年大选以来所获得的国会议席

年份	马华公会	民政党	民主行动党
2008	15	2	28
2013	7	1	38
2018	1	0	42

数据来源：http：//self. gutenberg. org/articles/eng/Malaysian_ general_ election,_ 2008, 2018 - 10 - 9；http：//self. gutenberg. org/articles/eng/Malaysian_ general_ election,_ 2013, 2018 ~ 10 ~ 9；https：//en. wikipedia. org/wiki/Malaysian_ general_ election,_ 2018, 2018 ~ 10 ~ 9。

华人全力支持反对党，其中的缘由与巫统长期以来推行的马来人优先

---

① 马来西亚学者潘永强从威权体制内部的精英分裂、反对党务实的策略及军队国家化的角度进行了深入分析。（参见〔马〕潘永强《新政开局顺利，前路漫漫》，《世界知识》2018 年第 12 期）马来西亚学者廖朝骥则从马来西亚三任首相、副首相之间的恩怨情仇的角度进行了探讨。这些分析有助于我们理解马来西亚这次政权更迭的原因与背景，但长期存在的政权突然改变，以政治精英之间的关系来解读，似有不足。（参见〔马〕廖朝骥《三个人的恩怨情仇构成政局要素》，《世界知识》2018 年第 12 期）

政策有关。华人深感在诸多方面未受到公平对待，在马来西亚是"二等公民"。马来西亚学者胡逸山评论说，如今马国的华人社会对执政党有着"几近彻底"的失望情绪，对马华公会等党派同样不满，认为他们无法有效代表华人利益。①

马来人优先的政策在马来西亚一直存在，为什么华人近来如此焦虑这个问题，这实际上与马来西亚族群结构的变化有关。马来西亚正在从曾经的以马来人、华人为主的双族群社会转向以马来人为主的多族群社会。华人在身份和心态上都在向少数族群靠拢。在族群结构变化的背景下，华人越来越担忧自己的处境。马来西亚是世界上少有的"保护多数族群"的国家，华人正在成为少数族群，它的承受能力相对较弱。在人口比重不断下降的背景下，华人受到的影响日渐增大，华人愈发认为自己受到了不公正对待。无论如何，华人想"改变"的念头一早就隐藏在心里，同时亦有"改朝换代"的决心。② 华人希冀两线政治在马来西亚完全实现，他们对巫统政府改变"马来人优先"政策已经不抱希望，认为只有换了政府才有可能改变对华人偏颇不公的政策。

2018 年大选前夕，郭鹤年事件也使得华人社会备感屈辱。大选之前，博客拉惹柏特拉指责马来西亚首富郭鹤年资助反对党——民主行动党。在拉惹柏特拉经营的"今日马来西亚"网站接连出现三篇文章，分别是《透视大马"金主曝光"》《郭鹤年要华人执政马来西亚》《郭鹤年换政府的最后机会》。这些文章说郭鹤年操控马来西亚政治，干涉民主制度，联合多个政党力图推翻国民阵线政府，指责郭鹤年是一名"华人沙文主义者"。一些英文和马来文主流媒体如《新海峡时报》《星报》《马来邮报》和《马来西亚前锋报》相继刊登了有关文章。这在马来西亚掀起了不小的风波。

巫统最高理事达祖丁警告郭鹤年"不要忘本"，并提醒郭鹤年，其累积的财富应归功国民阵线政府；另一位巫统最高理事也是旅游及文化部部长的纳兹里则以污言秽语辱骂郭鹤年，并要求长期定居海外的郭鹤年交出公民权。巫统领导人羞辱在华人社会备受尊敬的郭鹤年，引起华人社会强

---

① 张灏：《马来西亚为何留不住华人？种族"玻璃天花板"逼走百万华人》，http://world. huanqiu. com/exclusive/2018 - 05/11997627. html？qq-pf-to = pcqq. group，2018 年 9 月 12 日。

② 〔马〕陈妍而、祝家丰：《马来西亚华人社会变革与国家政治发展：2013 年城市政治海啸个案研究》，载林勇主编《马来西亚发展论坛》，吉隆坡，马来西亚南大教育与研究基金会，2016，第 109 页。

烈不满。马华公会青年团团长张盛闻向纳兹里提出抗议，"我想告诉纳兹里，他犯了一个大错误，郭鹤年不是一般的人，他是国家及华社的骄傲，他让马来西亚享誉全球。纳兹里抨击郭鹤年时的遣词用字，让华社觉得他不止在辱骂郭鹤年，也是在羞辱所有华人"①。吉隆坡暨雪兰莪中华大会堂（隆雪华堂）会长翁清玉也指出，"郭鹤年不仅是国际知名的企业家，也是生于斯、长于斯的爱国者，为教育、文化、经济、慈善等领域贡献良多，早已获得各界敬重。纳兹里的措辞粗鄙，引发社会舆论批评，事后还拒绝道歉"②。马来西亚中文报纸纷纷刊载评论文章反驳巫统，其中《星洲日报》和《光华日报》在它们的社论中指出，巫统炒作该议题是想恐吓马来人以巩固选票。

民主行动党秘书长林冠英否认收到郭鹤年的捐款，并反驳说："接受郭鹤年政治献金的是巫统和马华，然而中枪的却是民行党，这就是巫统的肮脏政治。"③ 马来西亚希望联盟总主席马哈蒂尔也出来捍卫郭鹤年，他对媒体公开说："我们都知道郭鹤年的立场，他在马来西亚出生，是马来西亚公民，他爱这个国家，而非任何政党，这是对他的诽谤。"④

该事件发酵数日后，郭鹤年办公室发表声明表示，郭鹤年对自己获得的机会深表感激，认同各族在国家发展及确保国家前途光明的贡献，并高度尊重毕生竭尽所能为马来西亚人民谋福利的国家领袖。郭鹤年全盘否认了那些指控，并保留对"今日马来西亚"网站采取所有必要的行动权利。时任首相纳吉布对郭鹤年发表的声明表示欢迎。纳吉布也重申，郭鹤年今日的成功，除了他自己努力外，应归功于政府给了他垄断大米和制糖业的机会。郭鹤年事件没有继续发酵下去，但是给华人社会带来的屈辱感却挥之不去。

2018 年大选前夕，突发的郭鹤年事件以及对华人影响日渐增大的马来人优先政策——突发性因素和结构性因素叠加——共同促使华人在这次大选中以前所未有的力度支持民主行动党。

---

① 《纳兹里攻击郭鹤年引起华社反弹》，http：//www.zaobao.com/news/sea/story20180301 - 838888，2018 年 9 月 20 日。
② 《纳兹里攻击郭鹤年引起华社反弹》，http：//www.zaobao.com/news/sea/story20180301 - 838888，2018 年 9 月 20 日。
③ 《马哈迪：指郭鹤年金援民行党是诽谤》，http：//www.zaobao.com/news/sea/story 20180228 - 838585，2018 年 9 月 20 日。
④ 《马哈迪：指郭鹤年金援民行党是诽谤》，http：//www.zaobao.com/news/sea/story 20180228 - 838585，2018 年 9 月 20 日。

二　部分马来人弃选巫统政府的原因解析

马来西亚族群结构的变化对马来人有着完全不同的意义。以马来人为主的土著从建国初全国人口的一半上升到今天的近七成，而华人从近四成下降到今天的两成多一点。这意味着在选举政治中，马来人无论在执政党联盟，还是反对党联盟中都将占据主导地位，与历史上马来人主导执政党联盟，华人是主要反对党的局面截然不同。从 2008 年大选起，马来人开始意识到华人不能夺取政治权力并成为政治权力的主导者，这些看法起初只在马来城市选民中发酵。① 在 2018 年的大选中，部分马来人对贪腐的巫统政府投下了反对票，而在 1969 年的大选中，马来人对华人反对党的选举胜利则极为恐惧。

1969 年巫统主导下的联盟党在西马的大选②中遭受重挫，联盟党在 104 个国会议席中，仅得 66 个议席，总得票率为 49.1%，反对势力在国会里赢得 37 席，占总得票率 50.9%。③ 联盟党中马华公会的 33 名候选人中，只有 13 名当选，而在华人集中的槟城州、霹雳州和雪兰莪州，竟只夺得 1 个国会议席。④ 情况更为严重的是联盟党失去了槟城州、霹雳州和雪兰莪州三州议会中的多数席位，特别是吉隆坡所在的雪兰莪州政府极有可能落到民主行动党的手里。这是反对党取得最好的成绩。随后非马来人上街游行庆祝，引发马来人和非马来人严重冲突，史称"五·一三"事件。这次族群冲突充分暴露了马来人的恐惧——非马来人的力量已经可以经由合法的民主程序，威胁到他们的政治特殊地位。⑤ 这一时期，马来人对保有政治上的主导权异常敏感，反对党此时主要由以华人为主的民主行动党和民政党组成，马来人极为担忧经济上强大的华人，"假如再加上政治权力，马来人将完全孤立无援，任由华人摆布"⑥。

---

① 〔马〕祝家丰：《种族霸权国家的政治体制转型困境》，载林勇主编《马来西亚发展论坛》，吉隆坡，马来西亚南大教育与研究基金会，2016，第 109 页。

② 由于当时发生了"五·一三"事件，东马的大选还没结束，被迫搁置。

③ 〔马〕何启良：《独立后西马华人政治演变》，载〔马〕林水檺、何国忠、何启良、赖观福合编《马来西亚华人史新编》（第二册），吉隆坡，马来西亚中华大会堂总会，1998，第 108 页。

④ 〔马〕王国璋：《马来西亚族群政党政治（1955~1995）》，吉隆坡，东方企业有限公司，1988，第 104 页。

⑤ 〔马〕王国璋：《马来西亚族群政党政治（1955~1995）》，吉隆坡，东方企业有限公司，1988，第 107 页。

⑥ Mahathir bin Monhamad, 1981：*The Malay Dilemma*, Kuala Lumpur：Federal Publications SDN BHD, p. 39.

建国初期，马来人约占总人口的一半，华人约占四成，马来人在政治上享有优势，华人在经济领域一枝独秀，马来人与华人总的来说是旗鼓相当。马来人这一时期在政治上异常团结，正如前国会议员胡亚桥所说："马来民族在政治上发挥强大的凝聚力，确保他们在其他领域能取得进展，是不争的事实。"① 巫统将华人的威胁适时放大，把不同来源、不同州属的马来人整合在一起，并在马来人与其他族群之间塑造了一条边界，确保他族难以通过改变族群身份来获取马来人享有的各种照顾，以此来加固马来人的内部认同和换取马来人对巫统的支持。② 巫统成功地获得了大部分马来人的支持，在 1999 年之前的历次大选创造了"巫统 = 马来人"和"马来人 = 巫统"的传统神话。③

马来社会第一次发生严重分化是在 1999 年大选。大选前，马来人正在发动大规模反政府的"烈火莫熄"运动。它缘起于 1998 年金融危机中下台的副首相安瓦尔遭受的羞辱和粗暴对待。大选结束，在 148 个国民阵线的国会议席中，巫统只有 72 席，这是巫统所占议席第一次不到国民阵线议席的一半。在 1999 年的大选中，马来人反对党伊斯兰党成为最大赢家，一跃成为国会中最大的反对党。

在 1999 年的大选中，更重要的是诞生了以安瓦尔为领袖的公正党，即后来的人民公正党。人民公正党是以马来人为主的多元族群政党，不少华人和印度人加入其中，在政治上追求社会公正与进步，走跨族群的路线，在族群政治的困境中推动着马来西亚前进。人民公正党建党以来，大起大落，几经波折，终于在 2008 年大选中获得 31 个国会议席，成为国会第一大反对党。然而在 2013 年的大选中，民主行动党获得 38 个国会议席，超过人民公正党的 30 个国会议席，成为第一大反对党。巫统于是故意在马来社会制造"行动党在华裔领袖主导下，民联马来领袖自甘当傀儡"的印象。④ 这种言论在乡区马来人中还是有较大影响的，对马来社会造成了一些困扰。

2018 年大选前，希望联盟对首相候选人选慎之又慎，在相当长的时间

---

① 〔马〕胡亚桥：《新马来人对华社的启示》，《资料与研究》1993 年第 6 期。
② 齐顺利：《他者的神话与现实——马来民族主义研究》，《国际政治研究》2011 年第 4 期。
③ 〔马〕策略资讯研究中心政治分析组编：《巫统的困境——第十届全国大选》，八打灵，策略资讯研究中心，2000，第 3 页。
④ 〔马〕林宏祥：《后 505 马来政治走向：寻找一个玩火的小孩》，载吴彦华、潘永强主编《未完成的政治转型：马来西亚 2013 年大选评论》，吉隆坡，华社研究中心，2013，第 46 页。

内没有确定人选。马来社会传言说民主行动党领袖林吉祥有望出任首相，林吉祥立刻表示，马来西亚宪法允许华人做首相，但政治现实是另外一回事，他从政 52 年从未想过出任首相。他认为，马来西亚要出现华人首相，需要相当长的时间，只有马来西亚各族群，尤其是马来人接受各族命运共同体的概念时，才有可能产生华人首相。① 2018 年 1 月，希望联盟宣布前首相马哈蒂尔为候任的首相人选，安瓦尔的妻子旺阿兹莎为副首相人选。

马哈蒂尔是希望联盟夺取中央政权的最后一块拼板。从 2008 年到 2013 年大选，希望联盟已经获得许多城市马来人和大部分华人的支持，但是仍然无法夺得中央政权。在马来西亚 222 个国会议席中，马来人在超过半数的选区中占据优势。希望联盟如果无法获得部分乡区马来人支持的话，它是无法撼动巫统政府的。自信的城市马来人可以丢掉拐杖，但乡区马来人已经习惯了巫统的保护，是一群生活在保护墙内的人。综观过去，没有一个反对党领袖可以扮演"新保护墙"的角色，包括安瓦尔和旺阿兹莎，都给不了乡区马来人这方面保障；即使伊斯兰党在宗教上有强大感召力，也无法在生活、经济、政治上给予他们"受保护的安全感"；人民行动党的林吉祥和林冠英，更让他们心理不安。② 基于昔日马哈蒂尔对马来人的照顾，马哈蒂尔便成了那道保护墙。

在一马公司、联邦土地局丑闻接连爆发，以及巫统政府的消费税为生活增添压力的情形下，一些乡区马来人开始不满现状，特别是在马哈蒂尔成为希望联盟的候任首相人选后，敢于思考巫统以外的选择，加上城市马来人和华人，最终在 2018 年大选中形成了反对巫统政府的"全民海啸"。

三　马来西亚族群政治分析

马来西亚族群政治的兴起，与英殖民政府的分而治之政策有关，也与马来人与华人之间的经济差距过大有关。建国前，马来人无法信任跨族群政党，担心在同一政党中难与华人竞争，选择了只为马来人奋斗的巫统，其他族群基于共同利益也迅速内聚，建立了自己的政党。巫统政府按照族群身份进行资源分配，族群意识成为最有效的政治动员资源，族群政治随之形成。今天马来人已经全面掌握国家的政治、经济、文化等资源，马来社会也出现了一个人数众多的马来中产阶级，这极大地改变了马来人与华

---

① 《称宪法允许但现实不允　林吉祥：从政 52 年从未想过出任首相》，http：//www.zaobao.com/news/sea/story20171009 – 801447，2018 年 5 月 20 日。

② 《马哈迪是"马来海啸"关键》，http：//www.zaobao.com/forum/views/opinion/story20180420 – 852313，2018 年 5 月 18 日。

人之间力量的对比，为马来西亚族群政治的嬗变提供了条件。

对于马来西亚族群政治以及扶植马来人的方式，郭鹤年在 2017 年年底出版的自传中提出了自己的看法。郭鹤年曾向马来西亚第三任首相、他的同学胡先翁提出建议，希望政府放弃过度保护马来人的政策。当年郭鹤年与胡先翁的对话至今引人深思。郭鹤年说，管理一个社会或一个国家需要一定数量的领导人。领导人是否一定按种族比例分配？十个领导人中，是否一定要有五六个马来人、三个华人和一两个印度人？马来西亚过度偏袒马来西亚原住民，就像过度溺爱长子一样，让他一出生就在优待中长大。而市场的竞争是残酷的，这让马来西亚处在了一个不利的境地。对于郭鹤年的想法，胡先翁坦承地告诉他："凭马来人现在的思想状态，他们无法接受这个方法。"① 建国初期，马来人与华人之间存在着巨大的经济差距，他们二人对于如何拉近这种差距有着完全不同的看法。

半个多世纪过去了，时过境迁。在马来人优先的政策下，巫统政府培育出了一个人数众多的马来中产阶级。据官方统计，2005 年，除高级经营管理人员外，马来人在现代经济部门的就业结构与全国的族群结构首次趋于一致。随着马来人人口比重的上升，马来人在现代部门的就业比例还会进一步提高。在政府扶持下，族群间的收入差距明显缩小。据官方统计，马来人与华人的家庭月收入差距由 1970 年的 1∶2.29 已缩小到 2009 年的 1∶1.38，马来人与印度人的收入差距也由 1970 年的 1∶1.77 缩小到 2009 年的 1∶1.10。②

马来中产阶级的出现对马来社会影响重大。新兴的马来中产阶级无论与其他族群还是与国外人士打交道，都显得自在、自信。马来西亚学者阿都拉曼·恩蓬教授认为马来人新兴中产阶级在意的是"社会阶级再造"，社会阶级再造等同社会流动，他们期望后代受到良好的现代教育，希冀下一代的社会地位不会比他们这一代逊色。新兴的马来中产阶级为国内社会带来了一种新的"政治文化"，即追求社会的改变，如民主、透明、问责、廉政、仁政、反贪污和反滥权。③ 从 2008 年到 2018 年大选，城市马

① 〔马〕郭鹤年口述，Andrew Tanzer 编著：《郭鹤年自传》，香港，商务印书馆（香港）有限公司，2017，第 242 页。

② Government of Malaysia, 2010：*Tenth Malaysia Plan*, *2011~2015*, Putrajaya：The Economic Planning Unit, Prime Minister's Department, p. 147.

③ 〔马〕拿督阿都拉曼：《如何理解马来社会——四海融汇的往昔、错综复杂的现在、充满挑战的未来》，叶欣荣译，载林勇主编《马来西亚发展论坛》，吉隆坡，马来西亚南大教育与研究基金会，2016，第 13 页。

来人或中产阶级倾向支持反对党联盟。例如，在高度城市化的雪兰莪州，希望联盟在 2018 年大选中夺取了 51 个州议席，国民阵线仅有 4 个州议席，希望联盟在雪兰莪州取得了压倒性优势。①

　　人民公正党曾经是希望联盟中最大的政党，一度也是国会中最大的政党，曾经拥有 49 个国会议席。从长远的角度看，人民公正党主席安瓦尔的思想对马来西亚有着不可估量的影响。安瓦尔的一生颇具传奇色彩，几度沉浮。起初他以伊斯兰教原教旨主义者的面目出现，后得到第四任首相马哈蒂尔的延揽进入政府。他在担任马哈蒂尔的副手期间，形成了对国内外问题的主要理解，并影响至今。他承认人类社会多样性的现实，但是他将社会公正放在中心位置，正如他在《亚洲的复兴》中所说，为了亚洲走向全球，原先的社会必须准备改造它们自己，抛弃过去留下来的有害的残余——部落主义、封建主义、狭隘的思想以及狂热主义；这并不是说亚洲必须失去它的身份，而是说它必须重新尊奉公正、德性、同情等核心价值，这些价值是普世的。② 公正总是意味或表示某种平等，而马来西亚的平等问题是与族群息息相关的。安瓦尔成为反对党领袖后，开始反思马来人优先政策，提出马来人优先政策在今天已经不合时宜。希望联盟赢得大选后，安瓦尔指出，新经济政策自 1971 年推行以来，被滥用，部分马来人变得越来越富裕，"在这个政策下，政府合约、生意、就业、教育及房屋优先考虑马来人……这项政策被指责为分化马来人、华人及印度人，国内少数民族不满遭政府种族歧视"③。安瓦尔提出新政府将废除推行了数十年的马来扶贫政策，推出新计划，不分种族协助所有穷人。

　　安瓦尔也坦承，他不确定 2018 年大选中支持希望联盟的马来人是否也支持他的多元种族政策。但有一点可以预见，随着自信的马来人中产阶级的出现，马来西亚政治领域中跨族群的现象会越来越多。

　　马来西亚的政治发展，虽千头万绪，族群、伊斯兰、阶级这三大主线，却始终是其演进的关键，族群政治可谓马来西亚的根本现实。④ 族群几乎在所有的领域发挥着作用。马来西亚正在从曾经的以马来人、华人为主的双族群社会转向以马来人为主的多族群社会。马来西亚族群结

---

① http：//pru14. spr. gov. my/#! /dun，2018 年 5 月 20 日。

② Anwar Ibrahim，1996：*The Asian Renaissance*，Singapore：Times Books International，p. 30.

③ 《安华：马国将废除马来扶贫政策　但会保护土著地位》，http：//www. zaobao. com/news/sea/story20180522 - 860904，2018 年 6 月 20 日。

④ 〔马〕王国璋：《马来西亚政治发展》，载潘永强主编《当代马来西亚政府与政治》，吉隆坡，华社研究中心，2017，第 1 页。

构的变化对政治产生了深远影响。华人、印度人与部分马来人在 2018
年大选中共同掀起全民海啸，实现了马来西亚历史上的第一次政权更
替。希望联盟政府的上台并不意味着固有的族群政治模式的终结，但自
信的马来人中产阶级已经出现，马来人与华人之间的经济差距已大幅缩
小，跨族群的政治力量在悄然成长。随着希望联盟政府的上台，马来人
保守力量势必觉得受到了威胁，与希望联盟政府必然有一番争斗。希望
联盟中的保守势力和革新力量如何处理这一问题，是对希望联盟上台执
政的一次重大考验。

第二节　希望联盟执政对民族国家建构的影响

一　希望联盟的政绩及面临的问题

2018 年，马来西亚成功实现了政权的和平交接和政府的首次更替，
没有出现一些东南亚国家在政权更替时常见的政治失序和军人干政等现
象。马来西亚学者蓝中华认为，政权和平转移最关键的因素是马来族群的
政治权力和王室权力没有受到侵蚀，在国家总体政治和社会秩序仍然维持
稳定的状况下，武装部队倾向于接受王室劝告，接受政权从国民阵线转移
至希望联盟。[①]

马哈蒂尔成为希望联盟政府的新任首相，这也是他本人的第二次执
政。马哈蒂尔在新的历史时期提出"新马来西亚"的口号。2018 年 9 月，
马哈蒂尔在 73 届联合国大会上说："马来西亚人希望有一个秉持公平、
良政、诚信和法治精神的新马来西亚；一个保持中立和不结盟的马来西
亚；一个憎恨战争和暴力的马来西亚。他们希望马来西亚成为所有国家的
朋友，而不是所有国家的敌人。他们还希望马来西亚能够直言不讳地说出
对与错，既不畏惧也不偏袒。人民希望建设一个基于相互尊重、互惠互利
精神与各国进行合作的新马来西亚。"[②]"新马来西亚"是希望联盟政府在
新时期对国家的新定位。

马哈蒂尔任职后迅速稳住政局、组建内阁、巩固政府、周旋王室、抗

---

① 〔马〕蓝中华：《第 14 届全国大选政权和平移交的观察》，载潘永强主编《未巩固的民
　　主：2018 年选举》，吉隆坡，华社研究中心，2019，第 41~54 页。
② 苏莹莹、翟崑主编：《马来西亚发展报告（2010）·前言》，北京，社会科学文献出版
　　社，2020。

衡巫统、重新审查大型项目，执政百日的表现令人眼前一亮。① 希望联盟政府刚上台的一些施政方针，特别是人事任用方面，的确让少数族裔刮目相看，如时隔近半世纪后再次委任华族为财政部部长、首次任命东马土著为首席大法官、首次委任印度族出任总检察长、首次出现华裔国防部副部长等。② 对于人们关注的纳吉布政府的重大贪污腐败问题，马哈蒂尔大力推进反腐倡廉，效果显著，尤其是彻查"一马公司"弊案、重整反贪委员会，同时强力打击贪腐，调查联邦土地发展局、朝圣基金丑闻，并要求部长申报财产等，成为希望联盟执政一周年最大的政绩。③ 这也是仅仅存在不足两年的希望联盟政府最重要的政绩。

希望联盟政府是马来西亚第一个实现政权更替的政府，被寄予了厚望，然而现实的反差却让许多曾经支持希望联盟的人充满了失望。时事评论员许国伟认为，政治及政策混乱是希望联盟最需要改进的地方，政府经常翻转政策的做法饱受人们的诟病。④

希望联盟在大选前宣称，执政之后将签署《消除一切形式种族歧视国际公约》。此举意在争取华人和印度人的支持，因为该公约主张各国消除种族歧视和种族隔离现象，在政治和公共生活中提倡种族平等。2018年9月，马哈蒂尔在联合国大会演讲时提出，马来西亚将全面签署公约。这引起了马来人保守力量的强烈反对。巫统议员凯里在国会中公开质疑该公约，认为该公约威胁马来穆斯林的特殊地位，声称新政府的所作所为没有捍卫伊斯兰教在马来西亚的国教地位以及马来人的特权。⑤ 凯里的言论成为《马来西亚先锋报》的头条，在马来西亚引起了不小的风波。2018年12月，巫统和伊斯兰党共同举办大会，反对政府签署《消除一切形式种族歧视国际公约》。基于马来人的高度关注以及马来人保守力量的强烈反对，希望联盟政府宣布不签署该公约。

反对签署《消除一切形式种族歧视国际公约》集会，并没有为当下

---

① 《马国特稿：希盟执政周年掉光环》，http：//www.zaobao.com/news/sea/story20190428－952097，2022年3月2日。

② 〔马〕胡逸山：《马国政坛新年里继续动荡》，http：//www.zaobao.com/forum/views/opinion/story20200102－1017771，2022年3月2日。

③ 傅聪聪：《2019年马来西亚政治形势》，载苏莹莹、翟崑主编《马来西亚发展报告（2020）》，北京，社会科学文献出版社，2020，第31页。

④ 《马国特稿：希盟执政周年掉光环》，http：//www.zaobao.com/news/sea/story20190428－952097，2022年3月2日。

⑤ 朱崇彰：《从反国际公约看马来西亚政治》，载吴宗玉、翟崑主编《马来西亚发展报告（2019）》，北京，社会科学文献出版社，2019，第111页。

的在野党加分，但也令朝野政党人物对反种族议题颇为忌讳，提醒了人们对马来西亚身份政治影响力的重视，表明追求理想化的民主平等政治路线仍有局限性。① 马来西亚学者胡逸山认为，希望联盟当时若成功签署《消除一切形式种族歧视国际公约》，虽然进步派马来选民与非马来选民基本票盘会深感雀跃，但也会与保守派马来选民越走越远，因为后者会把希望联盟视为受非马来人操控、引狼入室出卖马来族群利益的叛徒，也会更加下定决心不把票投给希望联盟，希望联盟因此不得不取消签署公约。②

当初支持希望联盟的马来人选票只有三成，七成的马来选票是基本盘，基本盘则成为朝野政党的必争之地。一些马来选民是在经济形势不好的情况下，抱着试试看的态度将选票投给了希望联盟。随着马来人议题的持续发酵，一些马来选票回流国民阵线。如果马来选票继续流失，希望联盟蝉联执政的可能性就不大了，因此希望联盟必须小心翼翼地处理马来人关心的课题。

二　巫统和伊斯兰党的结盟

2018 年大选前，由于沙巴进步党在 2009 年的退出，国民阵线剩下了 13 个成员党。随着国民阵线政府的倒台，国民阵线内部矛盾重重，各成员党纷纷出走，仅仅一个多月之后，国民阵线只剩下了巫统、马华公会和国大党三个政党，而三党之间也是貌合神离。巫统一度士气低迷、人心涣散，一些议员也相继离开，加入了马哈蒂尔领导的土著团结党，巫统因而失去了国会第一大党的地位。巫统该何去何从，是与伊斯兰党合作，还是与希望联盟中的马哈蒂尔或安瓦尔合作，巫统内部一时争执不下。在之后的党选中，随着以阿末扎希为首的保守派获得大胜，就为巫统和伊斯兰党的再次合作揭开了序幕。许多巫统党员坚信，只要两党合作，重新整合分散的马来人选票，巫统一定能取得成功。

巫统和伊斯兰党在吸取了 2018 年大选分别出战而输掉大量国州议席的惨痛教训后，共推候选人，互相站台，展开合作，接连在金马仑、士毛月和晏斗选区的补选中取得胜利，并在得票上远超希望联盟的候选人。大放异彩的两党合作，不仅刹住了巫统议员退党的风气，而且使巫统重新稳住了阵脚，提升了士气。于是，巫统与伊斯兰党合作的信心大涨，在

---

① 朱崇彰：《从反国际公约看马来西亚政治》，载吴宗玉、翟崑主编《马来西亚发展报告（2019）》，北京，社会科学文献出版社，2019，第 115 页。

② 〔马〕胡逸山：《马国政坛新年里继续动荡》，http://www.zaobao.com/forum/views/opinion/story20200102-1017771，2022 年 3 月 2 日。

2019 年 9 月签署了《全面共识宪章》，两党正式结盟致力于团结马来穆斯林。宪章强调，一方面要在联邦宪法框架下，全面强化伊斯兰教、马来人和土著议程；另一方面，在不否认多元宗教、族群和文化作为国家政治稳定、民族和谐和国家繁荣的基础作用下，来守卫伊斯兰教和马来人论述以建立合作。① 巫统一面与马华公会、国大党合作，保留国民阵线，一面与伊斯兰党结盟。巫伊合作的威力随后在柔佛州丹绒比艾的补选中显现出来，国民阵线候选人以 1.5 万张的多数选票获胜。在这次补选中，不仅马来人一面倒向国民阵线，而且一些华人选票回流国民阵线，表达了对希望联盟的不满和失望。

　　倡导多元族群路线的希望联盟上台后，华人原本以为在"新马来西亚"下种族化和伊斯兰化的政治和课题将越来越少，各族群会越来越平等，以绩效为准则的政策将得以推行。然而现实是马来西亚政府可以在一朝之内变天，而长久以来形成的族群政治地貌却不那么容易改变。族群政治成为一种政治工具，被故意操弄。巫、伊两党不断指控华人大力支持的民主行动党控制了政府，通过种族主义来削弱马来人对希望联盟的支持。②

　　在巫、伊两党的鼓动下，2019 年 10 月 6 日，备受华人关注的马来人尊严大会在吉隆坡召开。大会由马来亚大学副校长阿都拉欣谋划，马来亚大学马来辉煌研究中心举办，协办单位包括苏丹依德里斯师训大学、玛拉工艺大学、博特拉大学和马来西亚穆斯林律师协会等，邀请了朝野主要马来政党的领袖马哈蒂尔、阿末扎希、哈迪阿旺等出席大会，唯独没有邀请安瓦尔。主办方表示，大会只邀请马来政党的领袖，人民公正党是多元族群政党，因此未邀请安瓦尔。但人民公正党的署理主席阿兹敏却出席了大会，引起人们的议论。大会主要讨论马来人在教育、宗教、文化、政治和经济方面的问题。

　　大会执行秘书再纳·吉林在演讲中强调马来主权和特殊地位不可动摇，警告其他族群勿忽视与马来人曾经达成的社会契约（华人、印度人等少数族群获得公民权，以换取马来人在政治、经济、文化等领域的特权）。③ 大会过后向马哈蒂尔提出多项诉求，包括要求政府六年内废除多

---

① 傅聪聪：《2019 年马来西亚政治形势》，载苏莹莹、翟崑主编《马来西亚发展报告（2020）》，北京，社会科学文献出版社，2020，第 47 页。
② 《社论：马国种族主义已被政治工具化》，https://www.zaobao.com/forum/editorial/story 20190816 - 981345，2022 年 4 月 2 日。
③ 骆永昆：《2019 年马来西亚总体形势：不确定性增强》，载苏莹莹、翟崑主编《马来西亚发展报告（2020）》，北京，社会科学文献出版社，2020，第 19 页。

源流学校而落实单一源流教育，并促请政府修法规定只有马来人才能出任首相、副首相、州务大臣及首长；大会也要求政府将财政部部长、教育部部长、国防部部长、内政部部长、首席大法官、警察总长、政府首席秘书及总检察长等职务保留给马来人。① 马哈蒂尔表示，他将接受大会的提案，但政府不会照单全收。至于政府是否将认真探讨并考虑将这些提案落实为政策，马哈蒂尔说："当然会，这反映了马来人的感受。"② 马来人尊严大会引起华人的强烈不满，一名马来亚大学的华族学生在毕业典礼上公开抨击副校长阿都拉欣在马来人尊严大会上的种族言论，该学生随后遭到了马来西亚官方的调查和指控。

三　希望联盟政府的困境及对民族国家建构的影响

在马来西亚，马哈蒂尔领导的土著团结党并不是马来人的当然选择。巫、伊两党的结盟，迫使土著团结党加强种族主义路线，同它们竞争马来人的选票。人民公正党和民主行动党虽然是希望联盟第一和第二大党，但面对必须争取马来选票和马来人至上的"政治正确"路线，不太愿意公开反对马哈蒂尔的种族议程。③ 希望联盟上台后，先是违背了选前承认华文独立中学统一考试文凭的承诺，接着教育部宣布在不取消固打制的前提下扩大大学预科班的招生名额，随后教育部试图在华文小学和淡米尔小学引入爪夷文④书法课的做法进一步触动了华人担忧华文小学被同化的神经。这些做法让华人觉得希望联盟政府无意在马来西亚推行族群平等的教育政策，并且意识到新旧政府的做法有类似的地方。

希望联盟政府和国民阵线政府的做法之所以类似，主要是因为两者都处在族群政治的大环境下，2018 年马来西亚在历史上第一次实现了政党轮替，但是从宪法到政治体制，马来西亚仍然是以族群为基础。希望联盟标榜自己不以种族、性别和宗教为单位，保障的是所有人民的福祉。⑤ 在族群边界清晰、族群意识盛行、族群互信不足的马来西亚，巫、伊两党不断放大华人的威胁，宣扬希望联盟政府由华人支持的民主行动党控制，马

---

① 《马哈迪与阿兹敏出席"马来人尊严大会"　安华未受邀》，https：//www. zaobao. com/news/sea/story20191007 –994929，2022 年 4 月 2 日。
② 《马哈迪与阿兹敏出席"马来人尊严大会"　安华未受邀》，https：//www. zaobao. com/news/sea/story20191007 –994929，2022 年 4 月 2 日。
③ 《社论：马国种族主义已被政治工具化》，https：//www. zaobao. com/forum/editorial/story20190816 –981345，2022 年 4 月 2 日。
④ 爪夷文是一种用阿拉伯字母书写的马来语文字，目前在马来西亚使用较少。
⑤ 希望联盟：《希望宣言：拥抱希望，重建家园》，2018，第 6 页。

来人特殊地位处在危险之中。出于马来人选票的考量，希望联盟政府不能违背马来人优先的"政治正确"，并且需要谨慎处理与马来人相关的课题，否则就会不断流失马来人选票。在此种情形下，希望联盟政府不得不拒绝了大选前对华人社会的承诺，多次出现政策翻转。

在马来西亚，人们若谈到希望联盟，不少人的评价是"失望"。第 14 届大选前，希望联盟支持者以为一旦希望联盟上台，政府就会承认华文独立中学统考文凭、废除大道过路费、经济好转、物价下跌等，但这些都没有实现，因此有人批评希望联盟只是在选前"说大话"，并没有实际能力满足人民的诉求及改善人民的生活。[①]

希望联盟政府的困境对马来西亚民族国家建构有着深远的影响。希望联盟的执政纲领之一是建立一个以 2020 宏愿为核心，富有诚信和团结互助精神的马来西亚民族。[②] 族群平等是民族建构的关键决定因素。标榜全民路线的希望联盟，在马来西亚族群政治的大环境中难以切实推进多元族群政策。因此，"新马来西亚"的前景依旧黯淡，但是希望联盟的上台执政仍然不失为一次有益的尝试，尽管它在族群政治的大环境下的尝试有限度，其倡议的"马来西亚民族"还是为国家的未来提供了另外一种远景。

四　国盟政府上台执政

2020 年 2 月 23 日，马来西亚突现政治动荡，马哈蒂尔下台，土著团结党主席慕尤丁最终获得最高元首任命，出任第八任首相，联邦政权再次出现政党轮替。土著团结党与伊斯兰党、脱离人民公正党的阿兹敏派系、民政党、沙巴国家团结党、沙巴进步党组成新的执政联盟"国民联盟"，并获得国民阵线、砂拉越政党联盟的支持。

希望联盟政府执政不足两年就倒台。此次政权更替的原因如下：首先，马哈蒂尔与安瓦尔的首相之争给了在野党利用的机会。土著团结党的总主席马哈蒂尔原本承诺执政两年之后将首相之位让给安瓦尔，但是两年期限将至，马哈蒂尔不甘心让位，安瓦尔及其支持者开始主动争位，这就给了在野党可乘之机，利用两者的矛盾，在政党之间重新分化组合，实现了政党轮替执政。其次，希盟联盟内部成员党的理念出现较大的分歧。希望联盟中的民主行动党是以华人为主体的政党，主张马来西亚人的马来西

---

①　《马国特稿：希盟执政周年掉光环》，http://www.zaobao.com/news/sea/story20190428 – 952097，2022 年 3 月 2 日。

②　希望联盟：《希望宣言：拥抱希望，重建家园》，2018，第 10 页。

亚，提出了许多兼顾华人群体的议题。民主行动党与主张"马来人优先"理念的土著团结党和人民公正党中的保守势力显得格格不入，希望联盟中的保守势力更希望组建马来人政府。再次，马来人认为在希望联盟执政后自身的利益得不到有效保护。希望联盟试图签署《消除一切形式种族歧视国际公约》及爪夷文的处理不当等事件，被巫统和伊斯兰党诠释为"希望联盟无法捍卫马来人的利益"。2019 年 9 月 14 日，巫、伊两党举办"马来人尊严大会"，认为马来人的文化、宗教、教育、经济权益在 2018 年大选后受到挑战。① 这种舆论逐渐获得了大部分马来人的认可。最后，希望联盟倡导的"多元主义"不获马来社会支持。2018 年，部分马来选民抱着观望的态度将选票投给了希望联盟，然而希望联盟无法兑现"上台后经济变好"的承诺。这使得本来就脆弱、依靠希望联盟胜选而建构起来的多元主义理念在马来社群中不受欢迎，反而更加巩固了身份认同政治，继而挑战希望联盟政权的合理性。②

马来西亚政治进入马来人占绝对主导地位且整体趋向保守的时代。2018 年大选后，马来西亚政治出现了马来穆斯林和非马来穆斯林壁垒更加鲜明的政治版图。依靠城市选民胜出的希望联盟一直无法获得保守马来选民的支持，反而因改革推进不力而不断流失民望。巫统和伊斯兰党则达成合作，整合了马来人的保守力量，如今国盟政府又有希望联盟保守力量的加持，这意味着马来西亚政治保守派的整合成功，马来西亚政治进入了马来人占绝对主导地位的时代。

虽然土著团结党主席慕尤丁为新任首相，但它的基层力量比巫统和伊斯兰党薄弱，国会议员人数也比巫统少，即使获得原人民公正党阿兹敏派系的加持，土著团结党仍是国盟里相对较弱的政党，慕尤丁接下来的执政终须得看巫统和伊斯兰党的脸色。在第一次以首相身份发表电视演讲时，慕尤丁誓言要当"全民首相"。这意味着马华公会和国大党必须振作起来，吸引非马来人的选票，冲淡种族和宗教色彩，否则慕尤丁政府最终还是不必照顾非马来人的利益。

马来西亚政治重归保守化和种族化，意味着多元化和改革议程受阻。马哈蒂尔、安瓦尔和希望联盟在此次政变中进退失据，马哈蒂尔给人留下了操弄宪法程序的负面印象，在一定程度上失去了马来社会的信任，安瓦

---

① 覃馥琳：《危而不乱的政权更替：马来西亚"二月政变"分析》，《中国—东盟研究》2020 年第 3 期。

② 覃馥琳：《危而不乱的政权更替：马来西亚"二月政变"分析》，《中国—东盟研究》2020 年第 3 期。

尔和希望联盟也受到牵连。民主行动党在执政期间未能满足华族和印族选民的期待，立场数次变化，也让选民感到失望。此次希望联盟分裂和联邦政权易手，说明马来西亚社会尚未做好准备迎接多元主义，改革议程的推进极其不易。

国盟政府上台后，首相慕尤丁拒绝让巫统主席阿末扎希入阁，巫统署理主席莫哈末哈山因为不是国会议员也不具备当部长的资格，结果巫统副主席依斯迈沙比里受委为国防部部长，成为慕尤丁首相的高级部长，负责跨部门的安全协调事务。随后巫统中的阿末扎希阵营向慕尤丁"逼宫"，慕尤丁将选择支持自己的依斯迈沙比里委任为副首相。在首相慕尤丁被迫下台后，慕尤丁支持依斯迈沙比里于2021年8月出任第九任首相，同时依斯迈沙比里出任首相也得到了巫统阿末扎希阵营的支持。

依斯迈沙比里位居首相，也是巫统的副主席，拥有诸多资源，但在历史悠久的巫统中，依斯迈沙比里上面还有许多更有资格的政治人物，除了党主席阿末扎希和署理主席莫哈末哈山外，前首相纳吉布在党内的影响力也不容忽视。现在的巫统和当初独大的巫统不同，不再拥有最多国会议席，须靠其他政党的配合才能组织政府，加上慕尤丁领导下的土著团结党仍然在执政党联盟中，依斯迈沙比里的政权仍然是不稳定的。

本章小结

在2018年大选中，华人、印度人与部分马来人共同掀起全民海啸，在马来西亚历史上第一次实现了政权更替。马哈蒂尔成为希望联盟政府的新任首相，并提出建设"新马来西亚"的愿景。马哈蒂尔上台伊始迅速稳住政局、组建内阁、抗衡巫统、重新审查大型项目。新政府执政百日的表现可谓不俗。希望联盟政府刚上台的一些施政方针，特别是在人事任用方面大胆启用少数族群担任国家要害部门的负责人，的确让人耳目一新。马哈蒂尔大力推进反腐倡廉，效果显著，尤其是在重整反贪委员会、彻查"一马公司"弊案方面的工作成为希望联盟执政时期的最大政绩。

希望联盟政府是马来西亚第一个实现政权更替的政府，被寄予了厚望。倡导多元族群路线的希望联盟政府上台后，华人原以为在"新马来西亚"下种族政治和伊斯兰化的课题将越来越少，各族群会越来越平等。然而现实是马来西亚政府可以在一朝之内变天，而长久以来形成的族群政治地貌却不那么容易改变。族群政治成为一种政治工具，被故意操弄。巫统和伊斯兰党不断放大华人的威胁，宣扬希望联盟政府由华人支持的民主行动党控制，马来人特殊地位处在危险之中。希望联盟政府出于马来人选票的考量，依然受制于马来人优先的"政治正确"，需要特别谨慎处理与马来人相关的课题。希望联盟政府拒绝了大选前对华人社会的承诺，多次出现政策翻转。

希望联盟的执政纲领之一是建立一个以 2020 宏愿为核心，富有诚信和团结互助精神的马来西亚民族。族群平等是民族建构的关键决定因素。标榜全民路线的希望联盟，在族群政治的大环境中难以切实推行多元族群政策，"新马来西亚"的前景依旧黯淡，但希望联盟短暂的执政仍然是一次有益的尝试，它的经验和教训为未竟的马来西亚民族建构之业提供了宝贵的财富。

第七章　国际移民与马来西亚民族国家建构

第一节　印尼移民与民族国家建构

国际移民是全球化的一个重要组成部分。21 世纪以来，西方学界围绕国际移民的研究在深度与广度上均明显拓宽，既积累了丰富的实证资料，也为建构国际移民理论体系而孜孜探求，其基本理论大致上可以区分出三种取向：强调市场取向的经济理性选择理论；注重政治内涵的文明冲突论；强调全球化取向的跨国主义论。[①]

市场导向决定论，或曰经济理性选择理论，是国际移民理论探讨中一个颇有影响力的学派，它对印尼移民、菲律宾穆斯林移民前往马来西亚及华人移出马来西亚的部分动因有着较强的解释。越来越受到关注的跨国主义认为，唯有将国际移民置于全球化的大背景下，才能准确认识它的社会影响，正确评估它的未来，要求超越民族国家的范式，冲破民族国家理论框架的制约。这一领域著名的国际移民问题专家斯蒂芬·卡斯尔斯提出："政府欢迎资本、商品和观念流动，但却禁止人口流动的做法看来不大可能成功。"[②] 当今世界国际移民蔚然成风，多个族群和多元文化共处一国已经成为一种常态。在卡斯尔斯看来，各国从 18 世纪以来试图建立有着共同语言、文化、传统和历史的单一民族国家，实际上是统治精英们建构的一种空中楼阁，正在成为一种强有力的神话。[③] 然而这在马来西亚出现

---

① 李明欢：《当代西方国际移民理论再探讨》，《厦门大学学报（哲学社会科学版）》2010年第 2 期。

② 〔澳〕斯蒂芬·卡斯尔斯：《全球化与移民：若干紧迫的矛盾》，黄语生译，《国际社会科学杂志》（中文版）1999 年第 2 期。

③ 〔澳〕斯蒂芬·卡斯尔斯：《21 世纪初的国际移民：全球性的趋势和问题》，凤分译，《国际社会科学杂志》（中文版）2001 年第 3 期。

了相反的趋势。巫统政府①在马来西亚执政时，"有选择"地吸收国际移民，帮助生育率本来就高的马来人为主的土著②从建国初全国人口的一半上升到今天的近七成，③ 从而使马来西亚的族群构成发生了巨变。建国初期，由于马来人与非马来人人口数量相差无几，马来人极为担忧人口数量随时可能被非马来人超越以及随之而来的文明冲突，作为马来民族主义化身的巫统采取了一种反制措施，一度开放马来人的边界主动接纳印尼移民和菲律宾南部穆斯林。

当前国内外学界主要从经济理性选择的角度来分析马来西亚国际移民的现象，通过移出国和移入国的收入差距来探讨移民进出马来西亚的原因，④ 较少探讨马来西亚国际移民背后的民族国家建构因素，而从文明冲突的视角来观察马来西亚国际移民的状况是对当前学界研究的一种有益补充。

1997 年东南亚金融危机之前，出于经济上的需求和维持马来人政治上优势的考虑，巫统政府不仅欢迎印尼劳工，而且主动开放马来人的边界接纳印尼移民。东南亚金融危机期间，马来西亚开始减少对印尼劳工的过度依赖，在政府的刻意管理之下，印尼劳工在外劳市场中的比重大幅下降。

由于地理相近、语言相通、文化相似，马来西亚和印尼同属于马来世界。马来西亚历史上辉煌百年的马六甲王国据说是由来自印尼苏门答腊岛的王族所建立。苏门答腊岛东海岸与马来半岛在贸易和文化上曾紧密地结合在一起，而苏门答腊岛、马来半岛和其他马来群岛之间的移民很早就开

---

① 马来西亚实行的是议会民主制，在 2018 年大选之前，巫统是执政党联盟中最大的政党，处于支配地位，所以学界也将马来西亚政府称为巫统政府。

② 马来西亚每个适龄（15～49 岁）妇女的生育率总趋势在下降，1971 年的生育率高达 4.9。2014 年的生育率已下降为 2，正好处在人口替代的水平线。但是每个族群的生育率差别较大，如 2014 年土著的生育率为 2.6，华人、印度人的生育率同为 1.4。参见 Department of Statistics Malaysia, *Vital Statistics*, *Malaysia*, 2014, 31 December 2015, p. 2。

③ 1957 年，马来人仅仅接近人口总数的 50%，而华人占 37%，印度人占 12%。（参见陈晓律等《马来西亚：多元文化中的民主与权威》，成都，四川人民出版社，2000，第 144 页）2016 年，以马来人为主的土著占人口总数的 68.6%，华人为 23.4%，印度人为 7%。（参见 Department of Statistics Malaysia, *Current Population Estimates*, *Malaysia*, *2014~2016*, 22 July 2016, p. 3）

④ 关于马来西亚国际移民的论文有 Graeme Hugo 的 *Migration and development in Malaysia*：*An emigration perspective*，Alice M. Nah 的 *Globalization*, *sovereignty and immigration control*：*The hierarchy of rights for migrant workers in Malaysia*，康晓丽《战后马来西亚华人再移民：数量估算与原因分析》等。

始了。西方殖民国家来到东南亚后，武断地将马来半岛和苏门答腊岛东海岸之间形成的文化统一体割裂开来，这为今日马来西亚和印尼的边界奠定了基础。

马来世界在 19 世纪被分割成"荷兰人势力范围"和"英国人势力范围"，但是两个"势力范围"之间的个人和家庭的亲属纽带关系依然存在。历史上对半岛马来人口增长做出重要贡献的就是来自印尼的移民，这一点已为散居在整个马来半岛的爪哇村、布吉斯人村、米南加保人村所证实。"1931 年，生活在以前受保护各邦的 59.4 万马来人中有 24.4 万人，或者是尼德兰东印度第一代移民，或者是 1891 年后印度尼西亚移民的后裔。"① 由于印尼移民与马来人都讲马来语和信奉伊斯兰教，以及拥有相似的体貌特征，英国殖民政府倾向将印尼移民划归马来社会。英国殖民政府在 1913 年的《马来人保留地法案》中第一次对马来人做了明确规定，将任何属于马来种族、习惯讲马来语或者其他任何马来语，并且信仰伊斯兰教的人视为马来人。

建国初期，马来人与非马来人都约占总人口的一半，三大族群在不同的领域里各有所长，马来人政治上有优势，华人在经济领域一枝独秀，印度人在种植业领域有所长，马来人与非马来人基本上处于势均力敌的局面。在马来西亚议会民主制中，人口多就意味着选票多，意味着政治上占优势。在那些非马来人人口可能随时超过马来人的日子里，印尼移民被视为增加马来人口不可或缺的一个重要群体。

20 世纪 70 年代，马来西亚经济快速发展，劳动力市场出现分化，人们逐步从低收入的农业部门转向较高收入的制造业、服务业部门，结果是种植业、建筑业和家政服务业出现严重缺人的情形。印尼是东南亚人口最多的国家，它的经济不足以吸纳全部的劳动力，并且印尼经济与马来西亚相比仍然存在着较大差距。在推拉的作用下，印尼劳工大批进入马来西亚。

马来西亚还从泰国、越南、菲律宾和孟加拉国引进劳工，但是马来西亚偏爱印尼劳工，这是因为两国文化相似、语言相通。印尼劳工与当地雇主基本上可以做到沟通无碍，这大大降低了经济成本，提高了工作效率，并且印尼劳工比较容易融入马来社会，增加马来人口和扩大马来人在政治上的优势。"20 世纪 70、80 年代，来自印尼的移民很容易获得马来西亚

---

① 〔美〕芭芭拉·沃森·安达娅、伦纳德·安达娅：《马来西亚史》，黄秋迪译，北京，中国大百科全书出版社，2010，第 217 页。

永久居民的地位（一般在 3 到 6 个月）。"① 印尼移民没有什么困难就拥有了马来人的新身份，到下一代，他们的子女就成为"纯"马来人，成为受欢迎的种族成员。② 可以说，在 1997 年东南亚金融危机之前，马来西亚对印尼劳工采取了欢迎的态度，但危机后，马来西亚对印尼劳工的态度发生了改变，从欢迎到限制。③

马来西亚对印尼劳工的态度之所以发生转变，原因主要有三：第一，当金融危机波及马来西亚，马来西亚经济严重受挫，出现了大量失业人口，困难时期要优先保证本国人就业；第二，印尼劳工在马来西亚外劳市场中的比重达六成以上，马来西亚需要摆脱对印尼劳工的过度依赖，增强本国的自主性；第三，以马来人为主的土著在全国人口中的比重稳步上升，20 世纪 90 年代接近 60%，有利的选区划分更加凸显了马来人在政治上的巨大优势，1995 年马来人在全国 144 个选区中有 101 个选区占据了人口多数。④ 在这些因素的共同作用下，马来西亚对印尼外劳不再像以前那么宽容。

马来西亚转而关注印尼外劳的负面影响。东南亚金融危机期间，非法印尼劳工在多个关押地发生暴乱，严重影响了当地的秩序和安全。《新海峡时报》在 2002 年 6 月 1 日的报道中指出，大部分偷盗、强奸和谋杀的案件与印尼劳工有关。⑤ 2002 年，马来西亚实施"印尼劳工的最后雇佣"政策，遣返了大批印尼劳工，在遣返的过程中，由于管理不当，导致几十名印尼劳工死亡。这遭到了印尼的激烈批评，印尼指责马来西亚在经济不景气的时候，驱赶印尼劳工的做法是不负责任的。两国因为劳工问题一时紧张起来。

东南亚金融危机期间，马来西亚一度全面停止引进劳工，希望优先保证本国公民就业，但是马来西亚人大都不愿意从事外劳所做的工作。在雇主强烈的反对下，马来西亚被迫解除禁令。与此同时，马来西亚强力扫除非法外劳，许多非法劳工不得不以合法身份在马来西亚工作，最后的结果是印尼合法劳工在外劳市场中的比重大幅上升，从 1999 年的 65.7% 上升

---

① Alice M. Nah, Globalization, 2012："Sovereignty and Immigration Control：The Hierarchy of Rights for Migrant Workers in Malaysia", *Asian Journal of Social Science*, Vol. 40, p. 497.

② 〔美〕芭芭拉·沃森·安达娅、伦纳德·安达娅：《马来西亚史》，黄秋迪译，北京，中国大百科全书出版社，2010，第 404~405 页。

③ 林梅：《马来西亚的印尼劳工问题》，《当代亚太》2006 年第 10 期。

④ 〔美〕芭芭拉·沃森·安达娅、伦纳德·安达娅：《马来西亚史》，黄秋迪译，北京，中国大百科全书出版社，2010，第 388 页。

⑤ 林梅：《马来西亚的印尼劳工问题》，《当代亚太》2006 年第 10 期。

至 2000 年的 74.8%。① 2002 年，马来西亚开始推进一系列政策以减少印尼劳工。这些政策包括鼓励企业引进其他国家的劳工，鼓励企业以最后顺位雇佣印尼劳工等。在政府的刻意管理下，印尼劳工的比重逐年减少。据马来西亚人力资源部统计，截至 2015 年 12 月，马来西亚合法外劳共计 2135035 人，其中印尼劳工有 828283 人，② 印尼劳工所占比例仅为 38%。

印尼劳工在外劳市场中的比重大幅下降，但是外劳在马来西亚劳动力市场中的比重在上升，马来西亚经济越来越依赖外劳。2016 年 2 月，马来西亚人力资源部部长里察烈指出，在马国 10 名合法外劳中就有 8 名非法外劳，马来西亚目前约有 170 万非法外劳，213 万合法外劳，总劳力共计 1530 万。③ 这就是说，合法外劳与非法外劳加起来，二者在马来西亚劳动力市场中的比重约为 25%。然而各方对于马来西亚究竟有多少外劳的看法不同。马来西亚雇主联合会认为，马来西亚有非法外劳 400 万，而非官方的 170 万，马来西亚外劳总计超过 600 万。④

第二节　华人移民与民族国家建构

大部分华人是在建国前移居马来西亚的。在巫统主导下的民族国家建构的论述中，华人非"大地之子"，永远是移民身份，无法享有与当地土著马来人平等的地位。在这种情形下，华人专业人才和技术人才纷纷移居第三国，这对旨在成为高收入国家的马来西亚提出了严峻挑战。

鸦片战争后，中国进入转型期，传统经济与资本主义经济并存，半殖民地化与近代化相伴，外敌入侵和内部变革交错，社会经历了深度震荡。⑤ 在外国资本主义经济侵袭下，沿海地区传统经济瓦解，时逢太平天国起义，战祸不断，人们生活日趋困苦，游离于生产的失业者逐年增加，

① 赖可欣：《马来西亚之印尼籍基础劳工运用》，硕士学位论文，新北淡江大学，2010，第 23 页。

② 《马国内长：引进外劳政策并非朝令夕改》，http：//www.zaobao.com/news/sea/story 20160221 - 583700，2016 年 8 月 16 日。

③ 《阿末扎希称为评估各领域人力需求　马国决定展延引进外劳》，http：//www.zaobao.com/news/sea/story20160220 - 583407，2016 年 8 月 16 日。

④ 《马国内长：引进外劳政策并非朝令夕改》，http：//www.zaobao.com/news/sea/story 20160221 - 583700，2016 年 8 月 17 日。

⑤ 杨国桢、郑甫弘、孙谦：《明清中国沿海社会与海外移民》，北京，高等教育出版社，1997，第 38 页。

人口过剩与土地不足的矛盾更加突出。英国彼时正在开发马来亚，亟需更多的劳动力。在内外力的推拉下，广东、福建一带的民众纷纷远渡重洋来到马来亚。

华人到马来亚后，展开了艰苦卓绝的拓荒工作，在锡矿业、种植园、贸易等领域大展身手，在当地建起一座座城镇，为当地经济发展打下了坚实的基础。第二次世界大战后，各国纷纷谋求摆脱殖民统治，争取独立。马来半岛的马来人、华人和印度人也加入了这股民族解放的潮流。马来人与非马来人的政治精英在建国前达成协议：确保马来人在政治上的主导地位，同时保证向非马来人开放公民权及不干预非马来人的经济。① 1957年，在华人、马来人和印度人的共同努力下，马来亚取得独立。1963年，马来亚扩展为马来西亚。

随着时间的推移，马来人与华人都愈来愈不满于建国时达成的"马来人主政、华人经商"的契约。1969年，马来人与华人之间爆发了建国后最为激烈的一次冲突——"五·一三"事件。"五·一三"事件后，马来人加快了马来民族国家的建构进程，因为在马来人看来，此时的马来西亚只是名义上的马来人国家，并没有落在实处。② 独立宪法规定了国家今后的仪式和实质的基础应立足于马来文化和马来政治的遗产，但是这在国家的政治、经济、教育领域并没有充分体现出来。马来西亚当时仍然没有建立起以马来语为主要教学媒介语的国民教育体系，国内还存在着许多以英语、华语、印度语为教学媒介语的学校。此时马来人在经济上也没有多大改善，多数马来人依然待在农村，1970年马来人在农村人口中的比例为63.4%，华人的人口比例则为26.1%，同一时期，马来人在城市人口中的比例为27.4%，而华人的人口比例则为58.7%，③ 这表明马来西亚的贫富差距与族群有着一定的联系，马来人与华人在经济领域有着较大的结构性差异。

"五·一三"事件后，巫统进一步加紧了对政治的控制，推出了全面扶持马来人的"新经济政策"，同时极力排斥华文教育和华人文化。华人

---

① Edmund Terence Gomez, 1990: *Politics in Business: UMNO's Corporate Investments*, Kuala Lumpur: Forum Enterprise, p. 4.

② "五·一三"事件给马来西亚社会带来了前所未有的震撼，引发了不同群体对时局的反思。马来青年学生对此进行了热烈的讨论，在1969年8月中旬，马来西亚学生行动阵线发布了一个特别公告：首相应为五月份的暴力冲突负责，因为他没有按照马来人解释的宪法来管理国家。参见 Zainah Anwar, 1987: *Islamic Revivalism in Malaysia: Dakwah among the Students*, Petaling Jaya: Pelanduk Publications, p. 11。

③ Government of Malaysia, 1973: *Mid-Term Review of the Second Malaysia Plan, 1971～1975*, Kuala Lumpur: Government Printer, p. 25.

在政治、经济、教育和文化等领域全面受限，纷纷向海外移民。20世纪90年代，马来西亚政府调整了对华人的政策，但这与华人的期望仍有较大的差距。

新加坡是吸引马来西亚华人移民人数最多的国家。新加坡没有公开过马来西亚华人移民的数据，但是我们依然可以从新加坡的人口普查中大致推算出来，见表7-1。新加坡历次的人口普查都会提供国外出生人口的相关数据，但这种人口普查数据有较大的缺陷，因为它不会将人口普查间隔期死亡的移民以及移入后不久又移出的移民计算在内，并且1990年之前的人口普查，没有将永久定居的外国人和短期逗留（学习或工作）后又回去的外国人区分开来。

表7-1　　**新加坡居民中出生于马来西亚的人口分布**（1957~2010）

	1957	1970	1980	1990	2000	2010
马来西亚	128548	187192	233162	194929	303828	385979

数据来源：苏瑞福：《新加坡人口研究》，第68、70页。*Census of Population* 2000 *Statistical Release* 1：*Demographic Characteristics*，Singapore Department of Statistics，2001，Table 8. *Census of Population* 2010 *Statistical Release* 1：*Demographic Characteristics*，*Education*，*Language and Religion*，Singapore Department of Statistics，2011，Table 8.

从表7-1中可以看出，相比1980年，马来西亚移民在1990年不增反减，主要原因是统计标准出现了变化。从1990开始，新加坡的人口普查仅仅将常住居民列入统计表格，而将非常住人口排除在外。其实，这种数据更为可靠，因为它仅仅包括了那些在新加坡永久定居的国外出生人口，而没有包括那些暂时进入新加坡的非常住人口。

据表7-1推算，从1957年到2010年，马来西亚共向新加坡移民257431，其中大部分是华人。如2000年的新加坡人口普查，在303828人的马来西亚移民中，华人为258406，马来人为28184，印度人为15317人，其他族群为1921，[1] 华人约占移民总数的85%；2010年在385979人的马来西亚移民中，华人为338501，马来人为25036，印度人为20483，其他族群为1959，[2] 华人移民约占移民总数的88%。可见华人占据了移民

---

[1]　*Census of Population* 2000 *Statistical Release* 1：*Demographic Characteristics*，Singapore Department of Statistics，2001，Table 9.

[2]　*Census of Population* 2010 *Statistical Release* 1：*Demographic Characteristics*，*Education*，*Language and Religion*，Singapore Department of Statistics，2011，Table 9.

的大部分。从以上数据还可推知，从 2000 年到 2010 年，马来西亚华人向新加坡移民 80095 人，而一些马来人回到了马来西亚或到了第三国，因为这十年间出生于马来西亚的马来人少了 3148 人，而马来西亚的印度人则向新加坡移民 5166 人。

澳大利亚是吸收马来西亚移民人数居第二的国家。据统计部门 2015 年 6 月的估算，澳大利亚的常住居民中在马来西亚出生的有 156500 人。[①] 另据 2006 年的人口普查统计，在马来西亚出生的常住居民中大约三分之二（62.7%）有华人血统，11.7% 有马来人血统，5.7% 有印度人血统，4.7% 有英国人血统，剩余的移民没有讲自己的血统。这也反映在马来西亚出生人口的家庭用语上，几乎一半的马来西亚出生人口在家里讲普通话（20.2%）或广东话（26.4%）。[②] 2006 年的人口普查与以往的人口普查大体一致，华人约占马来西亚移民的三分之二。华人移居澳大利亚的阶段性特征较为明显。20 世纪 70~80 年代，华人在马来西亚全面受限，这一时期是华人移民澳大利亚的高峰期，随着 90 年代马来西亚政府对华人的政策进行调整，华人向澳大利亚移民的势头有所减弱，但 21 世纪的前十年移民又开始增多。

澳大利亚学者雨果（Hugo）认为，马来西亚移民中相当部分是高层次人才。在 2006 年的人口普查中，15 岁以上马来西亚出生的人口中超过 40% 拥有大学或大学以上的学位，而澳大利亚成年人口中只有 15% 拥有大学或大学以上的学位；在工作岗位上，在马来西亚出生的工作者更多集中在专业性职业，每 10 个马来西亚出生的工作者有 4 个从事专业性职业，而澳大利亚只有 2 个从事专业性职业；在马来西亚出生的工作者的工资在澳大利亚是比较高的，2006 年在马来西亚出生的工作者周收入的中位数是 557 澳元，而澳大利亚所有工作者的周收入中位数是 466 澳元，所有海外出生的工作者的周收入中位数是 431 澳元，在澳大利亚出生的工作者周收入的中位数是 488 澳元。[③] 可见，马来西亚移民中相当部分是高学历、高技术、高收入群体。

高层次人才的流失往往不利于国家竞争力的提升。20 世纪 70~80 年

---

① Australian Bureau of Statistics, *Migration*, *Australia*, 2014~15, http：//www. abs. gov. au/ausstats/abs@. nsf/mf/3412. 0/, 2017~10~11.

② Graeme Hugo, "Migration and Development in Malaysia：An Emigration Perspective", *Asian Population Studies*, Vol. 7, NO. 3, November 2011, p. 225.

③ Graeme Hugo, "Migration and Development in Malaysia：An Emigration Perspective", *Asian Population Studies*, Vol. 7, NO. 3, November 2011, pp. 226~227.

代，马来西亚政府正在大力推进马来民族国家建构，而对于华人人才的流失，马来西亚政府并不觉得是遗憾。20世纪70年代初期，李光耀告诉马来西亚首相拉扎克，马来西亚受过高等教育的华人、印度人，很多移民到了澳大利亚和新西兰，使马来西亚蒙受了人才外流的损失，他却回答说："这不是'人才外流'，是'麻烦外流'，把麻烦都排出马来西亚。"①

除了新加坡和澳大利亚外，英国、美国、加拿大、新西兰、文莱也是华人移民较多的国家。关于华人再移民的数据，马来西亚政府并没有公布。有学者根据马来西亚数次人口普查和人口自然增长率，估算出1957~2010年，马来西亚华人再移民总数约达113万人。② 马来西亚华人向海外移民的数量庞大，并且很多是专业技术人才。据世界银行保守估计，2010年马来西亚有海外移民一百万，过去30年来，马来西亚海外移民已经增长了4倍，而三分之一的海外移民是有专长的人才，新加坡是吸收马来西亚人才最多的国家。③ 2011年2月，世界银行对194名在海外居留的人士进行调查，受访者表示留在国外的主要原因是经济以及马来西亚缺乏公正。受访者居留海外的原因中，66%的人为了事业，60%认为马来西亚缺乏社会公义，54%为了报酬，30%是留学后在当地居留，28%的人因为安全和治安，23%由于政治因素，19%是留学后又回流和12%认可国外的宜居性。④

流失如此多的人才对马来西亚的长远发展来说是极为不利的。20世纪70年代，马来西亚成为中等收入国家，至今仍然无法跨越中等收入陷阱，成为高收入国家。⑤ 政府也意识到国家依靠低成本的竞争优势难以为继，要想成为高收入国家，就需要转向高附加值和知识密集型产业。⑥ 为此，前首相纳吉布曾提出，马来西亚欲成为高收入国家，重要的是在于拥有一支具有全球竞争力、创造力和革新力的劳动队伍，需要采用一套完整

---

① 〔新加坡〕李光耀：《经济腾飞路：李光耀回忆录：1965~2000》，北京，外文出版社，2001，第136页。

② 康晓丽：《战后马来西亚华人再移民：数量估算与原因分析》，《华侨华人历史研究》2012年第3期。

③ World Bank, *Malaysia Economic Monitor*, *Brain Drain*, April 2011, p. 12.

④ World Bank, *Malaysia Economic Monitor*, *Brain Drain*, April 2011, p. 121.

⑤ 2016年世界银行将人均国民收入介于1045美元到12736美元的国家列为中等收入国家，中等偏上国家与中等偏下国家的分界点是4125美元，马来西亚是中等偏上国家。参见http://data.worldbank.org/about/country-and-lending-groups#High_income，2016年4月3日。

⑥ The Economic Planning Unit, Prime Minister's Department, *Tenth Malaysia Plan 2011~2015*, 2010, p. 14.

的措施来培育、吸引和保有来自第一世界的人才库。①

　　为吸引海外人才，马来西亚政府简化了有专长的外籍人士来马工作的签证手续，并为这些外籍人士发放居住签证。持有居住签证的外籍人士不仅可以更换雇主，而且可以通过积分系统申请成为永久居民，外籍人士的配偶和子女也可来马来西亚学习和工作。据统计，2010 年马来半岛有 32583 位外籍人士。② 在 2002 年，马来西亚政府为吸引外国资金、促进旅游、发展经济推出了"马来西亚第二家园"项目，目的是让拥有一定资金的外籍人士可以多次入境，以便长期居住在马来西亚。2009 年，参与"马来西亚第二家园"项目的外籍人士在一定条件下可以兼职。从 2002 年到 2016 年 6 月，共有 30194 位外籍人士参与了该项目，其中来自中国的占 24%、日本 13.2%、孟加拉国 10.9%、英国 7.6%、伊朗 4.4%、新加坡 4%。③

　　与马来西亚能够吸收有限的海外人才相比，马来西亚海外移民是更大的人才宝库。流失海外的移民实际上对于马来西亚有着深厚的感情，只要国家的情况令他们满意，许多人还是愿意回到马来西亚，贡献自己的才智。

第三节　沙巴州菲律宾穆斯林移民与民族国家建构

　　周边地区的穆斯林进入沙巴及部分变身马来西亚公民的情况对沙巴的族群结构产生了重大影响。沙巴穆斯林群体的壮大，为巫统进入沙巴乃至在较长时间内控制州政权提供了方便。

　　1963 年，沙巴同沙捞越、新加坡、马来亚共同组成马来西亚联邦，两年后，新加坡退出联邦。当初为了吸引沙巴和沙捞越加入马来西亚，联邦政府允许沙巴和沙捞越拥有管理移民的权力，包括来自西马的马来西亚公民。

　　穆斯塔法（Mustafa）1967 年出任沙巴首席部长时，沙巴开始出现大量穆斯林移民。穆斯塔法是一位出生在菲律宾南部苏禄群岛的穆斯林，他公开支持由穆斯林组成的以摆脱菲律宾统治为目的的摩洛国家解放阵线。

① The Economic Planning Unit, Prime Minister's Department, *Tenth Malaysia Plan 2011~2015*, Foreword, 2010.

② World Bank, *Malaysia Economic Monitor*, *Brain Drain*, April 2011, p. 130.

③ http://www. mm2h. gov. my/index. php/en/home/programme/statistics，2016 年 7 月 8 日。

当摩洛国家解放阵线与菲律宾政府发生交战时，众多穆斯林涌向近邻沙巴，穆斯塔法为他们提供保护和支持。穆斯塔法通过伊斯兰化政策来巩固自己在沙巴的统治，他仿效马来半岛各州成立伊斯兰教理事会，建立沙巴伊斯兰教统一联合会，热衷于将非穆斯林皈依伊斯兰教的事业。联邦政府虽然乐于见到伊斯兰教在沙巴的扩展，但是发现穆斯塔法有将沙巴独立出去的苗头后，就撤回了对他的支持，改为支持另一位政治人物哈里斯。

哈里斯从 1976 年到 1985 年担任沙巴首席部长，他是巴基斯坦人和马来人的后裔。哈里斯治下的沙巴，周边的穆斯林仍然不断进入沙巴，逐渐引起了沙巴最大族群卡达山人（Kadazandusun）的警惕。卡达山人是当地土著，大多信仰基督教，与信仰伊斯兰教的马来人有较大的不同。卡达山人一直担忧州政府的伊斯兰化政策以及不断增长的穆斯林人口带来的威胁，于是在 1985 年卡达山人成立了自己的政党——沙巴团结党，拜林为党的领袖。

在卡达山人和华人的帮助下，沙巴团结党赢得了 1985 年的州选。拜林从 1985 年到 1994 年担任沙巴州首席部长，主张严格控制移民。出于政治上的权宜之策，沙巴团结党在 1986 年宣布加入以巫统为首的执政党联盟——国民阵线，但在 1990 年的全国大选中，沙巴团结党宣布脱离国民阵线，加入了马哈蒂尔的政治对手——东姑拉沙里为首的人民联合阵线。马哈蒂尔将这一举动形容为"背后插了一刀"，立即宣布在沙巴成立巫统支会。在沙巴巫统的带领下，沙巴国民阵线通过各种手段，终于在 1994 年的州选中夺得政权，在随后的几次州选中，沙巴国民阵线都赢得了选举，直至 2018 年大选，沙巴国民阵线政府跟着联邦政府一起垮台。

巫统之所以能够进入沙巴且不断扩充势力，除了巫统拥有庞大的政治经济资源以及沙巴团结党自身分裂的原因外，也在于巫统仿效穆斯塔法，不断吸收穆斯林移民，扩大穆斯林群体，改变了沙巴的族群结构。1960 年在北婆罗洲（沙巴旧称），信仰伊斯兰教的人有 37.9%，信仰万物有灵论的人有 33.3%，信仰基督教的人有 16.6%，信仰其他的则有 12.2%；2010 年在沙巴，信仰伊斯兰教的人有 65.4%，信仰基督教的人有 26.6%，信仰佛教的人有 6.1%，信仰其他的人有 1.6%，没有信仰的人有 0.3%。① 由于各族群人口增减不一，沙巴的族群结构发生了巨变。沙巴最大的族群卡达山人 1960 年在沙巴的人口比例为 32%，在 2010 时仅占 17.82%；曾经的第二大族群华人 1960 年在沙巴的人口比例为 23%，2010

---

① https://en.wikipedia.org/wiki/Sabah，2017 年 3 月 23 日。

年仅占 9.11%；而马来人可以说是从无到有，马来人 1960 年在沙巴的人口比例仅为 0.4%，2010 的人口比例已上升为 5.71%。① 沙巴马来人的人口增长迅速，1991 年人口普查时有 106740 人，2010 年人口普查时已达 178029 人，增幅将近 67%。②

沙巴马来人口迅速增加的情况和巫统放开马来人的边界有关。马来西亚宪法中将马来人定义为信仰伊斯兰教、习惯讲马来语、遵守马来习俗者。③ 当年巫统进入沙巴对抗沙巴团结党时，巫统将马来人的边界放宽，变成只要是土著（最好是穆斯林），就能加入，成为"我"，以对抗非穆斯林土著的"非我"。④ 虽然土著和马来人都属于"大地之子"（Bumiputra），按照宪法都可享有特权，但在以马来人为主的国家里，马来人显然比其他土著拥有更多的优势，于是许多土著纷纷加入马来人。

在沙巴，信仰伊斯兰教的还有巴夭（Bajau）、苏禄（Sulu）等族群，此外沙巴的外国移民也多是穆斯林，大都来自菲律宾南部和印度尼西亚。根据 2010 年马来西亚人口普查，沙巴的非马来西亚公民有 867190，占沙巴总人口的 27.8%，⑤ 成为沙巴第一大群体。

历史上，沙巴和沙捞越与周边地区曾经紧密地结合在一起。近代西方殖民国家的到来才打破了这一局面，确立了今日马来西亚、菲律宾和印度尼西亚的地理边界，但是沙巴、沙捞越与周边地区的语言、亲属关系难以割断。对于来自菲律宾和印度尼西亚的亲属，当地居民往往乐于提供帮助和支持，一些外国移民借此变身为马来西亚公民。马来西亚人类学学者陈志明 1990 年在沙捞越进行田野调查，发现一些克拉比特人是从加里曼丹过来的卡拉延（Kerayan，与克拉比特接近的一个族群）移民，不过当地人允许他们与克拉比特人形成认同意识，以便成为马来西亚公民。⑥

为了对抗沙巴团结党，巫统在沙巴不断扩大穆斯林群体。巫统除了归

①　https://en.wikipedia.org/wiki/Sabah，2017 年 3 月 23 日。

②　马来西亚统计局 eDatabank 数据库：https://www.dosm.gov.my/v1/index.php? r = column/cthree&menu_ id = cEhBV0xzWll6WTRjdkJienhoR290QT09，2018 年 1 月 2 日。

③　《马来西亚联合邦宪法》，〔马〕黄士春译，吉隆坡，信障达法律翻译出版社，1986，第 113 页。

④　〔马〕陈泓缣：《沙巴政党政治简评》，载孙和声、唐南发主编《风云五十年：马来西亚政党政治》，吉隆坡，燧人民事业出版社，2007，第 165 页。

⑤　马来西亚统计局 eDatabank 数据库：https://www.dosm.gov.my/v1/index.php? r = column/cthree&menu_ id = cEhBV0xzWll6WTRjdkJienhoR290QT09，2018 年 1 月 5 日。

⑥　〔马〕陈志明：《族群认同与国家认同：以马来西亚为例（下）》，罗左毅译，《广西民族学院学报（哲学社会科学版）》2002 年第 6 期。

化当地土著外，外国穆斯林移民也是它的重要目标。在沙巴，当地盛传巫统 90 年代有一个"身份证计划"，或称"M 计划"（M 是马哈蒂尔的简称）。该计划发出大量身份证给外国穆斯林移民，沙巴穆斯林选民于是大幅度增加。沙巴过多的外国移民给当地人的生活工作带来了诸多问题。①2012 年，马来西亚成立皇家调查委员会，调查沙巴人口激增的原因和外国移民变身公民的问题。在出席听证会时，马哈蒂尔否认了该计划的存在。然而据沙巴移民问题研究专家庄永谅估算，截至 2010 年，多达 75 万外国移民及其后裔从"身份证计划"中获益，得以长住沙巴，沙巴选民册内至少有 20 万外国移民。②

沙巴州松散的管理为外国移民获取马来西亚身份证提供了便利。从1987 年始，马来西亚公民办理身份证需要出生证，父母应在婴儿出生的42 天内向政府登记。这对于地处内陆和偏远小岛的人们来说是较为困难的。如果逾期，政府需要核实情况，会寻求社区领导、农村头人的帮助，这些人则有可能被贿赂而做出伪证，政府最后将身份证签发给了外国移民。基于政治层面的因素，联邦政府默认了外国移民的欺骗活动。沙巴前检察总长 Herman Luping 曾说："沙巴人普遍相信巫统和沙统（沙巴前首席部长穆斯塔法建立的政党）的领导人都想让这些人（非法移民）留下来变身为公民以投票支持穆斯林为基础的政党。"③

总之，沙巴人口的增长速度远超沙捞越州和全国平均水平。1970 年沙巴州的人口为 653304，④ 2010 年的人口为 2250215（不包括外国移民），⑤ 增加了约 3.4 倍；1970 年沙捞越州的人口为 976269，⑥ 2010 年的

---

① 2012 年 9 月，默迪卡民意调查中心对沙巴进行调查，20% 的受访者认为非法移民是沙巴当下最需要解决的问题，非法移民问题在所有问题中关注度最高，但是不同的群体对这个问题的感受不同，28% 非穆斯林土著受访者和 20% 的华人受访者认为非法移民是当下最需要解决的问题，而只有 16% 的穆斯林土著受访者认同这一点。参见 Merdeka Center for Opinion Research, *Sabah State Voter Opinion Survey*, 6th ~ 17th September 2012。

② 《指控沙巴首长涉身份证计划　庄永谅称 75 万外国移民受益》，http：//www. malaysiaki-ni. com/news/164437，2016 年 5 月 20 日。

③ Kamal Sadiq, 2005："When States Prefer Non-Citizens over Citizens：Conflict Over Illegal Immigration into Malaysia", *International Studies Quarterly*, Vol. 49，p. 116.

④ 各年人口普查报告书，转引自〔马〕林水檺、何国忠、何启良、赖观福合编《马来西亚华人史新编》（第一册），吉隆坡，马来西亚中华大会堂总会，1998，第 261 页。

⑤ 马来西亚统计局 eDatabank 数据库：https：//www. dosm. gov. my/v1/index. php？r = column/cthree&menu_ id = cEhBV0xzWll6WTRjdkJienhoR290QT09，2018 年 1 月 6 日。

⑥ 各年人口普查报告书，转引自〔马〕林水檺、何国忠、何启良、赖观福合编《马来西亚华人史新编》（第一册），吉隆坡，马来西亚中华大会堂总会，1998，第 261 页。

人口为 2286067（不包括外国移民），[①] 增加了约 2.3 倍，而从 1970 年到 2010 年马来西亚的人口增加了约 2.6 倍。[②]

本章小结

在全球化背景下，巫统政府有意选择和接纳与马来人有着相似文化的印尼移民和菲律宾南部移民，而对马来西亚华人进行一定的限制和排斥，于是大量华人移往第三国，在一定程度上帮助了以马来人为主的土著从建国初全国人口的一半上升到今天的近七成，而华人则从近四成下降到今天的两成多一点，这意味着马来西亚正在从曾经的以马来人、华人为主的双族群社会逐渐转向以马来人为主的多族群社会。马来人与华人也从当初的政治、经济各有优势，两者力量不相上下转变为马来人在政治、经济、教育、文化等各个领域处于支配地位，马来西亚正在成为一个马来民族国家。

民族国家本质上是以民族对国家的认同为基础的主权国家，而要全面实现和巩固民族对国家的认同，国家就不能只属于某些人，而应该属于这个国家的所有人或民族的所有成员，即属于全体人民。[③] 马来人一向认为自己拥有国家的主权，华人和印度人是曾经的移民，非"大地之子"，从而在马来西亚形成了"一个国家、两种公民"的情况，这种狭隘的民族国家定位影响了其他族群对国家的认同，无法激发所有族群巨大的创造活力，从而使马来西亚在激烈的国家竞争中处于劣势。马来西亚如要吸收海外高技术人才回国，就需要修改马来人优先的政策，因为马来西亚海外移民大多是非马来人。

[①] 马来西亚统计局 eDatabank 数据库：https：//www. dosm. gov. my/v1/index. php？r = column/cthree&menu_ id = cEhBV0xzWll6WTRjdkJienhoR290QT09，2018 年 1 月 9 日。

[②] 1970 年马来西亚的人口为 10881800，2010 年的人口为 28588600，增加了约 2.6 倍。参见 bppd-Population_ of_ Malaysia_ 1891～2015，http：//www. statistics. gov. my，2017 年 12 月 2 日。

[③] 周平：《对民族国家的再认识》，《政治学研究》2009 年第 4 期。

第八章 马来西亚与新加坡、菲律宾民族国家建构比较研究

第一节 新加坡的民族国家建构

民族国家建构在一定程度上是要解决"谁的国家"的问题。新加坡的民族国家建构理念可以追溯至新马合并时的"马来西亚人的马来西亚"。新马分离后,新加坡并不急于将各族群整合成一个民族,而是努力构建个人和族群对国家的认同。新加坡对华人宗乡社团进行改造、取代,将华人还原成个体的公民直接与之接触。新加坡将英语作为工作语言,力图为各族打造一个公平竞争的环境,同时将马来语、华语、泰米尔语确立为具有官方地位的语言,为各族表达差异、发展文化留下了空间。新加坡还着眼于提升落后的马来人的竞争力,在一定时间内优待马来人,肯定少数族群的文化,将国家建成保护华人、马来人和印度人的政治屋顶。

一 问题的提出

新加坡地处东南亚心脏地带,随着新马分家,变成了一个没有躯体的心脏,而地处东西方交通要道的新加坡人员流动频繁,栖居此地的人们大都是逐利而来。在这样的根基上建国,如何将华人、马来人和印度人紧密团结起来,打造他们的国家认同,成为这个新生国家能否生存下去的关键问题。因为稍有不慎,族群问题就可能引发外部干涉,马来人在国内是少数族群,但是新加坡处在马来世界的包围之中。

如何在多族群的基础上建构一个民族国家,这是新加坡面临的一项任重而道远的任务。经过半个世纪的民族国家建构,当前新加坡族群关系和谐。不同族群比邻而居,不仅相安无事,还能互相往来,组屋楼下有时举行不同风俗的婚丧仪式,不同宗教的居民都能彼此包容,相互参与,共同

生活。① 越来越多的新加坡人认同于新加坡，将新加坡视为祖国。这表明新加坡的民族国家建构初见成效，而这一成就在很大程度上要归功于建国前后新加坡政府对个人与国家、族群与族群、族群与国家等问题的处置得当。近十几年来有关我国民族理论、民族政策的讨论一直在学术界持续。在这些讨论中，新加坡民族国家建构情况被多次提及。② 本书主要从个人与国家的关系、族群与族群的关系、族群与国家的关系三方面来探讨 20 世纪中期新加坡民族国家建构的理念、政策和效果。

二　马来西亚人的马来西亚

新加坡的民族国家建构理念可以追溯至新马合并时期。基于当时多族群并存的现实，新加坡最重要的政党人民行动党认为马来西亚是马来西亚人的马来西亚，坚持建立一个各族群平等的多族群国家，而马来西亚当时最大的执政党巫统从历史的角度出发，认为马来人拥有原始主权，力主将马来西亚建成一个马来民族国家。

新加坡地处东南亚中心地带，经贸繁荣，历史上一直以马来亚为腹地。新、马两地都以马来人、华人和印度人为主，有着剪不断的亲缘关系。1957 年马来亚独立，新加坡仍处在英国统治之下，新马如能合并，新加坡还可以摆脱殖民统治，这一时期李光耀力主新加坡加入马来亚。第二次世界大战后，英国意识到殖民地的民族解放运动是大势所趋，为保护它在马来群岛的利益，英国支持殖民地沙巴、沙捞越和新加坡一道加入马来亚，此事也得到了马来亚首相东姑·拉赫曼的支持。在他看来，沙巴、沙捞越的土著和马来人一样，都是本地族群，可以减轻新加坡华人在人数上对马来人的冲击。1963 年马来西亚成立。

对于国家的未来，李光耀和同伴们提出了"马来西亚人的马来西亚"口号，他说："我们新加坡人，尤其是那些在马来亚出生，或是对马来亚怀着深厚感情的人，如杜进才、王邦文和拉惹勒南等，则决心建立一个多元种族的马来西亚人的马来西亚。"③ 对人民行动党而言，马来西亚是一

---

① 新加坡国家档案馆编：《李光耀执政方略》，北京，人民出版社，2015，第 114 页。

② 关于新加坡的民族国家建构情况参见郝时远、张海洋、马戎《构建新型民族关系郝时远、张海洋、马戎访谈》（《西北民族研究》2014 年第 1 期）；郝时远、朱伦、常士閤《热话题与冷思考——关于"国族—国家"建构与民族政治发展理论的对话》（《当代世界与社会主义》2013 年第 5 期）。

③ 〔新加坡〕李光耀：《风雨独立之路：李光耀回忆录》，北京，外文出版社，1998，第 389 页。

个多元种族的社会，这是基本国情和先决条件，今后马来西亚要成为什么样的国家，都离不开这个基础。

新马相处的过程并不愉快。在马来极端政治人物的鼓动下，1964 年新加坡发生了两次族群冲突。1965 年，双方又因马来人特权问题发生了激烈的争吵。与巫统合作无望的情况下，李光耀在 1965 年 5 月成立了马来西亚团结机构，发表了"马来西亚人的马来西亚"的宣言，该宣言称："马来西亚人的马来西亚意味着，这个国家不能同任何一个社群或种族的至高无上的地位、福利和利益画上等号。马来西亚人的马来西亚，是跟马来人的马来西亚、华人的马来西亚、达雅克人的马来西亚、印度人的马来西亚、卡达山人的马来西亚等等相对而言的。必须在所有种族的集体权利、利益和责任的架构上，保障与促进不同社群的特殊利益和合法利益。"① 对李光耀而言，各族群只有在平等的基础上，才可能和平相处和团结起来。对于马来西亚宪制，李光耀有着自己的理解，他这样说："我们对宪制主义和效忠有着既得利益，因为我们知道——在加入马来西亚之前便知道——如果我们有耐心，立场坚定，这部宪法必定意味着马来西亚民族的出现。"②

巫统对于马来西亚宪法有着截然不同的看法。在这部宪法中，马来语为国语，伊斯兰教为国教，马来人在诸多领域享有特殊照顾。在巫统看来，这部宪法意味着马来西亚今后的仪式和实质的基础必须立足于马来文化和马来政治的遗产，马来西亚是马来人的马来西亚。

巫统之所以坚持马来西亚是马来人的马来西亚，不与其他族群分享政治领导权有以下的原因。首先，从历史的角度出发，巫统认为马来人是土著，这片土地是他们祖先世代居住的地方，马来人享有原始主权，非马来人则是移民而来。其次，马来人在经济中处于弱势地位，在政治上需要特殊的保护和照顾。对于华人的竞争力，马来西亚前首相马哈蒂尔曾说："凡是马来人能做的，华人能做得更好和更便宜。不久，勤劳和坚强的华族移民，取代了马来人在小商业和各技术工作领域的地位。"③ 对于华人雄厚的经济实力，马来人认为"假如再加上政治权力，马来人将完全孤

---

① 〔新加坡〕李光耀：《风雨独立之路：李光耀回忆录》，北京，外文出版社，1998，第 477 页。

② 〔新加坡〕李光耀：《风雨独立之路：李光耀回忆录》，北京，外文出版社，1998，第 482 页。

③ Mahathir bin Monhamad, 1981: *The Malay Dilemma*, Kuala Lumpur: Federal Publications SDN BHD, p. 25.

立无援，任由华人摆布"①。因此，马来人绝不会与华人分享政治领导权。新马合并后，李光耀逐渐认识到了这一点，他说："马来领袖，包括东古（东姑·拉赫曼的简称，笔者加）在内，担心一旦同非马来人分享真正的政治权力，他们就会被压倒。问题的症结就在这里。"②

简言之，巫统主张马来人的马来西亚，人民行动党坚持马来西亚人的马来西亚，双方都计划将自己的理念扩展至整个马来西亚，冲突在所难免。1965 年，新马矛盾激化，"李光耀的《马来西亚是属于什么人的马来西亚》演讲及随后在国会中的论战彻底摧毁了新马和解的最后一丝希望"③。1965 年 8 月，新马分离，新加坡宣布独立，开始了自己民族国家建构的征程。

三　个人与国家的关系

在英属殖民地时期，殖民政府在新加坡采取分而治之和间接统治的政策，华人社会处于半自治状态。④ 华人必须建立自己的社团和组织，方能维持华人社会之运作。⑤ 建国后，新加坡政府废除了以往间接统治的做法，对华人宗乡社团进行改造、取代，组建了不分族群的全民性基层组织，建立国家与公民直接的联系。

殖民地时期，新加坡华人社会按照方言和宗亲体系组织起来，形成数百个在华人社会中起着举足轻重的作用的宗乡社团。规模较小的华人宗乡社团在方言的基础上联合起来形成了福建帮、潮州帮、广府帮、客家帮和海南帮等五大帮群。华人社会的结构基本上建立在"帮"的基础之上。"帮"是以方言和地缘关系为基础的最大的社会单位，以它们在经济、宗教、社会和教育等事务上的独立性为特征。⑥ 华人社会被帮群所分裂，不时发生冲突。1906 成立的中华总商会虽然其宗旨是保障华商利益，可是，实际上它一开始就是华社最高权力机构，并为各帮开展帮内及帮际之间的互动联系提供了一个正式平台。⑦

---

① Mahathir bin Monhamad, 1981: *The Malay Dilemma*, Kuala Lumpur: Federal Publications SDN BHD, p. 39.
② 〔新加坡〕李光耀：《风雨独立之路：李光耀回忆录》，北京，外文出版社，1998，第 9 页。
③ 庞卫东：《新加坡与马来西亚分离原因探析》，《史学月刊》2012 年第 9 期。
④ 吴凤斌：《东南亚华侨通史》，福州，福建人民出版社，1993，第 54～72 页。
⑤ 曾玲：《新加坡华人宗乡文化研究》，北京，中国社会科学出版社，2019，第 86 页。
⑥ 〔澳〕颜清湟：《新马华人社会史》，粟明鲜等译，北京，中国华侨出版公司，1991，第 299 页。
⑦ 〔新加坡〕林孝胜：《新华研究：帮群、人物、口述历史》，新加坡，青年书局，2007，第 33～58 页。

华人宗乡社团的主要功能包括处理同乡的身后事宜；为同乡的"新客"找工作，提供暂时的住处；设立神坛、祭祀神灵，在异乡寻求精神和心灵上的慰藉；创办学校，为华人子女提供教育。正是宗乡社团的存在才使得华人社会在陌生的国度得以存续。

新加坡建国后，政府为包括华人在内的全社会提供教育、医药护理、公共坟场和火化场以及老人院和收容所等一切公共服务设施。① 国会议员取代各族和社团的领袖，为人们排忧解难。新加坡废除了通过华人宗乡社团进行间接统治的做法，对华人宗乡社团进行限制、改造和取代，将华人还原成个体的公民直接与之接触。

同时，政府大规模组建不分族群的全民性基层组织——公民咨询委员会、民众联络所和居民委员会等。② 这些组织得到政府的资助，建有活动场所，并配有专职人员。③ 这些举措有助于新加坡建立超越族群的政治生态，将个人团结在国家的旗帜之下。人民协会及各社区的联络所举办的活动对新加坡年青一代有着较大的吸引力，年青一代对传统的社团缺少兴趣，随着老会员老去，传统社团没有接班人，一时显得一片凋零。④

英殖民时期，殖民政府对华人、马来人、印度人分而治之，将他们安置在不同的地方。在空间上，华人群体占据了城市的核心地带进而发展为唐人街，马来人聚集在新加坡的东部边缘进而发展成为芽笼士乃城，马来人、阿拉伯人和印度籍回教徒聚居在"甘榜格南"。⑤ 建国后，政府对市区重新规划建设，打破以往族群和方言帮群为特征的居住格局，实行族群配额的公共住房政策，将原本隔离的"族群关系"变成族群互嵌的"邻里关系"。这一举措不仅有利于族群之间的接触、交流与融合，而且有助于国家通过基层组织直接与个人建立联系。

个人和国家之间的关系是检验不同类型民族国家的试金石。著名的社会学家菲利克斯·格罗斯根据个人和国家之间不同的关系将民族国家划分为公民国家和部族国家。公民国家建立在公民权和所有公民权利平等的基础上，不论他们的原籍、文化或宗教背景如何，充分尊重他们的种族文化

---

① 曾玲：《新加坡华人宗乡文化研究》，北京，中国社会科学出版社，2019，第 88 页。
② 刘稚：《新加坡的民族政策与民族关系》，《世界民族》2000 年第 4 期。
③ 刘稚：《新加坡的民族政策与民族关系》，《世界民族》2000 年第 4 期。
④ 〔新加坡〕崔贵强：《新加坡华人——从开埠到建国》，新加坡，新加坡宗乡会馆联合总会，1994，第 241 页。
⑤ 陈宇：《邻里关系推动族际整合：新加坡互嵌社区建设研究》，《湖北民族学院学报（哲学社会科学版）》2019 年第 2 期。

遗产和权利。① 部族国家则是建立在共同的族群或族裔祖先的神话基础上的，权利甚至特权只授予那些主体民族成员。②

从个人与国家的关系来看，新加坡的治国理念和政策属于公民国家的范畴。建国后，新加坡政府推行精英政治，在各个领域选贤任能，提出任何人不论文化、宗教和族群背景，只要有才能都拥有机会。新加坡政府还将资源分配和国家意识结合起来，通过精英政治和唯才是举来为个人提供施展才华的舞台和上升的空间，从而增进了个人对国家的归属感，这同时促进了新加坡经济的腾飞，随着人们生活水平的提高，个人和族群也更加认同新加坡。

四　族群与族群的关系

新马合并的历史对新加坡政府处理族群关系有着极为重要的影响。新马的合并与分离，新加坡华人也从少数群体转变为多数群体。这种经历让李光耀懂得了少数群体面临的困境，以及少数群体对民族国家建构的意义，他说："两年在马来西亚的短暂经历，让我们明白不能基于一个种族，一个宗教及一个语言立国。我们重视建立一个多元种族、多元宗教、多元语言的平等国家。"③

建国后，新加坡政府力图让各族群都受到平等对待。新加坡没有像大多数国家那样以多数族群的语言作为工作语言或族际通用语，而是选择英语作为工作语言。这一国策有助于新加坡为各族打造一个公平竞争的环境。

民族国家建构实际上就是要建立一种以共同语言来运作的社会制度以帮助公民形成特定的民族意识或身份，正如金里卡（Kymlicka）所言："民族国家建构是一个促进共同语言、共同成员资格感和平等享用以共同语言来运作的社会制度的过程。官方语言、教育的核心课程、获取公民资格的条件——对这些事情的决定都立足于这样一个企图：在全社会扩展某一特殊的文化，并且，基于对这种社会文化的参与去促进特定的民族身份。"④在新加坡，马来语为国语，华语、英语和泰米尔语为官方语言，但英语是

---

① 〔美〕菲利克斯·格罗斯：《公民与国家——民族、部族和族属身份》，王建娥、魏强译，北京，新华出版社，2003，第36页。

② 〔美〕菲利克斯·格罗斯：《公民与国家——民族、部族和族属身份》，王建娥、魏强译，北京，新华出版社，2003，第36页。

③ 〔新加坡〕李光耀：《李光耀回忆录：我一生的挑战：新加坡双语之路》，南宁，译林出版社，2013，第29页。

④ Will Kymlicka, 2002：*Contemporary Political Philosophy*，New York：Oxford University Press，p. 347.

工作语言。

独立之前，新加坡的语言情况复杂。占全国人口 75% 的华人讲华语和各种方言，占全国人口比重 14% 的马来人说马来语，占全国人口 8% 的印度人讲不同的方言。当时新加坡有英语、华语、马来语和泰米尔语四种语言源流学校，华校、马来学校和印度学校的教育内容大都以本族为主，各自孤立。由于语言不通，各族之间不能进行有效沟通，无法理解对方。当时新加坡会处于一种奇怪的局面，将近一半人不知另一半人说的话、写的东西或读的东西。①

对于哪种语言应当成为新加坡独立后的工作语言或共同沟通语，1965年 9 月 30 日，中华总商会的一名董事以新加坡华人占 80% 为由，要求政府把本国人民应用最广泛、最普遍通行的华语，明确列为政府的工作语言，这样一来，国家的政令将更能有效推行，同时更能促进华族同胞与各民族的和谐与团结。② 这种声音获得了许多华人的响应。李光耀当即对这种论调进行了批评。李光耀认为，新加坡和中国是两个不同的国家，新加坡始终是东南亚的一部分，新加坡华人既然身处这个非常动荡不安的东南亚地区，又常常遭人疑虑，华人就必须明白自己的处境。③ 在李光耀看来，单单依靠华文无法让新加坡在周边的环境中立足。

新加坡随后将英语确立为工作语言。新加坡之所以这样做，一是将英语看成谋生工具，今天许多国家都通过英语来交流沟通，而最新的科学技术也往往以英语为媒介语；二是英语可以促进各族之间的公平竞争，有助于团结。李光耀的经历也印证了这一点，他说："在英校体制下受教育给了我一种政治优势——无论跟受英文教育还是马来文教育的群众接触，我都感到很自在，没有被局限在讲华语或方言的社群当中。国人比较容易接受我作为华族和其他所有种族的领袖。"④

当今世界大多数国家在进行民族国家建构时都是以多数族群使用的语言作为共同沟通语。如果新加坡也这么做的话，新加坡的工作语言将是华语，新加坡的公共机构（包括政府、法庭、经济部门、学术机构等）将

---

① 〔新加坡〕新加坡《联合早报》编：《李光耀 40 年政论选》，新加坡，新加坡报业控股华文报集团，1993，第 372 页。

② 〔新加坡〕李光耀：《李光耀回忆录：我一生的挑战：新加坡双语之路》，南宁，译林出版社，2013，第 31 页。

③ 〔新加坡〕李光耀：《李光耀回忆录：我一生的挑战：新加坡双语之路》，南宁，译林出版社，2013，第 30~31 页。

④ 〔新加坡〕李光耀：《经济腾飞路：李光耀回忆录：1965~2000》，北京，外文出版社，2001，第 143~144 页。

以华语来运作。对于华人而言，这显然是一种巨大的优势，对于其他语言使用者来说，势必处于劣势。"不得不为了别的语言和文化而放弃自己的语言和文化，虽然显然不是不可能，但通常总是极为困难和代价高昂的过程；并且当绝大多数社会成员不会面对这种相比较而言的牺牲，在这种情况下又期望少数人承担这种代价，这就是不合理的期望。"① 英语作为新加坡的工作语言，意味着既没有族群占有天然的优势，也没有族群受到先天的排挤，各族群可以在一个平台上展开公平的竞争。

以英语为工作语言也有消极的一面。它最大的问题是人们如果只会讲英语的话，可能会失去文化根基，会迷失自己。李光耀深有体会，他说："（英校）课本和教师所讲述的世界，同我生活的现实世界完全扯不上关系。同其他数以百计的莱佛士学院毕业生一样，我们没有学到本身的亚洲文化，又不属于英国文化，结果迷失在两种文化之间。"②

为避免完全西化，新加坡政府在建国之初推出了双语教学。新加坡政府先为英文学校引进华语、马来语和泰米尔语作为第二语言，这一步得到家长们的欢迎。为平衡局面，接着为华校、马来学校和印度学校引入英语作为第二语言。新加坡政府有意让英语成为工作语言和族际沟通语，但是明白这是一个长期的过程，不能操之过急，"当时反对以英语作为全民共同语言的声浪，也是持久不息的。许多讲华语或方言的家长对自己的语言和文化有浓得化不开的情意结，他们无法理解为什么英国人统治时期，他们的儿女能从小学到大学，完全接受华文教育，而在自己的民选政府管理下，儿女却必须学英文"③。

英语成为工作语言后，新加坡的各领域对英语的依赖程度越来越深，而英语掌握得好的学生往往有着更好的就业机会和上升空间。英语的经济价值随之凸显出来，于是越来越多的家长将自己的孩子送往英校，华校随之衰落。1979 年《吴庆瑞报告书》确立了英语为主、母语为辅的双语教学目标。从 1987 年起，除特选学校外，新加坡的学校都以英语为第一语文，母语为第二语文。新加坡最终统一了不同的语言源流学校。

英语作为族际沟通语有利于新加坡各族展开公平的竞争以及增强凝聚

① Will Kymlicka, 2002: *Contemporary Political Philosophy*, New York: Oxford University Press, p. 340.

② 〔新加坡〕李光耀：《经济腾飞路：李光耀回忆录：1965～2000》，北京，外文出版社，2001，第 140 页。

③ 〔新加坡〕李光耀：《李光耀回忆录：我一生的挑战：新加坡双语之路》，南宁，译林出版社，2013，第 38 页。

力。各族的学生在学校一起接受教育，并通过英语来沟通，这能够增进彼此之间的理解和情谊。这些相同的教育、公平的竞争、共享的经历有助于各族形成共同的价值观，甚至可能形成共同的文化。这种共同文化不会消灭各族的文化，因为母语作为第二语文的政策也为各族的文化发展留下了空间。新加坡的双语政策，一方面将各族整合到了以英语来运作的制度和环境中；另一方面，也为各族在公共领域和私人领域表达差异留下了空间，从而有利于新加坡在多元文化的基础上形成一体。

一般而言，民族国家建构都不可避免地有利于主流文化群体成员。[①]新加坡在进行民族国家建构时，在制度设计上力图避免少数族群被边缘化，努力尊重少数的权利，这是一种真正意义上的多元文化主义，正如金里卡所说，只有在与民族国家建构的政治关系中，我们才可能理解多元文化主义的政治。[②]

在新加坡政府的努力下，建国初期族群矛盾丛生、关系紧张的局面大为改善。彼此的印象比以往好了很多，多数人觉得他族人士是友好的，是可以合作的，族际交流愈益频繁，每逢喜庆和节日，都会互相邀约参加庆典。据赵善光等人在1989年的调查显示，新加坡异族通婚近年来有上升的趋势，47%华人受访者愿意与马来人结婚，而62%的马来族人也愿与华人结婚，只要后者皈依伊斯兰教，45%的华人愿与印度人结婚，57%的印度人愿与华人结合。[③] 这么高的异族通婚意愿折射出的是新加坡比较和谐的族群关系。

五　族群与国家的关系

尽管新加坡在制度设计上努力避免少数族群被边缘化，但是由于历史和现实的原因，马来人与其他族群相比在经济上仍然较为落后。对于如何扶持马来人，新加坡政府认为关键在于提升马来人的竞争力，培养马来人力争上游的意识。此外，新加坡政府在一定时间范围内优待马来人，努力使各族群都能分享国家发展的成果，并肯定马来人、印度人的文化，认为他们的文化是新加坡文化不可缺少的一部分。马来人、印度人日渐将新加

---

① Charles Taylor, 1997: "Nationalism and Modernity", in Robert McKim and Jeff McMahan eds., *The Morality of Nationalism*, Oxford: Oxford University Press, p. 34.

② Will Kymlicka, 2002: *Contemporary Political Philosophy*, New York: Oxford University Press, p. 370.

③ 〔新加坡〕崔贵强：《新加坡华人——从开埠到建国》，新加坡，新加坡宗乡会馆联合总会，1994，第299~300页。

坡当成自己的祖国，将国家当成保护本族群的政治屋顶。

新马合并时期，人民行动党和巫统对于如何扶持马来人有着严重的分歧。巫统认为，马来人必须依靠特权才能改善自己落后的局面。在人民行动党看来，特权解决不了问题，特权只会对少数马来高层人物有好处。李光耀认为应该通过竞争来提升马来人的实力，正如他所指："我们应该竞争……提高他们的经济水平，但他们（巫统）不要竞争，认为竞争是坏事，要我们停止这样做。"①

对于马来人的困境，新加坡也意识到仅仅强调机会平等是不够的。李光耀在谈及马来人的教育时指出："以为每个小孩都有相同的学习能力，跟种族没有关联，只要机会均等人人都有条件考上大学。这种自欺欺人的做法最终只会造成那些落后的人不满，怀疑政府未公平对待他们。"② 为扶持马来人，新加坡政府在一段时间内在教育、就业和社会福利方面给马来人适当优待。在教育上，新加坡政府给予马来人从小学到中学免费教育，并为大专院校的马来学生提供奖学金。对马来学生数理成绩不理想的情况，新加坡政府鼓励马来人成立伊斯兰教发展理事会，马来人缴纳一定比例的公积金，政府提供 1 元对 1 元的资助，为马来学生开办补习班。新加坡政府还对马来人进行职业和技术培训以便他们能进入高收入的行业。在社会福利上，政府向低收入马来家庭提供住房补贴等。这些措施都旨在提升马来人的竞争力，使马来人能够站在同一起跑线上和其他族群竞争。

在新加坡政府的帮助下，马来人通过自身的努力，取得了巨大的成就。独立之前，马来人主要在农业和一些低级的服务业中工作，如勤杂工、司机、看门人、佣人和小商贩。随着新加坡经济的腾飞，马来社会开始向现代社会过渡，在制造业、商业等领域就职，马来中产阶级的人数越来越多。马来社会也认为自身能够从新加坡的现代化和整体繁荣中获益。③ 但是马来人与其他族群在高技术、高收入的职业领域还是有较大差距，如 2005 年在家庭平均月收入方面，华人是 5630 新元，印度人是 5170 新元，马来人只有 3440 新元。④

---

① 〔新加坡〕李光耀：《风雨独立之路：李光耀回忆录》，北京，外文出版社，1998，第491 页。

② 〔新加坡〕李光耀：《经济腾飞路：李光耀回忆录：1965～2000》，北京，外文出版社，2001，第 20 页。

③ Hussin Mutalib, 2011："The Singapore Minority Dilemma", *Asian Survey*, Vol. 51, No. 6.

④ Hussin Mutalib, 2012：*Singapore Malays：Being Ethnic Minority and Muslim in a Global City-state*, London：Routlege, p. 49.

虽然马来人与其他族群在职业领域、收入方面还有一定差距，但是马来人逐渐抛弃了传统思维，以前所未有的自信迎接现代化的挑战。随着教育水平提高，经济参与扩大，融入城市生活，拥有现代观念的马来人越来越多，他们崇尚竞争、勇于面对挑战，相信通过个人的努力能实现目标，而不是相信宿命、依赖他人。[①] 一位马来大学生指出："如果我不是通过公平竞争，而是因为我是马来人的原因进入大学，那我将感到那是一种耻辱。"[②] 以积极的心态看待族群差距，这是新加坡马来人今后发展的原动力。

新加坡政府不仅关注族群之间的经济平等，而且在政治上力图避免少数族群被边缘化。人民行动党是一个多元族群的政党，华人、马来人和印度人都参与其中，并且在公务员队伍中，马来人占有较高的比例。20世纪80年代以来，马来议员有减少的势头，新加坡提出"集体当选制"，要求集选区的候选人中须有一位少数族群，且候选人在大选中共进退。在1991年的国会大选中，21个单选区都是华人当选，而在15个集选区选出的60名议员中，马来人有9名，印度人有7名，华人有44名。[③] 这些安排确保了少数族群参与政治，能够发出自己的声音。

新加坡在制度安排和政策设计中特别顾及少数族群天然的非主流地位，专门设立了"少数族群权力总统理事会"和"宗教和谐总统理事会"以审查国会立法中是否含有歧视和不利少数族群的内容。新加坡希望通过这些制度和政策使少数族群既能以公民的身份展开公平的竞争，又能在天然处于弱势的地方受到保护，而不至于感觉受到歧视与排挤，从而将新加坡作为保护自己的政治屋顶。

六　民族国家建构背景下的华人文化

新加坡独立到20世纪80年代中叶是新加坡华人社会和文化遭遇重大挑战的时期。华人在这段时间内文化被压制，族群认同面临着危机，华人社团日渐被边缘化。

建国初期，新加坡面临着严峻的国际环境，生存成为新加坡的首要任务。时逢冷战，东西方对峙，新加坡是世界上除了中国之外华人占多数的唯一国家，更为严峻的是这个以华人为主的国家被身处西方阵营的国家所

---

① 范若兰：《伊斯兰教与东南亚现代化进程》，北京，中国社会科学出版社，2009，第370页。
② 韦红：《东南亚五国民族问题研究》，北京，民族出版社，2003，第151页。
③ 李路曲：《新加坡现代化之路：进程、模式与文化选择》，北京，新华出版社，1996，第101页。

包围，新加坡不仅担心背上"第三中国"的嫌疑，而且忧惧国内马来人问题稍有不慎可能引起马来世界干涉的风险。受制于历史与地缘政治的局限，新加坡政府的应对之策是置族群认同于国家认同之下，特别是淡化和抑制占人口绝大多数的华人族群的文化与族群认同，以此来强调新加坡人的国民意识和对国家的认同感。①

1979 年新加坡发表《吴庆瑞报告书》，确立了英语为主、母语为辅的双语教学目标。20 世纪 80 年代新加坡最终统一了不同的语言源流学校，除特选学校外，新加坡学校都以英语为第一语文，母语为第二语文，华校逐渐凋零。据统计，1959 年小学一年级学生登记入学时的母语源流英文为 47%，华文为 46%，差不多势均力敌，而推广英文教育近二十年后，英文源流的学生占到 99%，华文的只有区区 0.7%。②

新加坡唯一的华文高等院校南洋大学的关闭，折射出的是华文教育发展的坎坷。南洋大学从 1956 年正式开学到 1980 年被关闭，在新加坡整整矗立了 25 年，培养了万余名学生，在南洋大学学子们的心中至今仍是神一般的存在。"南洋大学创办在新加坡，她无疑是属于新加坡的，但也是属于东南亚华人的，属于全世界海外华人的。在海外创办华文高等学府一直是海外华人的梦想，而战后国际局势的变化使得创办华文高等学府的任务更加迫切，南洋大学的创办可以说是海外华人社会发展的必然要求和历史逻辑结果。"③

身处新加坡倾力打造的英文教学环境中，南洋大学的发展注定是波折的。南洋大学开学后，教育部宣布不承认南洋大学的学位。"1959 年 3 月 12 日，白里斯葛（S. L. Prescott）的《南大评议会报告书》出笼，对南大的行政、教学等方面提出诸多批评和建议。此后，又有魏雅聆（Gwee Ah Leng）的《南洋大学检讨委员报告书》（1960 年 2 月 9 日），建议偏向英文教育。1965 年 9 月 12 日，王赓武主持的《南洋大学课程审查委员会报告书》正式公布，建议改组南大，采用新学制，招收各个源流出身的学生。"④ 南洋大学将变成英文学府的传闻一时间甚嚣尘上，引发了南洋大学一波又一波的抗议活动。1968 年，政府对南洋大学改组完成后，开始承认南洋大学的学位。1975 年，新任的南洋大学校长宣布除了中文系和

① 曾玲：《新加坡华人宗乡文化研究》，北京，中国社会科学出版社，2019，第 87 页。
② 周清海：《华文教学应走的路向》，新加坡，南洋理工大学中华语言文化中心，1998，第 76 页。
③ 张应龙：《评南洋大学走过的历史道路》，《八桂侨刊》2003 年第 3 期。
④ 张应龙：《评南洋大学走过的历史道路》，《八桂侨刊》2003 年第 3 期。

历史系的中国历史课程外的所有专业均采用英文教学。1980 年，南洋大学和新加坡大学合并为新加坡国立大学，在原校址设立南洋理工学院。南洋大学的落幕在某种程度上意味着华文教育在新加坡的凋零，因为英语为主、母语为辅的治学理念必然造成人人以讲英语为荣的局面。

在英文为工作语言的环境下，西方文化涌入新加坡。面对西方文化的侵袭，一些华人担忧失去种族文化之根。"就在此时期，以大学生为代表的华族青年，掀起了一股缅怀过去、反思当下的新谣运动。所谓新谣，即新加坡年轻人创作的歌谣，最早是在 1982 年 9 月 4 日的一场'我们唱着歌'的座谈会上被提出来。"① 它（新谣）原本是介于流行歌曲与艺术歌曲的一种校园歌曲，随后便发展成一种青年词曲创作活动。② "当时这批学生是最后一批华校毕业生，在面对新加坡逐渐西化、华族文化沦落的现实时，他们自弹自唱，表达对新加坡华族文化的人文关怀。"③ 梁文福、巫启贤等人创作了为数众多的歌曲，这些歌曲不仅流行于校园，而且在社会上广为传唱。这些歌曲主要表达了对童年时期新加坡生活的向往，对当今西化生活的反感和无助，如 "1986 年的《阿 Ben 阿 Ben》则以对阿 Ben 今天换名 Sam 明天又换名阿贤，说明当时年轻人华族文化丧失的无根感，这一歌曲因提及年轻人心理上漂泊无根、身体也无处安顿的情况，曾被政府认为过于写实而一度遭到禁播"④。

建国后，华人社团的主要功能被政府代替，政府为包括华人在内的全社会提供医疗、卫生、教育、养老等一切公共服务。丧失了主要社会功能的华人社团面临着被边缘化的困境。"统计数据显示，独立后 10 年，没有出现新的会馆和宗亲会。而原有的宗乡社团中一部分已自行解散，大多数则面临运作经费短缺、会务停顿、会员老化、后继乏人的困境。"⑤ 华人社团的一个主要功能是保留和传承华人文化、传统和习俗。随着新加坡语言环境的变化，华人社团的这项功能一度面临着严峻的挑战，新加坡中元节酬神戏和歌台跌宕起伏的发展就是一个很好的注解。

---

① 彭慧：《新加坡华族文化的建构与彷徨——以新谣运动与七月歌台为例》，《世界民族》2015 年第 5 期。
② 〔新加坡〕梁文福主编：《新谣：我们的歌在这里（前言）》，新加坡，新加坡词曲版权协会，2004。
③ 彭慧：《新加坡华族文化的建构与彷徨——以新谣运动与七月歌台为例》，《世界民族》2015 年第 5 期。
④ 彭慧：《新加坡华族文化的建构与彷徨——以新谣运动与七月歌台为例》，《世界民族》2015 年第 5 期。
⑤ 曾玲：《新加坡华人宗乡文化研究》，北京，中国社会科学出版社，2019，第 89 页。

中元节又称"普度"，又称鬼节，是中国的一个传统节日。有关中元节的起源及其演化过程，学界一般认为，经历代王朝的提倡并与传统中国社会普遍存在的对祖先和鬼神的信仰和祭祀活动相结合，至少在宋元以后，"中元普度"已成为遍布中国大江南北的民间习俗及节庆活动。① 中元节是华人南迁而传入新加坡的，并在当地扎根而发展成新加坡中元节。根据新加坡华人文化研究专家曾玲教授的观察，在每年的农历七月期间，全新加坡到处可见"庆赞中元"的旗帜与标语，祭拜"好兄弟"的祭坛与大香，琳琅满目的祭品与"福物"。到了夜晚，千人乃至万人的"中元晚宴"在大街小巷和酒店登场……可以说，参与每年中元节的华人人数之多，"庆赞中元"活动规模之大，涉及的社会、经济、文化等领域之广，都远在其他新加坡华人传统节日之上。②

建国初期，每年的中元节期间，为娱神祭鬼，新加坡各地都会举行酬神戏，如潮州戏、福建戏和简易的布袋戏等。随着新加坡华文教育的式微，在英文教育环境下成长起来的年轻一代对华人传统文化的兴趣没有像老一代华人那么浓厚，这些传统的地方戏剧在观众不断减少的情况下逐渐被七月歌台所取代。

所谓歌台，"按照加兰世界音乐百科全书（*The Garland Encyclopedia of World Music*）的定义，指的是新加坡及马来西亚在阴历七月举行的华语歌唱表演。实际上，它是以各种方言歌曲为主，且全年几乎都有进行"③。中元节期间的歌台被称为"七月歌台"。这一个月为了"庆赞中元"、酬谢、宴请"好兄弟"，各个社区、工厂和公司都会请来歌台，晚上七点半到十点多从裕廊西到东海岸，新加坡处处歌曲声不绝于耳，台上台下载歌载舞，老老少少都不亦乐乎。④ 新加坡80年代进行的"讲华语运动"，使得歌台日渐衰落，因为使用方言的人越来越少，歌台多以怀旧金曲为主，年轻一代的兴趣不大。随着歌台的数量日渐减少，许多人感叹这个当地华人文化形式的没落。

20世纪80年代，新加坡开始调整政策，转而鼓励各族保留、发展自己的文化传统。新加坡政府之所以这么做是基于国内外环境的变化。首

---

① 徐杰舜、周耀明：《汉族风俗文化史纲》，南宁，广西人民出版社，2001，第282页。

② 曾玲：《新加坡华人宗乡文化研究》，北京，中国社会科学出版社，2019，第250页。

③ 彭慧：《新加坡华族文化的建构与彷徨——以新谣运动与七月歌台为例》，《世界民族》2015年第5期。

④ 彭慧：《新加坡华族文化的建构与彷徨——以新谣运动与七月歌台为例》，《世界民族》2015年第5期。

先，经过二十年发展，新加坡社会经济取得长足发展，各族对国家的归属感和认同大为增强，新加坡政府此时已不担心族群认同过强而侵蚀国家认同，并且新加坡崇尚英文的环境带来了一些负面的影响，新加坡迅速西化，华人年轻一代轻视华人文化与传统，转而推崇西方的个人主义、自由主义和颓废文化，犯罪和吸毒现象增加，改信基督教者增多，为抵制"西方的歪风"，新加坡政府转而向各族传统文化寻求道德支援，新加坡政府鼓励发展华人的文化和传统。其次，随着中国的崛起，特别是90年代新加坡和中国建交后，在"搭乘中国经济顺风车"的政策鼓励下，新加坡政府意识到两国文化上的纽带可以加强经贸联系，欢迎华人举办传统节庆，支持华人社团重建与祖籍地的联系，鼓励传承华人的文化和传统。

从20世纪80年代开始，新加坡鼓励各族群在加强国家认同的基础上，传承和发展各族群自身的语言和文化传统。于是新加坡开始推行"讲华语运动"，宣布新的华文教育政策，让华人学生有更多学习华文的机会。1986年1月成立的新加坡宗乡会馆联合总会标志着政府对华人社会、华族文化和传统宗乡社团的态度从打压到鼓励的转变。①

在多元种族和多元文化的环境中，新加坡政府适时推出了共同的价值观，期望各族群在多元社会中拥有统一的规范，并达成共识，乃至形成共同的信念和文化，因为只有这样，国家才能有秩序和稳定，才能有政治、经济和社会的发展。

经过新加坡国会内外的讨论后，政府在1991年发表白皮书，将共同价值观设定为：一、国家至上，社会为先；二、家庭为根，社会为本；三、关怀扶持，同舟共济；四、求同存异，协商共识；五、种族和谐，宗教宽容。新加坡政府此举可以说是在多元文化中寻找共同点，将各种文化进行创造性的一体化。"实行这种一体化的过程类似于掘一口井。若是我们挖到了足够的深度，我们就应该达到人性的共同源泉和交流的真正本源。若是不到这个深度，我们就会葬身于自己挖的洞穴里。假如我们根本不去挖掘，而是指望从接近地面的一个共同源泉中汲出水来……这样的泉源是浮浅的，很容易干涸。"② 新加坡的共同价值观利用东方文化"集体主义"的成分，突出了"共担""共享"的理念，从而希冀各族群达成共识，拥有共同的信念，并且新加坡共同的价值观是中立的，没有哪个族群

---

① 曾玲：《新加坡华人宗乡文化研究》，北京，中国社会科学出版社，2019，第250页。
② 杜维明：《新加坡的挑战：儒家伦理与企业精神》，北京，生活·读书·新知三联书店，1989，第205页。

的文化占据优势地位。而价值观的深层塑造与长期凝练，依然要靠从下而上的底层民众参与。①

在新加坡的多元社会中，华人认为自身文化最大的特色之处在于包容性，华人不因自己是最大的族群，而试图以自己的文化去同化友族。②2013 年，经新加坡国会拨款委员会的辩论，议员们提出了一个处理新加坡种族和谐问题的思路，那就是"政府后退"，由社会"由下而上"自动自发地促进种族和谐，鼓励民间社会主动承担维护国家种族宗教和谐的重任。③ 近些年来，作为民间重要力量的华人社团在促进国家种族和谐和增强社会凝聚力中所起的作用越来越大。在今天的新加坡，华人与其他族群的文化交流主要是通过同庆华人传统节日及各族群同台表演歌舞等形式来进行。新加坡宗乡会馆联合总会从 2010 年开始，在每年的端午节联合新加坡华族文化中心及大巴窑公民咨询委员会，举办大型"端午节嘉年华"，在嘉年华的"旱龙舟竞技比赛"项目中，不仅有会馆等华人社团，还有马来与印度社群组成的队伍。④ 今天华人与非华人共度传统节庆的新闻越来越多见诸报端。新加坡总统哈莉玛在 2021 农历新年献词中说，她很高兴看到新加坡各族都参与农历新年的庆祝活动，她自己也对在农历新年期间拜访朋友、分享华族文化，有着美好的回忆。⑤

在新加坡各族对国家认同不断强化的背景下，新加坡越来越珍视多元文化的身份，将其作为国家竞争力和凝聚力的来源，而不是将其作为累赘，正如新加坡前副总理王瑞杰所指出的，多元文化的掌握能帮助新加坡了解世界如何运作，并体现这个小红点对世界的价值。⑥ 新加坡的"国际化"离不开其"亚洲性"，若后者因英文独大而流失，新加坡失去的将不仅是国际竞争力，更严重的是失去马来群岛、印度和中国等母族文化体的尊重和接纳，成为一座孤岛。⑦ 另外，新加坡以多元身份来定位国家，可

---

① 纪赟：《国族构建与多元文化之间的张力》，https：//www.zaobao.com/forum/views/opinion/story20201219 - 1109967，2020 年 12 月 19 日。

② 《社论：多元与认同相辅相成》，https：//www.zaobao.com/zopinions/editorial/story20190207 - 929922，2019 年 2 月 7 日。

③ 曾玲：《新加坡华人宗乡文化研究》，北京，中国社会科学出版社，2019，第 104 页。

④ 曾玲：《新加坡华人宗乡文化研究》，北京，中国社会科学出版社，2019，第 136 页。

⑤ 《哈莉玛总统向国人拜早年》，https：//www.zaobao.com/news/singapore/story20200124 - 1023595，2021 年 1 月 24 日。

⑥ 《社论：坚定不移推动打造国族进程》，https：//www.zaobao.com/zopinions/editorial/story20190817 - 981649，2019 年 8 月 17 日。

⑦ 《社论：加强母语教育巩固国家认同》，https：//www.zaobao.com/zopinions/editorial/story20190226 - 935075，2019 年 2 月 26 日。

以避免世人将新加坡简单定义为华人国家，从而摆脱华人身份在外交上带来的困扰，可以更从容地根据现实的国家利益来制定对外的政策。

七　结语

总而言之，新加坡民族国家建构有两处比较独特的地方：一是政府主导的同时，赋予了个人选择的权力。国民教育体系是实现民族国家建构目标的重要手段。李光耀将选择何种语言来接受教育的权力交给了个人，让人们在自愿的基础上融入以英语来运作的社会和环境，避免了国家为推行共同语而与个人进行对抗，缓和了国家为增强一致性而与各族群产生的紧张关系。二是建国后，新加坡基于族群分立、矛盾丛生的实际情况，尊重各族群的存在，构建个人和族群对国家的认同，并不急于将各族群整合成一个民族，新加坡没有以简化方法处理复杂性问题和以激进方式解决长期性问题。

民族国家建构包含了两个过程：一个是国家领土和边界的形成，国家法律制度和政治组织的建构；另一个是在国家疆域之内具有不同族裔文化背景差异的人口中间创造民族性和民族认同。[1] 这两个过程彼此不同，又相互渗透，人们往往重视革命、政治运动这类短时段历史事件对国家建构所起到的摧枯拉朽的作用，而忽视民族文化养成的长时段的特征，甚至把需要在历史长时段中完成的任务当作短期目标去追求，引起多元社会的冲突。[2]

李光耀对民族的形成有着自己的认识，他指出："使一个混合的社会集团说同样的语言，要比使他们成为同一个民族的成员来得容易。一个民族的形成可能要好几个世纪的时间，但是使不同种族的人说一种语言，在一代里可以办得到。"[3] 新加坡独立后，历经数十年的努力，也仅仅做到各族以英语作为共同语，开始有了共同的国家认同和共同价值观。[4] 新加坡至今仍不是一个真正具有共同民族特性的国家。[5] 但新加坡最终的目标仍

---

① 王建娥：《国家建构和民族建构：内涵、特征及联系——以欧洲国家经验为例》，《西北师大学报（社会科学版）》2010 年第 2 期。

② 王建娥：《国家建构和民族建构：内涵、特征及联系——以欧洲国家经验为例》，《西北师大学报（社会科学版）》2010 年第 2 期。

③ 〔新加坡〕李光耀：《风雨独立之路：李光耀回忆录》，北京，外文出版社，1998，第372 页。

④ 新加坡《联合早报》社论：《坚定不移推动打造国族进程》，https://www.zaobao.com/zopinions/editorial/story20190817 - 981649，2019 年 8 月 17 日。

⑤ 新加坡国家档案馆编：《李光耀执政方略》，北京，人民出版社，2015，第 119 页。

然是"一个民族、一个国家、一个新加坡"，只不过这个过程是漫长的。①

民族国家的形成一般有两个途径，一是在民族的基础上建立国家，如德国，德意志民族先于国家存在，并在自己生活的区域最终创立了德国；二是在一国之内不同文化的族群中创造民族性和民族认同，如在新加坡，国家先于新加坡民族存在。

新加坡民族本质上是一个国家建构的产物，而非自然发展而来。新加坡民族作为国家民族，并非严格意义上的民族，因为它现阶段缺少了一个成为民族的必要条件，即休戚与共的民族意识。② 如何在具有不同文化的族群中间创造民族性和民族认同，对民族建构有着独到研究的瑞士学者威默认为，族群平等是民族建构的关键决定因素③，族群间利益歧异问题的有效解决有助于各族的共同价值观乃至共同文化的形成。

这种共同的文化大体上有两种：一种是混杂式的拼盘文化，各族文化是共同文化中的一份子，彼此交织在一起，但不融合；另一种是有机整体的文化，各族文化取长补短，彼此贯通，水乳交融成为一体。未来的新加坡文化仍然有不确定之处，既可能走向混杂式的拼盘文化，也可能朝有机整体的文化发展。

在国家框架下来处理族群关系，我国民族学领域著名学者马戎认为一般有两种导向，一种是"文化化"，另一种是"政治化"。④ 在新加坡的民族国家建构中，这两种导向同时存在。

首先是族群关系"文化化"。新加坡在强调平等的公民权的基础上，将各族在宗教、语言、传统等方面的差异视为文化差异，逐渐减弱其群体原有的政治色彩。如新加坡政府对华人宗乡社团进行限制、改造和取代，废除了英殖民地时期通过华人社团进行间接统治的做法，将华人还原成个

---

① 〔新加坡〕崔贵强：《新加坡华人——从开埠到建国》，新加坡，新加坡宗乡会馆联合总会，1994，第297页。

② 民族可以被理解为一个集束概念（a cluster concept），就是说，为了被视为民族，一个群体就必须拥有足够数量的特征。虽然它们并不一定共享相同的一套辨识性的特征，但是所有被归于"民族"范畴的成员都将显示某些家族相似性。至少一个因素是把一个群体界定为一个民族所必要的（虽然不是充分的）条件，这就是民族意识的存在……如果一个群体既展现出足够数量的共同而客观的特征——比如语言、历史、领土等——又展现出对于其独特性的自我意识，那么，这个群体就被界定为民族。参见〔以色列〕耶尔·塔米尔《自由主义的民族主义》，陶东风译，上海，上海译文出版社，2005，第58~59页。

③ Andreas Wimmer, 2018: *Nation Building: Why Some Countries Come Together While Others Fall Apart*, Princeton: Princeton University Press, p. 6.

④ 马戎：《当前中国民族问题研究的选题与思路》，《中央民族大学学报（哲学社会科学版）》2007年第3期。

体的公民直接与之接触。新加坡还在各领域推行唯才是举的政策，提出不论宗教和族群背景，任何人只要有才能都拥有机会。这些举措有助于新加坡建立超越族群的社会文化形态，有利于将个人团结在国家的旗帜之下。

其次，在新加坡的民族国家建构中，其制度设计上也存在着一定的族群关系政治化的安排。如面对少数族群国会议员减少的趋势，新加坡提出了"集选区"制度以确保国会中有少数族群的声音。新加坡还设立专门的机构来审查国会立法中是否含有歧视和不利于少数族群的内容。

在新加坡民族国家建构中，族群关系"文化化"是主要趋势，新加坡通过制度安排和政策设计弱化了各族群原有的政治色彩，在平等公民权的基础上打造现代民族国家。同时在新加坡政治制度的设计中存在着族群关系"政治化"的安排，新加坡也意识到各族群之间存在着文化传统、宗教背景等鸿沟，历经数十年也难弥合。李光耀曾指出"集选区"制度，不是权宜之计，很可能是永久的。[1] 无论族群关系"文化化"，还是"政治化"的制度安排和政策设计，新加坡都着重考虑了族群平等的因素，特别顾及少数族群在新加坡天然的非主流地位，致力于将新加坡建成保护华人、马来人和印度人的政治屋顶。

第二节　马来西亚与菲律宾民族国家建构比较

马来西亚采取的政治整合政策是不完全同化，而菲律宾政治整合政策起初为"同化主义"，后调整为"团体多元主义"。两国在进行民族国家建构时有着自身的内在矛盾，两国都试图建立以国语为交流媒介语的制度和环境以帮助公民形成特定的民族意识或身份，这增加了不同语言群体融入的困难和成本，菲律宾政府不得不调整相应的政策，采用基于母语的多元语言教学政策，然后用母语开发学生的认知和推理能力，将其迁移到第二语言的学习中去。居于主流地位的多数族群能否平等对待少数族群，这成为马、菲两国民族国家建构的关键。

一　问题的缘起

马来西亚、菲律宾都致力在本国多族群的基础上建构一个民族国家。民族国家建构一般是指公民超越他们对某个族群、部落、村庄共同体或宗教的

---

① 〔新加坡〕韩福光等：《李光耀：新加坡硬道理》，北京，外文出版社，2015，第187页。

依恋，开始将自己视为民族共同体的成员并对同民族的人怀有忠诚感。[①] 一般而言，在民族国家建构的进程中，随着国家层次"民族认同"的建构，对民族国家的"国家认同"也会顺势建构起来。

第二次世界大战结束后，亚非拉出现了一批摆脱殖民统治的新兴国家。西方学界对现代民族国家建构问题产生了浓厚的兴趣，一些知名学者如卡尔·W. 多伊奇[②]、莱茵哈德·本迪克斯（Reinhard Bendix）[③] 和克利福德·格尔兹[④]等开始用"民族国家建构"的概念来分析国家与社会更大程度的整合。大多数作者依赖现代化理论，认为现代官僚制的引入、沟通信息技术的发展以及公民权的普及都会促进以前规模较小且自足的社会更紧密地联系起来。

冷战结束后，特别是"9·11"事件之后阿富汗战争、伊拉克战争的爆发，以及西亚、非洲一些失败国家的产生，民族国家建构问题又得到学界广泛的关注和研究。这一时期民族国家建构理论的集大成者是瑞士学者威默，他在名作《民族国家建构——聚合与崩溃》中，通过定量和定性的研究方法，来解读民族国家建构背后决定性因素的复杂网络，他强调长期、缓慢移动的过程。

民族国家建构势必需要民族认同。研究民族主义的学者大多辩论过民族认同的来源：这种认同是近期的发明还是由古老的、现有的族群认同转化而来的？[⑤] 它是因为印刷资本主义的兴起、识字率的普及使人们可以想象大型的共同体而产生的[⑥]，抑或是因为工业化通过民族建构国家要求形成文化同质化？[⑦] 而威默提出民族认同建立在政治联盟及其产生的权力配置形塑的基础上，认为民族认同来自政治包容性——可以将多数族群和少数族群整合进包容性的权力安排之中的跨

① Andreas Wimmer, 2018：*Nation Building*：*Why Some Countries Come Together While Others Fall Apart*, Princeton：Princeton University Press, p. 23.

② Karl W. Deutsh, 1953：*Nationalism and Social Communication*：*An Inquiry into the Foundations of Nationality*, Cambridge, MA：MIT Press.

③ Reinhard Bendix, 1964：*Nation-building and Citizenship*：*Studies in Our Changing Social Order*, New York：John Wiley.

④ Clifford Geertz ed. , 1963：*Old Societies and New States*：*The Quest for Modernity in Asia and Africa*, London：Macmillan.

⑤ Anthony D. Smith, 1986：*The Ethnic Origins of Nations*, Oxford：Blackwell.

⑥ 〔美〕本尼迪克特·安德森：《想象的共同体：民族主义的起源与散布》，吴叡人译，上海，上海人民出版社，2003。

⑦ 〔英〕厄内斯特·盖尔纳：《民族与民族主义》，韩红译，北京，中央编译出版社，2002。

族群政治联盟。

　　然而威默的民族认同理论仍有需要探究的地方，即："政治代表性及其所提供的象征性包容就够了，还是只有在代表性还能提升公共物品获取的情况下，个人才能认同建构中的民族？"① 威默认为要解决这一问题需要对足够多的国家进行测量，测量这些国家中个人感到在政府中有象征性的代表以及他们获得国家提供的公共物品的程度。本书将结合相关理论来考察马来西亚和菲律宾的民族国家建构，在此基础上探讨威默的理论中关于个人和少数族群获取政治代表性与公共服务的情况对民族国家建构的影响。

　　本书将从政治整合政策、国语和族群政治联盟三方面对马来西亚、菲律宾的民族国家建构进行比较。本书之所以选择这三方面展开比较，原因如下：首先，马来西亚、菲律宾都是在西方殖民地基础上建立起来的新兴国家。如何对多族群社会进行超越族群观念、增强凝聚力的政治整合成为这两个新生国家能否生存下去的重大挑战。其次，摆脱殖民统治，建立新的国家，这只是国家政权从外人手中转到国人手里，而民族国家的内核——个人与国家的关系、族群与族群的关系、族群与国家的关系——还未成型，而以何种语言作为国语、何种语言作为交流媒介语来建立国民教育体系及其他制度才是民族国家建构的重点，因为这关乎新兴国家可以成为哪种或哪些文化的政治屋顶。最后，威默在其名作中提出那些出现跨越区域和族群界线的政治联盟，拥有少数族群和多数族群都能在国家层级的政府中有代表的包容性政权的国家往往能够取得成功。② 威默特别提及马来西亚包容性的权力结构，而菲律宾的地方政府中也出现了类似的族群政治联盟网络，故本书试图通过马来西亚、菲律宾的族群政治联盟来探讨威默的民族国家建构理论及其遗存的问题。

　　笔者曾在 2007 年 9 月到 2008 年 9 月在马来西亚进行过一年的田野调查，地点为马来西亚首都吉隆坡、槟城以及柔佛州的居銮，笔者主要围绕马来西亚民族国家建构的问题展开调查。因为研究条件不足，笔者没有进入菲律宾展开田野调查，但笔者从 2020 年 1 月到 2021 年 1 月在美国访学，曾就菲律宾民族国家建构问题采访过第一代美国菲律宾人。笔者采访过的第一代美国菲律宾人是在菲律宾出生和长大，在美国读完大学后加入了美国国籍。

---

① 　Andreas Wimmer, 2018：*Nation Building：Why Some Countries Come Together While Others Fall Apart*，Princeton：Princeton University Press，p. 228.

② 　Andreas Wimmer, 2018：*Nation Building：Why Some Countries Come Together While Others Fall Apart*，Princeton：Princeton University Press，pp. 7 ~ 8，227.

二　政治整合的政策与过程

在民族国家建构进程中，特别是在多族群社会，进行超越族群观念、增强国家凝聚力的政治整合是必不可少的。政治整合旨在使人们与国家之间建立起认同感，使一个多族群的社会更近似一个民族国家。马来西亚采取的政治整合政策是不完全同化，而菲律宾政治整合政策起初为"同化主义"，后调整为"团体多元主义"①。

（一）马来西亚

马来西亚是在英国殖民地基础上建立起来的新兴国家。尽管马来半岛在历史上出现过短暂而强大的马六甲王国，但是它和今天的马来西亚（包括马来半岛和婆罗洲的沙巴与沙捞越）是不可同日而语的。马六甲王国是马来人历史上的黄金时期。马六甲王国不仅是当时的地区支配力量之一，而且也是主要的贸易港口和传播伊斯兰教的中心。② 1511 年，葡萄牙攻占了马六甲王国的首都马六甲。葡萄牙人此时的目标是贸易，而非领土扩张，因此葡萄人的统治仅限于马六甲城，并未深入马来半岛内地，马来人的社会经济结构基本上没有被触动。1641 年，荷兰人又占领马六甲，它的统治也局限于马六甲邻近地区。在西方殖民者中，首次对马来半岛确立有效统治的是英国殖民者。从 1786 年占领槟榔屿到第二次世界大战前，英国在马来半岛建立了三个行政体系，即：海峡殖民地、马来联邦和马来属邦，但英国殖民者仍然是在马来半岛各州的基础上对之进行统治。半岛马来人也只效忠于各州的苏丹，各州在政治上并无紧密联系，仅在文化上具有相似性。

英国统治马来半岛期间，英国人为开发马来亚，引入了大量的华人和印度人。马来亚独立前夕，马来人接近人口总数的 50%，而华人占 37%，印度人占 12%。③ 英国人采取分而治之的策略，三大族群之间缺乏沟通和融

① 按照美国社会学家戈登的思路，在族群关系的发展取向上大致存在着 4 种社会类型：（1）种族主义社会；（2）平等基础上的同化主义社会；（3）强调机会平等的自由主义的多元社会；（4）强调结果平等的团体多元主义。（参见马戎《当前中国民族问题研究的选题与思路》，《中央民族大学学报（哲学社会科学版）》2007 年第 3 期）彭慧在研究菲律宾族群问题时，根据戈登对族群关系的分类，认为在马科斯政府垮台后菲律宾政府将山地族群与南部穆斯林群体看作独特的族群整体而非个体的同化对象给予特殊政策，她提出菲律宾政府对山地族群和南部穆斯林采取的是强调结果平等的团体多元主义政策。（参见彭慧《菲律宾的山地民族及其"土著化"问题》，《世界民族》2013 年第 4 期）

② 〔澳〕约翰·芬斯顿：《东南亚政府与政治》，张锡镇等译，北京，北京大学出版社，2007，第 145 页。

③ 陈晓律等：《马来西亚——多元文化中的民主与权威》，成都，四川人民出版社，2000，第 144 页。

合。1957 年，在马来人、华人和印度人的共同努力下，马来亚独立。1963 年，沙巴、沙捞越加入马来亚，马来亚扩大为马来西亚，但马来西亚的政治经济中心仍在马来半岛。建国之后，如何将三大族群整合在一起，让他们产生休戚与共的一体感，就成为马来西亚政府一项长期而艰巨的任务。

建国前，马来人与非马来人的政治精英达成协议：确保马来人在政治上的主导地位，同时保证向非马来人开放公民权及不干预非马来人的经济。① 建国初期，马来人与非马来人都约占总人口的一半。马来人政治上占有优势，华人在经济领域一枝独秀，印度人在种植业领域有所长，马来人与非马来人力量不相上下。

随着时间的推移，马来人与华人都愈来愈不满于建国时达成的"马来人主政、华人经商"的契约。1969 年马来人与华人之间爆发了建国后最为激烈的一次冲突——"五·一三"事件。"五·一三"事件后，马来人加快了马来民族国家的建构进程，因为在马来人看来，此时的马来西亚只是名义上的马来人国家，独立宪法规定了国家的仪式和实质的基础应立足于马来文化和马来政治的遗产，但没有落在实处。②

"五·一三"事件爆发后的第二天，国会停止运作，马来西亚改由巫统领导下的"国家行动理事会"来统治。"国家行动理事会"发表了一个报告书，指责非马来人作为外来移民，"如何不守本份，如何不肯向马来政治权威及文化效忠和认同，以致引发马来人的猜忌造成种族冲突的悲剧"③。同时马来西亚成立国民团结局来分析如何恢复族群关系，并赋予它起草国家原则的权力。1970 年马来西亚公布了国家原则：信奉上苍，忠于君国，维护宪法，尊崇法治和培养德行。在国家原则的导言中，第三条原则——体现了"马来人的马来西亚"的宪法被特别强调。在国家原则的指导下，1971 年国家文化大会在马来亚大学召开，大会确立以下三个原则作为国家文化政策：马来西亚的国家文化必须以本地区原住民的文化为核心；其他适合及恰当的文化元素可被接受为国家文化的元素，但是必须符合第

---

① Edmund Terence Gomez, 1990: *Politics in Business: UMNO's Corporate Investments*, Kuala Lumpur: Forum Enterprise, p. 4.

② "五·一三"事件给马来西亚社会带来了前所未有的震撼，引发了不同群体对时局的反思。马来青年学生对此进行了热烈的讨论，在 1969 年 8 月中旬，马来西亚学生行动阵线发布了一个特别公告：首相应为 5 月份的暴力冲突负责，因为他没有按照马来人解释的宪法来管理国家。参见 Zainah Anwar, 1987: *Islamic Revivalism in Malaysia: Dakwah among the Students*, Petaling Jaya: Pelanduk Publications, p. 11。

③ 杨建成：《马来西亚华人的困境——西马来西亚华巫政治关系之探讨，1957～1978》，台北，文史哲出版社，1982，第 242 页。

一及第三项的概念才会被考虑；伊斯兰教为塑造国家文化的重要元素。[①]

上述原则成为国家文化政策的主要内容后，20 世纪 70 ~ 80 年代的华人文化和华文教育立刻受到前所未有的排斥和限制，90 年代巫统政府又调整了政策，对华人文化和华文教育的管制有所放松。然而马来西亚整合政策的基调一直以来都是同化，致力于将华人及其他少数族群整合进马来文化和主流社会，马来西亚第四任首相马哈蒂尔在任期内提出建构"马来西亚民族"的宏愿，第六任首相纳吉布也提出建设"一个马来西亚"等类似的目标。马来西亚的同化政策不是完全同化，不是在平等的基础来进行的，马来人与非马来人享有不同的政治地位，马来人在宪法中在保留地、公务员名额、部分行业以及教育方面拥有特殊地位。并且巫统政府在马来人与非马来人之间塑造了一条族群边界，对"马来人"有着清晰的定义，[②] 而华人即使改信伊斯兰教，华人的身份依然会被保留下来，[③] 此举意在确保华人难以通过改变族群身份来获取马来人享有的各种照顾。马来西亚是依照族群原则来进行资源分配的，大多数政党以族群身份为意识形态基础，通过族群来进行动员以获取权力并向其他族群提出要求，族群归属往往决定公民的政治行为。

马来人之所以坚持拥有特权，原因有两方面：一是马来人是原住民，非马来人是客人，非马来人的公民权是通过承认马来人特权来得到的；二是马来人与华人在经济方面相比曾经处于弱势地位，经过大力扶持之后，现在部分马来人依然处在落后状态，马来人仍然需要保护和照顾。在马来西亚，马来人追求的是结果平等，即各种资源和机会分配的结果应当和各族群在全国的比重大致相当；华人则认为扶持马来人应该有一个时间限度，而不能一直进行下去，华人坚持要求机会平等，机会平等意味着国家要为每个人创造公平的竞争环境和对等的进入机会。世界上没有绝对的平等，但是当马来西亚大部分华人越来越认为现行政策是一种不平等，这就会成为一个问题，这也会严重影响华人的国家认同。

（二）菲律宾

菲律宾的多数族群包括他加禄人、尹洛戈人、比萨杨人和比科尔人

---

① 〔马〕何国忠：《马来西亚华人：身份认同、文化与族群政治》，吉隆坡，华社研究中心，2002，第 102 ~ 103 页。

② 马来西亚联合邦宪法中将马来人定义为：信仰伊斯兰教、习惯于讲马来语、遵守马来习俗者。参见《马来西亚联合邦宪法》，〔马〕黄士春译，吉隆坡，信雅达法律翻译出版社，1986，第 113 页。

③ 〔马〕陈中和：《马来西亚伊斯兰政党政治——巫统和伊斯兰党之比较》，加影，新纪元学院马来西亚族群研究中心和策略资讯中心，2006，第 67 页。

等，他们大部分生活在菲律宾中北部，有着共同的宗教信仰，但是语言不同；少数族群有穆斯林、华人和山地族群等。西班牙和美国曾先后统治菲律宾。西方殖民统治为菲律宾留下的一个重要遗产是南方穆斯林和北方天主教徒之间的敌视，以及南方不同部族不断增强的伊斯兰教意识。这些是菲律宾政治整合面临的基本问题和任务。

在西班牙入侵前，菲律宾群岛处在分散的状态，各地发展也不平衡，中北部大多处于原始公社分解过程的不同阶段，而在南部苏禄群岛和棉兰老岛西部等处已确立了阶级社会。14 世纪传入南部的伊斯兰教正适应了当时社会的需要，伊斯兰政治制度和法律迅速在苏禄、马巾达瑙等地建立，但是人们并没有完全抛弃菲律宾群岛的原始信仰和习惯，万物有灵观和祖先崇拜在人们的生活中仍有着重要的作用。

西班牙的入侵，不仅掐断了伊斯兰教向菲律宾群岛中北部传播的苗头，而且打破了当地社会正常发展的进程。1565 年，以黎牙实比为首的西班牙远征队，侵入菲律宾群岛，他们依靠先进的军事力量及传教士，不断扩大征服范围，最终占领了中北部。在西班牙殖民时期，西班牙政府实行的是政教合一的政策，教会和殖民政府之间的联系非常紧密，教会可以看成殖民政府统治机构的一个部分。[①] 西班牙殖民者征服菲律宾群岛中北部后，力图将版图扩大到南部，遭到了穆斯林武装力量的有力反击。直至 19 世纪末，西班牙表面上征服了菲律宾南部，但实际上并未完全控制这一地区。这种不屈的斗争使南部穆斯林形成了一种独特的意识，并产生了对天主教徒的敌意。

1896 年 8 月，菲律宾爆发了反抗西班牙统治的革命。革命从马尼拉近郊开始，迅速席卷全国，甚至波及棉兰老岛的北部。1898 年，西班牙三百余年的殖民统治最终瓦解，菲律宾共和国在战火中诞生。同年美西战争爆发，美国借此攻占马尼拉，菲律宾人民不畏强权，拼命抵抗，但菲律宾共和国以失败告终。第二次世界大战后，菲律宾人民要求独立的声音此起彼伏，美国不得不同意菲律宾在 1946 年 7 月 4 日独立。

菲美战争后，美国在菲律宾推行政教分离政策，菲律宾独立后仍然延续了这一政策。天主教在菲律宾中北部有着深厚的民众基础，教会的戒律和仪式已经和人们的日常生活融为一体，人们有着一种本能的遵从意识，因此，天主教对菲律宾政治仍然有着或明或暗的重要影响。

菲律宾独立后，菲律宾对少数族群采取的政策是同化。菲律宾政府成

---

① 　吴杰伟：《菲律宾天主教对政治的介入》，《东南亚研究》2005 年第 6 期。

立了"国家整合委员会"（Commission on National Integration），在 1957 年颁行法令，提出"以更快、更全面的方式来实现非基督教徒菲律宾人及弱势文化集团在经济、社会、意识形态及政治上的进步；使这些弱势文化集团真正、全面永久地融入国家政治实体"①。"菲律宾化"成为菲律宾政府整合少数族群的方向。菲律宾政府认为旧式的伊斯兰教育已难以满足现代化的发展需求，在南部尽力发展西式教育，如建立棉兰老国立大学，致力将南部整合进菲律宾天主教的主流文化，同时菲律宾政府在北部山地族群地区推广天主教，试图将山地族群"菲律宾化"。

1986 年马科斯政府垮台后，菲律宾开始重新民主化。为减少族群冲突和尽快缓解国内矛盾，菲律宾政府将之前的整合政策由"同化主义"转为"团体多元主义"，北部聚居的山地族群与南部穆斯林群体开始被看作独特的族群整体而非个体的同化对象给予特殊政策。② 菲律宾政府在 20 世纪 90 年代成立了棉兰老穆斯林自治区，自治区政府首次获得管理本地区教育的权力。自治区政府加强了本地区公立学校中伊斯兰文化价值的传承，同时将阿拉伯语列为自治区的第二官方语言。并且菲律宾国会通过了《2002 年穆斯林教育经费援助规划》，全面帮助南部穆斯林建设伊斯兰学校，承认这些学校是菲律宾的正规教育学校，保证了地方教育制度与全国教育体系的接轨，伊斯兰学校的学生可以顺利升学，进入更高层次的学校。③ 菲律宾政府还于 1997 年推出了"土著权利法案"，成立了研究和管理山地族群的国家土著事务委员会，并在北吕宋部分山地族群聚居区成立科迪勒拉行政区以保护土著权益。

棉兰老穆斯林自治区的成立一定程度上缓解了族群矛盾，但自治区的覆盖范围和权利与穆斯林的要求仍有较大距离，并且一些政策没有执行到位，大多数穆斯林没有从中受益，生活仍处于困顿之中。南部政教合一的伊斯兰教传统与菲律宾政府政教分离的原则仍有距离，天主教和伊斯兰教在南部对立的局面依然存在。

菲律宾南部穆斯林问题的产生与精英家族拥有过多的土地有着密切的联系，而菲律宾政治整合政策的效果有限，也与精英家族有关。菲律宾很早就开始推行西式的民主制度，总统、国会议员均由选举产生，但选举

---

① Peter G. Gowing, 1979：*Muslim Filipinos-Heritage and Horizon*，Quezon City：Dew Day Publishers，p. 208.

② 彭慧：《菲律宾的山地民族及其"土著化"问题》，《世界民族》2013 年第 4 期。

③ 何平、段宜宏：《菲律宾民族国家的建构与民族整合进程》，《南亚东南亚研究》2020 年第 4 期。

实际上是精英家族在民主形式之下对国家权力的争夺。精英家族起源于分散于群岛各处的"巴朗圭"（Barangay）。"巴朗圭"里有类似于现代乡村领导人的角色"大督"（Datu），而巴朗圭本身是许多家庭结合而成的亲缘群体，大督领导与成员服从形成了类似于后世学者们所说的"庇护关系"（Patron-client relationship），在历史演进过程中，精英家族政治权力由地方向中央延伸并最终垄断国家政治权力。① 这种庇护关系至今在菲律宾的政治生活中占据主导地位，他们通过庇护关系结成同盟，被庇护者最主要是忠于个人，而非国家。这种裙带关系对政党政治有着极深的影响。菲律宾的政党组织往往系统松散，缺乏稳固性和凝聚力，没有统一的章程、纲领和意识形态，而政治精英的力量主要放在大选之前如何当选和大选后如何为小集团攫取利益和捞回成本方面。② 菲律宾的"既得利益者"往往是这些精英家族，而"未得利益者"则是普罗大众，两者之间虽然有些渊流，但是他们世世代代都泾渭分明。这些精英家族依赖的经济基础是大庄园经济，后来是工商业，但他们在农业部门现在仍有大量的利益。由于土地过于集中，土地问题在菲律宾一直是影响经济发展的顽疾，特别是人多地少的中吕宋，阶级斗争十分激烈，一度引发了胡克武装反抗。为解决土地问题，菲律宾的几任总统都鼓励人口稠密地区的人们向人口稀少的南部迁移，而穆斯林和天主教徒在南部为了争夺生存空间，矛盾空前激化，爆发了分离主义战争。在菲律宾经济发展的过程中，资源丰富、土地辽阔的南部受到外资的青睐，南部各省外向型经济最大的受益者是外国资本及与外资有联系的精英家族，而这些跨国公司及其控制的种植园雇佣的劳动力往往是文化水平较高的天主教徒移民，普通穆斯林并没有从中受益，生活也没有多少改善。与精英家族和一般天主教徒相比，穆斯林在菲律宾南部处于弱势。

　　马来西亚的整合政策是不完全同化，马来人为主的政府一方面希望将少数族群纳入马来文化和主流社会；另一方面，在马来人与华人之间塑造了一条清晰的边界，以防华人改变族群身份来获得马来人特权。不完全同化政策有自相矛盾之处，它的整合效果自然有限。菲律宾政府对整合政策进行了适当的调整，南部穆斯林群体与山地族群开始被看作独特的族群整体而给予特殊的政策，但整合政策的效果整体上受制于精英家族政治及菲律宾薄弱的国家能力。

---

① 龙异：《菲律宾精英家族政治的历史演进分析》，《南洋问题研究》2013 年第 4 期。

② 马燕冰：《菲律宾》，北京，社会科学文献出版社，2019，第 152～154 页。

三　国语与民族国家建构

民族国家是当今世界最基本的国家形态。在许多国家，民族国家建构就是要建立以共同语为交流媒介语的制度和环境以帮助公民形成特定的民族意识或身份，正如金里卡所言，"民族国家建构是一个促进共同语言、共同成员资格感和平等享用以共同语言来运作的社会制度的过程。官方语言、教育的核心课程、获取公民资格的条件——对这些事情的决定都立足于这样一个企图：在全社会扩展某一特殊的文化，并且，基于对这种社会文化的参与去促进特定的民族身份"①。

（一）马来西亚

在马来西亚，马来人历史上影响最大的政党巫统坚持以马来语来推进民族国家建构。以马来民族主义身份自居的巫统之所以这样做，就像厄内斯特·盖尔纳所说，民族主义就是为使文化和政体一致，努力让文化拥有自己的政治屋顶。② 这种文化是一种标准化的、以识字和教育为基础的受国家保护的高层次文化。③ 巫统希望建立以马来语为教学语言的国民教育体系，从而将新成立的国家建成马来文化的政治屋顶。

建国前，马来亚存在着以英语、华语、泰米尔语为教学语言的学校，华教工作者认为，教学语言只是教育的一种工具，只要课程内容以马来亚为主轴，同样可以达至认同马来亚的教育目标，他们坚决维护华人受母语教育的权利。④

马来亚独立时，宪法赋予了马来语国语的地位。建国后，巫统对于建立一个以马来语为唯一教学语言的国民教育体系矢志不渝。巫统的做法是建立在这样一个假设之上：在一种以一个语言、一个国家为中心的课程下，将可促使马来西亚民族早日形成，而其他语文源流学校的存在是达成这个统合目标的障碍。⑤ 马来西亚政府官员甚至认为，华文、印度文学校

① Will Kymlicka, 2002: *Contemporary Political Philosophy*, New York: Oxford University Press, p. 347.

② 〔英〕厄内斯特·盖尔纳：《民族与民族主义》，韩红译，北京，中央编译出版社，2002，第57~58页。

③ 〔英〕厄内斯特·盖尔纳：《民族与民族主义》，韩红译，北京，中央编译出版社，2002，第72页。

④ 齐顺利：《马来西亚民族建构和马来文化强势地位的形成》，《河南师范大学学报（哲学社会科学版）》2008年第4期。

⑤ 〔马〕林开忠：《建构中的"华人文化"：族群属性、国家与华教运动》，吉隆坡，华社研究中心，1999，第85页。

的存在是导致马来西亚冲突的根源。①

　　1960 年，巫统主导下的政府发布了《达立报告书》，提出"利用国语教学之最后目标"。具体措施有：以马来语为教学语言的小学称为国民小学，其他语文源流的小学则称为国民型小学；政府只为以马来语（国语）和英语（官方语言）为教学语言的中学提供全部津贴；以前政府为华文中学举办的会考、升学考试和离校文凭考试全部终止。② 当时华人社会拥有 76 间华文中学，55 间易旗接受改制用马来语教学，16 间坚持用华语教学成为独立中学。③ 独立中学遭此重击，并未一蹶不振。经过华教工作者和华人社会十多年的共同努力，独立中学的教学水平稳步提升，并从1975 年开始举办统考，向国外大学及国内私立大学输送人才。

　　1967 年，马来西亚国会通过国语法案，马来语成为唯一的官方语言，英语的官方语言地位被取消。国民型英文学校被改成以马来语教学的国民学校。20 世纪 80 年代初，以国语为教学语言的制度在马来西亚基本上形成。

　　今天，华人年青一代的马来语越来越好。华人子女读完华语小学后更多进入国中，而不是进入以中文为教学媒介语的独立中学，华人深知学好国语的重要性，这有助于华人与马来人之间的沟通与理解。然而根据笔者在马来西亚的实地观察，华人对马来语的态度实际上挺矛盾的。华人积极学习马来语，因为有用，同时又不情愿学，有抵触情绪。笔者初到马来西亚时，曾和一位华人朋友攀谈，谈及当地华人出众的语言能力，很多华人都可以讲马来语、英语、华语等几种语言。华人朋友立刻对笔者说，华人之间是不讲马来语的，华人讲马来语是被逼的、不情愿的。当时笔者听了很惊讶，以为他说的是个人的感受。随后笔者又经历了两件事情，就懂得了这不是他个人的感受。这两件事情都是笔者在观察第十二届全国大选时发生的。2008 年，笔者在马来亚大学的合作导师何国忠博士从政，他代表马华公会在马来西亚柔佛州居銮选区竞选国会议员。有一次，何国忠博士的助选团队在一所中学外派送何国忠博士参加大选的材料，这些材料都是宣传何国忠博士其人其事的。许多华人家长前来学校接送孩子，华语材料很快派送完毕。当时还有很多华人家长没有拿到材料，于是笔者向助选

① 参见曾少聪《东南亚华人与土著民族的族群关系研究——以菲律宾和马来西亚为例》，《世界民族》2002 年第 2 期。
② 〔马〕莫顺生：《马来西亚教育史 1400~1999》，吉隆坡，马来西亚华校教师总会，2000，第 78~80 页。
③ 〔马〕郑良树：《独立后华文教育》，载〔马〕林水檺、何国忠、何启良、赖观福合编《马来西亚华人史新编》（第二册），吉隆坡，马来西亚中华大会堂总会，1998，第 266 页。

团队建议，派发马来语材料。笔者的建议随即被一位助选团队成员否决，她严肃地对笔者说："可千万不敢发马来语材料给华人，发了马来语材料给人家，人家的心情会很不同，本来人家可能要投你一票，你一发人家就不投你票了。"在谈话过程中，她还给笔者做了一个很痛苦的表情，至今印在笔者的脑海里。虽然都是个案，但颇能说明一些问题，那就是作为国语的马来语没有拉近马来人和华人的感情距离，起到团结的作用，反而使华人和马来人之间更加地疏远了。

独立中学至今没有被纳入政府的教育体系，独立中学的统考也没有获得政府承认。2018 年马来西亚大选前夕，反对党联盟——希望联盟提出，一旦掌权，政府将承认统考文凭，让独中生可以以统考成绩申请进入本地国立大专学府。[①] 希望联盟当选后，迫于马来民族主义的压力，并没有承认独中统考。对于独中统考，执政党联盟和反对党联盟中的马来人保守势力有一定的共识，正如马来西亚教育部前副部长卡玛拉纳登 2016 年在国会中所说："政府现阶段无法承认统考，是因为它不符合国家课程纲要及国家教育哲学。这是我们需要接受的现实，因为这与国家利益及主权有关。"[②] 实际上，独中统考承认与否的问题背后映射出的是"马来人的马来西亚"，还是"马来西亚人的马来西亚"两种理念之争。在新兴民族国家建构初期，民族国家还未成型，民族国家建构首先要处理"谁的国家"的问题，而以何种语言建立国民教育体系就成为处理这个问题的试金石。

（二）菲律宾

美国占领菲律宾后，大力在菲律宾推进美式教育，英语成为最重要的语言。英语不仅是各级学校的教学语言，而且成为政府部门的工作语言。为减少美国同化教育的影响，革新民族精神，1935 年成立的菲律宾自治政府采取了两项重要举措：一是对教学内容和课程设置进行了改革，采用菲律宾人自己编写的教科书，加强宣扬菲律宾的历史和文化；二是对菲律宾的各种语言和方言进行研究，并于 1937 年宣布他加禄语为国语。之后他加禄语作为一门课程开始在菲律宾的学校中教授。当时的教育部部长发布命令，提出英语仍然为学校中的教学语言，但小学教师可以用方言来辅助教学。菲律宾自治政府通过在教育领域引入国语和方言，打破了英语垄断教学语言的局面。

---

① 〔马〕希望联盟：《希望宣言：拥抱希望，重建家园》，2018，第 76 页。

② 〔马〕诗华日报网站，《顾及国家利益主权，政府暂不承认统考》，http：//news. seehua. com/？p = 154881，2020 年 10 月 8 日。

　　菲律宾独立后，政府更加重视他加禄语，1959 年将他加禄语更名为"菲律宾语"。这种称谓的改变，既弱化了语言的他加禄色彩，又巩固了它反殖民主义的形象。菲律宾语成为一个在修辞和政治上更可行的国语名称，特别是在"民族主义复兴"的背景下（始于 20 世纪 50 年代），越来越多的人认为美国继续主导着菲律宾生活的所有方面。① 菲律宾语成为抵制美国新殖民主义的象征。菲律宾著名的历史学家雷纳托·康斯坦蒂诺甚至将英语教学作为菲律宾人民错误教育的主要根源。② 为缓解这一矛盾，菲律宾在 1974 年推出了双语政策。该政策规定，小学和中学的数学和科学科目使用英语教学，而其他科目使用菲律宾语教学。这一政策的原理是：英语代表现代化，菲律宾语代表民族主义；英语代表实用主义，菲律宾语代表民族认同；英语代表世界，菲律宾语代表国家。③

　　在双语政策下，以他加禄语为基础的国语在国内迅速传播，这进一步加深了他加禄语与其他语言群体之间的矛盾。比萨杨语和他加禄语都是菲律宾使用人数最多的语言。20 世纪 30 年代，这两种语言都有可能成为国语，但他加禄语是吕宋岛中部的语言，也是菲律宾政治经济中心马尼拉的语言，最重要的是它是当时自治政府总统奎松和其他主要领导者的语言。因此他加禄语被选为国语。"他加禄语帝国主义"或者"马尼拉帝国"至今困扰着菲律宾民族国家建构的努力，非他加禄语群体把主要的社会经济、政治和文化决策视为企图固化讲他加禄语政客和领导者的权力。④

　　在双语政策中，与英语相比，菲语的经济价值不高，人们更喜欢用英语来作为族际通用语。英语仍然是菲律宾高等院校的主要教学语言，在传统的名牌高校更是如此。菲律宾的上层社会、政府机关以及工商业界均使用英语，很多人认为菲律宾语的用处不大。⑤ 由于缺乏合格的菲律宾语教师，以及菲律宾语自身科学体系不够完善，菲律宾语在吕宋岛的大马尼拉

①　Ruanni Tupas, 2015: "The Politics of 'p' and 'f': a Linguistic history of 'Nation-Building' in the Philippines", *Journal of Multilingual & Multicultural Development*, Vol. 36, No. 6.

②　Renato Constantino, 1970: "The Mis-education of the Filipino", *Journal of Contemporary Asia*, Vol. 1, No. 1.

③　Ruanni Tupas, 2015: "The Politics of 'p' and 'f': a Linguistic history of 'Nation-Building' in the Philippines", *Journal of Multilingual & Multicultural Development*, Vol. 36, No. 6.

④　Ruanni Tupas, 2015: "The Politics of 'p' and 'f': a Linguistic history of 'Nation-Building' in the Philippines", *Journal of Multilingual & Multicultural Development*, Vol. 36, No. 6.

⑤　沈红芳：《菲律宾》，上海，上海辞书出版社，1985，第 236 页。

地区外发展缓慢，菲律宾的双语政策趋于"弱式"。

双语政策还忽视了儿童学习的特点以及基于母语的语言学习，一些母语为非他加禄语的教师不能很好地将双语政策落实到教学中，严重影响了双语政策的实效。2007 年，联合国教科文组织倡议"语言多元化"，在全球弘扬语言和文化的多样性。在国内外环境的影响下，菲律宾教育部于2009 年发布指令，在全国正式、非正式的教学中，采用基于母语的多元语言教学，废除实行了 35 年来以英语和菲律宾语为教学语言的双语政策。该法令的战略思想旨在用母语即第一语言开发学生的认知和推理能力，然后将其迁移到第二语言的学习中去。① 然而，基于现实的考虑，菲律宾人偏爱英语，国语的学习前景仍然堪忧。

马来西亚和菲律宾都试图以国语为教学语言的国民教育体系来进行民族国家建构。然而政府在政治和经济上的政策同样会对民族国家建构产生重要影响，就像陈志明所说："（马来西亚）华人在某些文化问题上团结一致，与其说是针对相关问题进行抗争，不如说是借此表示他们对捍卫更广泛的华族利益的支持。这种文化上的反应，显示了他们对文化、社会和经济歧视的察觉。"② 因此，民族国家建构还需要从政治、经济等方面展开，而且需要政府能够一视同仁地对待各个族群，否则民族国家建构就难以取得真正的成效，甚至会适得其反，因为有时尝试建立一个民族的努力所制造的问题比所能解决的问题更多。

四　族群政治联盟、族群平等与民族国家建构

威默在其著作《民族国家建构——聚合与崩溃》中提出一个引人深思的问题，即：为什么民族国家建构在某些国家获得成功而另一些国家却遭到失败？威默认为那些出现跨越区域和族群界线的政治联盟，拥有少数族群和多数族群都能在国家层级的政府中有代表的包容性政权的国家往往能够取得成功。③ 威默特别提及马来西亚出现了包容性的权力结构，绝大多数公民被纳入了以国家级政府为中心的联盟和支持的网络之中。④ 其

---

① 周子伦等编著：《菲律宾语言政策和英语研究》，成都，四川大学出版社，2015，第150 页。

② Tan Chee-Beng, 1988："Nation-Building and Being Chinese in Southeast Asian State：Malaysia"，in Jennifer Cushman and Wang Gungwu eds.，*Changing Identities of the Southeast Asian Chinese Since World War II*，Hong Kong：Hong Kong University Press, p. 143.

③ Andreas Wimmer, 2018：*Nation Building：Why Some Countries Come Together While Others Fall Apart*，Princeton：Princeton University Press, pp. 7～8, 227.

④ Andreas Wimmer, 2018：*Nation Building：Why Some Countries Come Together While Others Fall Apart*，Princeton：Princeton University Press, p. 24.

实，菲律宾也出现了类似的族群政治联盟网络，只不过这种网络主要是在地方政府的层级中。

（一）马来西亚

在马来西亚，联盟党和后来的国民阵线都是由巫统组建的族群政治联盟。马来亚独立前夕，为了赢取大选，巫统、马华公会和印度国大党组建成联盟党，宣称代表马来人、华人和印度人，最终在 1955 年大选中获胜得以组建政府。1969 年"五·一三"事件后，巫统认为联盟党已经衰弱，于是收编尽可能多的在野党，组建国民阵线。联盟党和国民阵线在协调各族群利益方面基本上发挥了应有的功能，化解了族群间特别是在马来人与华人之间不时出现的针锋相对的局面，有利于马来西亚的政治稳定，正如马来西亚学者何启良所言："国民阵线的组织，可以说是华族与巫族在政治沟通上唯一的桥梁……在这个不习惯、不讲究、甚至不愿对话的大马政治文化里，此一沟通是极为宝贵的。"①

在马来西亚，族群政治联盟对个人的影响并没有像威默预计的那样发展。威默提出："这些影响深远的联盟一旦制度化并被视为理所当然，就会鼓励个人将自己首要地认同为建构国家的民族共同体的成员，民族主义的思想和感情框架将深入大众意识。"② 马来西亚的族群政治联盟虽然存在日久，但各族群之间至今没有形成深厚的集体意识，马来人、华人、印度人之间反而是族群意识盛行，族群边界清晰。马来亚独立时，老一辈华人尽管不情愿但还是同意了马来人拥有特权，现在年轻一辈将这视为不公，正如陈志明所言："就我在马来西亚 16 年的大学教学经历而言，年轻一代的马来西亚华人之强调与马来人的平等权利是与对马来西亚的归属感息息相关的。"③ 时至今日，华人社会始终存在着"我爱马来西亚，可是马来西亚爱我吗"的声音。

相反，族群之间的不平等会削弱族群政治联盟。在 2018 年马来西亚大选中，国民阵线政府首次垮台，这和族群不平等有着较大的关系。在华人不能与马来人享有平等公民权的背景下，随着华人人数从独立初期的近四成下降到今天的两成多一点，成为少数族群的华人愈发认为自己受到了

---

① 〔马〕何启良：《政治动员与官僚参与——大马华人政治论述》，吉隆坡，华社资料研究中心，1995，第 46 页。

② Andreas Wimmer, 2018: *Nation Building: Why Some Countries Come Together While Others Fall Apart*, Princeton: Princeton University Press, pp. 27 ~ 28.

③ 〔马〕陈志明：《族群认同与国家认同：以马来西亚为例（上）》，罗左毅译，《广西民族学院学报（哲学社会科学版）》2002 年第 5 期。

不公正对待。从 2008 年马来西亚大选起，华人开始定下心来支持华人反对党——民主行动党，力度一届比一届大，这可以从民主行动党不断增长的国会议席上看出来。在 2018 年大选中，国民阵线中的华人政党马华公会只夺得一个国会议席，国民阵线中的另一华人政党——民政党竟然一席未得，而反对党民主行动党获得了史无前例的 42 个国会议席，可以说民主行动党获得了绝大部分华人的支持。时任马来西亚首相纳吉布在 2018 年大选时深受"一马公司"贪腐的影响，反对党联盟又得到了马哈蒂尔强有力的领导，这些因素结合在一起最终导致国民阵线政府首次垮台。国民阵线政府倒台后，马华公会一度希望离开国民阵线。华人反对党民主行动党所在的希望联盟曾短期执政，但是陷于党派之争，很快失去政权，而华人在彼时的联邦政府中的代表性受到了空前削弱。

（二）菲律宾

在菲律宾民族国家建构的进程中，菲律宾政府曾吸收南部穆斯林的领导力量在地方政府层级合作，形成了某种族群政治联盟，但由于族群不平等的深层次矛盾没有解决，菲律宾南部总是又很快出现新的反叛力量。

西班牙在菲律宾的殖民统治创造了两个截然不同的群体——中北部天主教徒和南部还未被征服、主要是穆斯林的群体。美国征服南部之后，将一些天主教徒移民到南部，强行将这两个群体结合在一起。

20 世纪 30 年代以后，美国逐步将南部的统治权力转移给北方天主教徒。在新形势下，新一代穆斯林领袖开始主导南部穆斯林事务，他们不仅拥有传统贵族家庭的统治权威，而且多少接受过美式教育。他们提出"菲律宾穆斯林"的口号，向政府要求南部穆斯林地区经济上的发展权和政治上的平等地位。这批穆斯林上层第一次跨越棉兰老地区多元的部族认同，试图以新的身份来获取新政权的承认，来维护自己在棉兰老地区的统治利益。"从体制外的游戏到体制内的博弈，穆斯林精英的意识转变，反映了群体心理由外向性多元认同向内向性聚合性认同的变化趋势。当然，这些手法的变化很大程度上只是为保有原有统治地位的政治手段。"① 这批穆斯林精英对当时的政治气候还是适应的，一直活跃到菲律宾独立后。

独立后，菲律宾政府起初对南部穆斯林采用的是同化政策。但是菲律宾政府以融入为目标的整合政策仅仅停留在纸面上，穆斯林人民满怀期待的基础设施改善、社会经济发展都没有实现。有学者评论说："菲律宾独立 20 年后，棉兰老的穆斯林仍处于落后状态，他们经济停滞、社会传统

---

① 彭慧：《菲律宾穆斯林"摩洛形象"研究》，武汉，华中师范大学出版社，2015，第 113 页。

式微、法律和习俗也处于崩溃的边缘。"①

20世纪60年代末，棉兰老地区爆发了穆斯林分离主义运动。分离主义运动的主要领导人并非来自传统穆斯林精英家庭，而是一批利用政府奖学金在马尼拉上大学的学生。分离主义的领导人最终赢得了大众的支持，这是因为原有的穆斯林领袖没有采取任何措施来保护普通穆斯林免受大量天主教徒移民带来的严重侵害。②

在这场分离主义战争中，成立于1969年的摩洛民族解放阵线发挥了重要作用，它的主要领导人是密苏阿里与萨尔马特，他们试图在南部建立一个世俗的摩洛民族国家。菲律宾政府对摩洛民族解放阵线采取了又打又拉的策略。70年代末，以萨尔马特为首的伊斯兰学院学生与世俗学院的穆斯林学生产生了较大分歧，伊斯兰学院学生希望在菲律宾南部建立一个政教合一的伊斯兰国家，他们很快脱离摩洛民族解放阵线，在1982年建立了摩洛伊斯兰解放阵线。在菲律宾政府的拉拢下，摩洛民族解放阵线与菲律宾政府签订了和平协议，组建地方自治政府。一些摩洛民族解放阵线成员认为密苏阿里背叛了他们的事业，他们选择加入摩洛伊斯兰解放阵线，同时政府许诺的各项资助并未实现，许多贫民也纷纷加入摩洛伊斯兰解放阵线，反对菲律宾政府的统治。后来在国际形势的影响下，菲律宾南部甚至出现了阿布萨耶夫的恐怖主义组织，四处制造混乱。

反抗菲律宾政府的运动已经四分五裂，无法形成合力，其高潮不再。普通穆斯林深受战争之苦，有着自身的诉求和利益。"一些研究表明，分离主义事业往往无法在地方一级获得强大的追随者。而分离的语言已经被自治的话语所取代，但最初社会排斥的主张在地方层面继续存在——因为从增长和自治中获得的好处并没有使人们的生活水平发生重大改变。"③棉兰老岛普通穆斯林的生活水平当前仍然远低于全国平均水平。即使在今天，穆斯林也经常称自己是"仅凭文件证明的菲律宾人"④。

在马来西亚和菲律宾，族群政治联盟有助于族群之间的沟通协调，缓解族群之间的紧张局面，有利于保持政治稳定，与此同时在马来人与华人

---

① T. J. S. George, 1980: *Revolt in Mindanao: The Rise of Islam in Philippine Politics*, Kuala Lumpur: Oxford University Press, p. 122.

② Thomas M. Mckenna, 1998: *Muslim Rulers and Rebels: Everyday Politics and Armed Separatism in the Southern Philippines*, Los Angeles: University of California, p. 6.

③ Francisco J. Lara Jr. and Phil Champain, 2009: *Inclusive Peace in Muslim Mindanao: Revisiting the Dynamics of Conflict and Exclusion*, London: International Alert, p. 22.

④ Stuart J. Kaufman, 2013: "The Limits of Nation-building in the Philippines", *International Area Studies Review*, Vol. 16, Issue 1.

之间、天主教徒与穆斯林之间存在着不平等，不同族群获取公共物品的能力有较大的差异。获取公共物品能力低的族群通常认为他们在族群政治联盟中的代表不能有效维护本族群利益，有时会质疑他们代表的正当性，在极端的情形下，甚至相信他们在联盟中的代表背叛了族群利益，而选择其他代表，不管这种代表是合法的还是非法的。长期来看，族群不平等反过来最终会削弱族群政治联盟，甚至引发政府倒台，在极端的形势下，引发分离主义战争。

本章小结

在三国的民族国家建构进程中，多数族群都起着主导作用，不同的是马来西亚、新加坡的多数族群相对稳定，而菲律宾的多数族群正处在形成的阶段，这相应地增加了菲律宾政治整合的难度。马来西亚、菲律宾都试图建立以多数族群的语言为交流媒介语的制度和环境以帮助公民形成特定的民族意识或身份，新加坡则以英语作为各族的共同沟通语，使各族群在一个平台上进行公平的竞争，并将华人、马来人和印度人的母语列为官方语言，为各族表达差异、发展文化留下了空间。

在马来西亚、菲律宾的民族国家建构中，多数族群都起着主导作用。马来西亚的多数族群马来人尽管有着多种来源，[①] 但目前已相对稳定；而菲律宾多数族群包括他加禄人、比萨杨人、伊洛克人、比科尔人等，当前处在形成之中。他们大多生活平原地区，在菲律宾的政治、经济和社会生活中占据主导地位，信仰天主教，但是语言不同，有人称他们为基督民族，[②] 也有人称之为马来族。[③]

在马来西亚民族国家建构的进程中，马来西亚政府的政策是有力度的，始终是不完全同化政策，一直希望建立以马来语为交流媒介语的制度和环境以帮助公民形成马来西亚民族的意识或身份。然而马来西亚的民族国家建构有自相矛盾之处，马来西亚政府在名义上多次提出要建立一个团结、族群融合的马来西亚民族，但从马来西亚族群政策来分析，其目标取

---

① 马来西亚马来人的来源，除了本地的马来人外，还包括印尼的爪哇人、亚齐人、米南加保人、布吉斯人以及印度穆斯林和阿拉伯人。

② 参见中华人民共和国驻菲律宾共和国大使馆经济商务处网站《众多的民族》，http：//ph. mofcom. gov. cn/article/ddgk/zwminzu/200302/20030200068524. shtml，2020 年 10 月 1 日。

③ 彭慧：《菲律宾穆斯林"摩洛形象"研究》，武汉，华中师范大学出版社，2015，第 4 页。

向主要在于优先确保马来人的利益，也可以这么说，马来人优先于马来西亚民族，马来西亚实际上正在建立一个马来民族国家。在今天的马来西亚，马来人需要扶持成为一种习惯的观念和期待，马来人优先被视作当然的基本权利，一旦政策调整，就会引发矛盾，成为新的焦点。因此，今后马来西亚民族国家建构的顺利推进既有赖于马来人中的改革派是否敢于挑战既得利益者，也有赖于多数族群马来人的心愿，即马来人能否以开放和自信的心态真正地拥抱更高层次的集体身份，将他族视为我族，平等对待，重塑马来西亚的族群关系。

在菲律宾民族国家建构的进程中，菲律宾政治整合政策起初为"同化主义"，后调整为"团体多元主义"，菲律宾政府曾经试图建立国语——他加禄语为交流媒介语的制度和环境以帮助公民形成特定的民族意识或身份，后来不得不调整相应的政策，采用基于母语的多元语言教学政策。总体而言，菲律宾民族国家建构的效果有限，这与正在形成的多数族群与精英家族政治密切相关。由于多数族群在菲律宾正处在形成的阶段，很多时候无法形成强大的合力，如菲律宾在建立以他加禄语为沟通媒介的公共机构（政府、法院、经济部门和各级学校等）时，遭到了多数族群中其他语言群体的质疑，因为这会增加其他语言群体融入的困难和成本，菲律宾不得已调整了政策，这相应地增加了菲律宾政治整合的难度。精英家族政治也会对菲律宾民族国家建构产生较大制约。菲律宾的精英家族至今主导着菲律宾的政治生活，既得利益者和普罗大众现在依然是世代分明，一般民众对国家的支持有限，菲律宾的国家能力因此难以得到大幅提升，而国家能力薄弱会对菲律宾民族国家建构产生影响。在菲律宾民族国家建构的进程中，菲律宾政府根据实际情况调整了政治整合政策，但由于菲律宾国家能力薄弱，不能将政策执行到位，也没有足够的资源，南部穆斯林和山地族群都无法从中获益，真正地改善生活。因此，今后菲律宾民族国家建构的顺利推进，不仅需要让南部穆斯林和山地族群真正获益，而且也需让多数族群中的一般民众受益。

在马、菲两国中，马来人与华人之间，天主教徒与穆斯林之间，都较为缺乏共享的历史和文化，他们甚至对各自国家一些重大历史事件的解读都是相反的，可以说"马来西亚民族"和"菲律宾民族"本质上是一个国家致力建构的产物，而非自然发展而来。在构建人们对国家层面"民族"认同的过程中，利益往往是个人和群体选择的指南针，正如威默所说："同化到另一个民族并非不可能。那些在提供公共物品方面更为成功的继承国家，从长远来看，可能会很好地获得以前认同另一个民族共同体的人口的忠诚。"① 实际上，在那些能提供且能公平分配公共物品的国家中，越来越多来自不同族群背景的个人和组织会希望与国家建立联系，并提供政治（如投票）、军事（如积极参军）和财政（如自愿纳税）上的支持。在多族群的民族国家建构中，多数族群和少数族群之间利益分歧的有效解决将有助于他们在重大历史事件上达成共识，并在文化上互相包容，从而逐渐形成休戚与共的命运共同体。

---

① Andreas Wimmer, 2018：*Nation Building：Why Some Countries Come Together While Others Fall Apart*，Princeton：Princeton University Press，p. 32.

结　论

第二次世界大战后，第三世界国家纷纷通过民族解放运动赢得了独立。但是这些国家的建立，并不意味着民族国家建构的完成，反而是民族国家建构的新起点。民族国家建构在一定程度上是要解决"谁的国家"的问题。外族统治是帝国或殖民国家，而非民族国家。经过民族解放运动，新兴国家的政权从外人手中转到了国人手里，但这只是获得了民族国家的外表，而民族国家的内核——个人与国家的关系、族群与族群的关系、族群与国家的关系——还没有成型，并且各族群之间共同核心价值观的形成乃至共同文化的培育都是长时段的，无法一蹴而就。

马来西亚民族国家建构深受近代西欧民族国家建构模式的影响，试图将一国之内的人民整合成一个民族。对马来西亚而言，民族国家的建构与国家民族的创建其实是一个问题的两个方面，因为随着国家层次"民族认同"的建构，对民族国家的"国家认同"也会顺势建构起来。现阶段马来西亚民族建构的现状为：族群边界清晰，族群之间难以融合，族群意识盛行，马来西亚民族意识淡漠。建国至今，马来西亚民族建构仍然处在困境之中，原因主要有以下三个。

其一，马来人特权。为扶持处于弱势地位的马来人，巫统在社会诸多方面实行马来人特权。为了让马来人享有特权，巫统在马来人与非马来人之间着力塑造了一条边界，使得人们倾向于用族群的眼光来看待马来西亚的一切，并将一方之所失视为另一方之所得，从而不利于族群间的融合和共同的马来西亚民族意识的形成。今天，马来西亚要想取消马来人的特权也并非易事。马来人是在政府的扶持之下在各个领域强大起来的，使得他们习惯于政府的照顾。马来人在无形之中形成了一种依赖的思想，而马来人的自信心却没有顺利建立起来。在这种情形下，马来人认为，在自由竞争的环境下，马来人仍然难以与非马来人（特别是华人）竞争，这就使得马来人中的一些有识之士在提倡废除马来人特权时，一般马来人显得犹豫不决、踌躇不前。

其二，巫统政府的民族建构手段。马来西亚建国后，巫统政府选择了马来文化和以马来语为教学媒介语的国民教育体系来建构自己想象中的民族国家。这种将主体族群文化作为整个民族文化的做法，强化了国内族群间的差异，使主体族群得以"一族独大"，并为族群不平等、族群歧视和族群冲突埋下了祸根。巫统政府在新经济政策时期，为推进民族国家建构进程，极力限制华人文化、华文教育的发展，致使族群关系紧张，引起接连不断的族群冲突，反而不利于族群意识的弱化和族群融合。20 世纪 90年代，巫统政府虽然放松了对非马来人文化的管制，非马来人可以在相对宽松的环境下发展自己的文化，但巫统政府仍然未将非马来人文化纳入马来西亚的公共文化，非马来人文化也难以获得政府的支持和帮助，从而不利于非马来人认同巫统建构下的马来西亚民族。

其三，华人认为没有受到平等对待。由于缺少深远的历史和共同的文化，马来西亚民族本质上是一个国家致力建构的产物，而非人类群体自然发展而来，在构建人们对马来西亚民族认同的过程中，利益往往是个人和群体选择的指南针。华人至今无法享有同马来人平等的公民权，并且华人和马来人对于什么是经济上的平等有着极大的分歧。华人要求机会平等，主张社会要为每个人创造公平的竞争环境和对等的进入机会，不论族群、宗教和文化背景；马来人坚持结果平等，主张必须公平分配国家财富和反映多数族群的比例。以结果平等为导向的政策，虽然短期效果好，但是长远来看，无法激发人们的工作积极性，不利于整个国家的长远发展。华人普遍认为自己没有受到平等对待。这严重影响了华人对马来西亚民族的认同，因为"民族总是被设想为一种深刻的、平等的同志爱"①，民族中每位成员都应当拥有平等的权利和义务，正如王建娥所说，缺乏民族平等的教育，缺乏平等的承认，就不可能在国家的各个部分之间形成明确的规范性的交往关系，创造出凝聚力。②

从巫统出台的马来西亚民族建构政策来分析，其政策取向主要在于确保马来人的利益，也可以这么说，在巫统主导下的民族国家建构中，巫统的政策取向是马来人优先于马来西亚民族，马来西亚实际上正在建立一个马来民族国家。巫统这么做的原因，一是巫统从历史的角度出发，认为马来西亚是马来人的马来西亚，马来西亚民族应以马来人为核心，以马来文

---

① 〔美〕本尼迪克特·安德森：《想象的共同体：民族主义的起源与散布》，吴叡人译，上海，上海人民出版社，2003，第 7 页。

② 王建娥：《国家建构和民族建构：内涵、特征及联系——以欧洲国家经验为例》，《西北师大学报（社会科学版）》2010 年第 2 期。

化为特征，并将国家看作维护马来文化、实现马来族群使命的制度性组织；二是长久以来马来人与华人的力量不相上下，巫统深深感受到了这种威胁。1957 年，马来人仅仅接近人口总数的 50%，而华人占 37%，印度人占 12%，① 两族人口数量相差不多。另外两族在建国前达成协议，马来人主政，华人经商，但是华人反对党力量强大，当时马来西亚反对党的势力主要由华人来主导，可以说马来西亚当时是一个以马来人、华人为主的双族群社会。

在马来人人口随时有可能被非马来人超过的日子里，巫统一直在想方设法增加马来人的数量，它一面积极提高马来人的生育率，鼓励马来人多生，给予马来人家庭更多的帮助，一面有意选择和接纳与马来人有着相似文化的印尼移民或菲律宾南部移民，对华人却进行一定的限制和排斥，华人于是纷纷移往第三国。今天马来人与华人的人口数量发生了巨变，以马来人为主的土著从当初全国人口的一半上升到今天的近七成，而华人则从近四成下降到两成多一点，并且这种趋势还在进一步加强。

今天马来人已在政治、经济、教育、文化等所有领域居于支配地位，可以说马来西亚在本质上是一个马来民族国家，尽管前首相马哈蒂尔在《2020 宏愿》中提出了一个不分族群的"马来西亚民族"概念，前首相纳吉布也曾宣称"一个马来西亚"政策正在塑造一个马来西亚民族，以及前首相依斯迈沙比里发起了"马来西亚一家"运动，希望团结全民。

马来西亚民族构建本应是一条正道。民族国家本质上是以民族对国家的认同为基础的主权国家，要全面实现和巩固民族对国家的认同，国家就不能只属于某些人，而应该属于这个国家的所有人，即属于全体人民。②马来人一向认为自己拥有国家的主权，华人和印度人是曾经的移民，非"大地之子"，从而在马来西亚形成了"一个国家、两种公民"的情况。这种狭隘的民族国家定位影响了非马来人对国家的认同，无法激发所有族群巨大的创造活力，从而使马来西亚在激烈的国家竞争中处于劣势。

在马来西亚、新加坡、菲律宾的民族国家建构进程中，多数族群都起着主导作用，不同的是马来西亚、新加坡的多数族群相对稳定，而菲律宾的多数族群正处在形成的阶段，这相应地增加了菲律宾政治整合的难度。马来西亚、菲律宾都试图建立以国语为交流媒介语的制度和环境以帮助公

---

① 陈晓律等：《马来西亚：多元文化中的民主与权威》，成都，四川人民出版社，2000，第144 页。

② 周平：《对民族国家的再认识》，《政治学研究》2009 年第 4 期。

民形成特定的民族意识或身份，新加坡则以英语作为各族的共同沟通语，使各族群在一个平台上公平竞争，并将华人、马来人和印度人的母语列为官方语言，为各族表达差异、发展文化留下了空间。

马来西亚、菲律宾都试图通过国家力量将各族群整合成一个民族。在马、菲两国中，马来人与华人之间，天主教徒与穆斯林之间，都较为缺乏共享的历史和文化，他们甚至对各自国家一些重大历史事件的解读都是相反的，可以说"马来西亚民族"和"菲律宾民族"本质上是一个国家致力建构的产物，而非自然发展而来。在构建人们对国家层面"民族"认同的过程中，利益往往是个人和群体选择的指南针。在多族群的民族国家建构中，多数族群和少数族群之间利益分歧的有效解决将有助于他们在重大历史事件上达成共识，并在文化上互相包容，从而逐渐形成休戚与共的命运共同体。

征引文献

（此处仅列出了在正文和注释中引用的文献，
不包括在研究中参考过的所有文献，特此说明）

中文著作（按汉语拼音顺序排列，外文翻译著作的作者译名仅用姓氏）

曹云华等：《东南亚华人的政治参与》，北京，中国华侨出版社，2004。

陈鸿瑜：《马来西亚史》，台北，兰台出版社，2012。

陈晓律等：《马来西亚——多元文化中的民主与权威》，成都，四川人民出版社，2000。

范若兰、李婉珺、〔马〕廖朝骥：《马来西亚史纲》，广州，世界图书出版广东有限公司，2018。

范若兰：《伊斯兰教与东南亚现代化进程》，北京，中国社会科学出版社，2009。

韩方明：《华人与马来西亚现代化进程》，北京，商务印书馆，2002。

李安山：《非洲民族主义研究》，北京，中国国际广播出版社，2004。

李路曲：《新加坡现代化之路：进程、模式与文化选择》，北京，新华出版社，1996。

梁英明：《融合与发展》，新加坡，南岛出版社，1999。

林勇主编：《马来西亚发展论坛》，吉隆坡，马来西亚南大教育与研究基金会，2016。

马来西亚华校董事联合会总会：《董总50年特刊（1954～2004）》，吉隆坡，马来西亚华校董事联合会总会出版社，2004。

《马来西亚联合邦宪法》，〔马〕黄士春译，吉隆坡，信雅达法律翻译出版社，1986。

马戎：《民族社会学——社会学的族群关系研究》，北京，北京大学出版社，2004。

彭慧：《菲律宾穆斯林"摩洛形象"研究》，武汉，华中师范大学出版社，2015。

沈红芳：《菲律宾》，上海，上海辞书出版社，1985。

石沧金等：《马来西亚华人和印度人政治参与历史比较研究》，北京，中国社会科学出版社，2020。

苏莹莹、翟崑主编：《马来西亚发展报告（2020）》，北京，社会科学文献出版社，2020。

韦红：《东南亚五国民族问题研究》，北京，民族出版社，2003。

韦民：《民族主义与地区主义的互动——东盟研究新视角》，北京，北京大学出版社，2005。

吴凤斌：《东南亚华侨通史》，福州，福建人民出版社，1993。

吴宗玉、翟崑主编：《马来西亚发展报告（2019）》，北京，社会科学文献出版社，2019。

徐杰舜、周耀明：《汉族风俗文化史纲》，南宁，广西人民出版社，2001。

杨国桢、郑甫弘、孙谦：《明清中国沿海社会与海外移民》，北京，高等教育出版社，1997。

杨建成：《马来西亚华人的困境——西马来西亚华巫政治关系之探讨，1957～1978》，台北，文史哲出版社，1982。

于春洋：《现代民族国家建构：理论、历史与现实》，北京，中国社会科学出版社，2016。

曾玲：《新加坡华人宗乡文化研究》，北京，中国社会科学出版社，2019。

曾少聪：《漂泊与根植——当代东南亚华人族群关系研究》，北京，中国社会科学出版社，2004。

张锡镇：《当代东南亚政治》，南宁，广西人民出版社，1995。

周子伦等编著：《菲律宾语言政策和英语研究》，成都，四川大学出版社，2015。

〔澳〕芬斯顿：《东南亚政府与政治》，张锡镇等译，北京，北京大学出版社，2007。

〔澳〕吴明安：《马来西亚司法制度》，张卫译，北京，法律出版社，2011。

〔澳〕颜清湟：《新马华人社会史》，粟明鲜等译，北京，中国华侨出版公司，1991。

〔法〕索布尔：《法国大革命史》，马胜利等译，北京，中国社会科学出版社，1989。

〔马〕策略资讯研究中心政治分析组编：《巫统的困境——第十届全国大

选》，八打灵，策略资讯研究中心，2000。

〔马〕陈中和：《马来西亚伊斯兰政党政治——巫统和伊斯兰党之比较》，
　　加影，新纪元学院马来西亚族群研究中心和策略资讯中心联合出
　　版，2006。

〔马〕郭鹤年口述，Andrew Tanzer 编著：《郭鹤年自传》，香港，商务印
　　书馆（香港）有限公司，2017。

〔马〕何国忠编：《百年回眸：马华社会与政治》，吉隆坡，华社研究中
　　心，2005。

〔马〕何国忠：《马来西亚华人：身份认同、文化与族群政治》，吉隆坡，
　　华社研究中心，2002。

〔马〕何启良：《政治动员与官僚参与——大马华人政治论述》，吉隆坡，
　　华社资料研究中心，1995。

〔马〕何启良主编：《匡政与流变：马来西亚华人历史与人物政治篇》，吉
　　隆坡，华社研究中心，2003。

〔马〕林吉祥：《马来西亚的计时炸弹》，吉隆坡，民主行动党，1978。

〔马〕林开忠：《建构中的"华人文化"：族群属性、国家与华教运动》，
　　吉隆坡，华社研究中心，1999。

〔马〕林水檺、何国忠、何启良、赖观福合编：《马来西亚华人史新编》
　　（第二册），吉隆坡，马来西亚中华大会堂总会，1998。

〔马〕林水檺、何国忠、何启良、赖观福合编：《马来西亚华人史新编》
　　（第一册），吉隆坡，马来西亚中华大会堂总会，1998。

〔马〕林水檺、骆静山编：《马来西亚华人史》，吉隆坡，大马留台校友会
　　联合总会，1984。

〔马〕民主行动党社青团编委会：《大家一起来关心：环保·修宪·人
　　权》，吉隆坡，民主行动党社会主义青年团，1992。

〔马〕莫顺生：《马来西亚教育史 1400～1999》，吉隆坡，马来西亚华校教
　　师总会，2000。

〔马〕潘永强、魏月萍编：　《走近回教政治》，吉隆坡，大将出版
　　社，2004。

〔马〕潘永强主编：《当代马来西亚政府与政治》，吉隆坡，华社研究中
　　心，2017。

〔马〕潘永强主编：《未巩固的民主：2018 年选举》，吉隆坡，华社研究中
　　心，2019。

〔马〕丘光耀：《超越教条与务实：马来西亚民族行动党研究》，吉隆坡，

大将出版社，2007。

〔马〕丘光耀：《第三条道路：马来西亚华人政治选择批判》，八打灵，地球村网络有限公司，1997。

〔马〕邱武德：《超越马哈迪》，王国璋等译，吉隆坡，燧人氏事业有限公司，2004。

〔马〕全国行动理事会报告书：《五一三悲剧》，吉隆坡，1969。

〔马〕孙和声、唐南发主编：《风云五十年：马来西亚政党政治》，吉隆坡，燧人氏事业出版社，2007。

〔马〕王国璋：《马来西亚族群政党政治（1955～1995）》，吉隆坡，东方企业有限公司，1988。

〔马〕文平强编：《马来西亚华人人口趋势与议题》，吉隆坡，华社研究中心，2004。

〔马〕文西阿都拉：《文西阿都拉吉兰丹游记》，黎煜才译，吉隆坡，联营出版有限公司，1993。

〔马〕吴彦华、潘永强主编：《未完成的政治转型：马来西亚2013年大选评论》，吉隆坡，华社研究中心，2013。

〔马〕希望联盟：《希望宣言：拥抱希望，重建家园》，2018。

〔马〕颜清湟：《森美兰史》，新加坡，星洲世界书局有限公司，1962。

〔马〕曾庆豹：《与2020共舞——新马来人思潮与文化霸权》，吉隆坡，华社资料研究中心，1996。

〔马〕郑良树：《马来西亚华文教育发展史》（第四分册），吉隆坡，马来西亚华校教师总会，2003。

〔马〕祝家华：《解构政治神话——大马两线政治的评析（1985～1992）》，吉隆坡，华社资料研究中心，1994。

〔马〕庄华兴主编：《国家文学——宰制与回应》，吉隆坡，雪隆兴安会馆和大将出版社，2006。

〔美〕安达娅：《马来西亚史》，黄秋迪译，北京，中国大百科全书出版社，2010。

〔美〕安德森：《想象的共同体：民族主义的起源与散布》，吴叡人译，上海，上海人民出版社，2003。

〔美〕杜维明：《新加坡的挑战：儒家伦理与企业精神》，北京，生活·读书·新知三联书店，1989。

〔美〕格尔兹：《文化的解释》，纳日碧力戈等译，上海，上海人民出版社，1999。

〔美〕格罗斯:《公民与国家——民族、部族和族属身份》,王建娥、魏强译,北京,新华出版社,2003。

〔美〕亨廷顿:《谁是美国人?美国国民特性面临的挑战》,程克雄译,北京,新华出版社,2010。

〔美〕罗伯逊:《社会学》,黄育馥译,北京,商务印书馆,1990。

〔美〕帕森斯:《现代社会的结构与过程》,梁向阳译,北京,光明日报出版社,1988。

〔日〕李国卿: 《华侨资本的形成与发展》,福州,福建人民出版社,1984。

〔新加坡〕崔贵强:《新加坡华人——从开埠到建国》,新加坡,新加坡宗乡会馆联合总会,1994。

〔新加坡〕崔贵强:《新马华人国家认同的转向:1945~1959》,新加坡,青年书局,2007。

〔新加坡〕韩福光等: 《李光耀:新加坡硬道理》,北京,外文出版社,2015。

〔新加坡〕李光耀:《风雨独立之路:李光耀回忆录》,北京,外文出版社,1998。

〔新加坡〕李光耀:《经济腾飞路:李光耀回忆录:1965~2000》,北京,外文出版社,2001。

〔新加坡〕李光耀:《李光耀回忆录:我一生的挑战:新加坡双语之路》,南宁,译林出版社,2013。

〔新〕梁文福主编:《新谣:我们的歌在这里》,新加坡,新加坡词曲版权协会,2004。

〔新加坡〕林孝胜:《新华研究:帮群、人物、口述历史》,新加坡,青年书局,2007。

〔澳〕王赓武:《中国与海外华人》,天津编译中心译,香港,商务印书馆(香港)有限公司,1994。

〔新〕新加坡国家档案馆编: 《李光耀执政方略》,北京,人民出版社,2015。

〔新加坡〕新加坡《联合早报》编:《李光耀40年政论选》,新加坡,新加坡报业控股华文报集团,1993。

〔新〕周清海:《华文教学应走的路向》,新加坡,南洋理工大学中华语言文化中心,1998。

〔以色列〕塔米儿:《自由主义的民族主义》,陶东风译,上海,上海译文出版社，2005。

〔英〕盖尔纳：《民族与民族主义》，韩红译，北京，中央编译出版
社，2002。

〔英〕霍布斯鲍姆：《民族与民族主义》，李金梅译，上海，上海人民出版
社，2006。

〔英〕埃里·凯杜里：《民族主义》，张明明译，北京，中央编译出版
社，2002。

〔英〕史密斯：《民族主义——理论，意识形态，历史》，叶江译，上海，
上海人民出版社，2006。

中文论文（按汉语拼音顺序排列，外文翻译著作的作者译名仅用姓氏）

常士闇：《和谐理念与族际政治整合》，《政治学研究》2009年第4期。

《撤销免控权——1993年修宪内容》，《资料与研究》1993年第3期。

陈晓律、王成：《马来人特权与马来西亚社会》，《历史教学》（下半月
刊）2014年第8期。

陈宇：《邻里关系推动族际整合：新加坡互嵌社区建设研究》，《湖北民族
学院学报（哲学社会科学版）》2019年第2期。

《称宪法允许但现实不允　林吉祥：从政52年从未想过出任首相》，http://
www.zaobao.com/news/sea/story20171009 - 801447。

段颖：《马来西亚的多元文化、国家建设与族群政治》，《思想战线》2017
年第5期。

范若兰：《对立与合作：马来西亚华人政党与伊斯兰党关系的演变》，《东
南亚研究》2010年第4期。

范若兰：《马哈蒂尔的伊斯兰教理念和实践评析》，《世界宗教研究》2008
年第1期。

范若兰：《马来西亚伊斯兰教复兴运动试析》，《东南亚研究》1998年第
1期。

范若兰、孟庆顺：《马来西亚伊斯兰教国理念、实践与政党政治》，《东南
亚研究》2005年第2期。

傅聪聪：《2019年马来西亚政治形势》，载苏莹莹、翟崑主编《马来西亚
发展报告（2020）》，北京，社会科学文献出版社，2020。

高奇琦：《论西方政治哲学平等思想与民族平等理论的发展》，《民族研
究》2013年第3期。

耿虎、曾少聪：《教育政策和民族问题——以马来西亚华文教育为例》，

《当代亚太》2007 年第 6 期。

《钩球风波激起修宪风云》,《资料与研究》1993 年第 3 期。

《哈莉玛总统向国人拜早年》, https：//www. zaobao. com/news/singapore/
　　story20200124 – 1023595/。

郝时远、张海洋、马戎：《构建新型民族关系郝时远、张海洋、马戎访
　　谈》,《西北民族研究》2014 年第 1 期。

郝时远、朱伦、常士訚：《热话题与冷思考——关于"国族—国家"建构
　　与民族政治发展理论的对话》,《当代世界与社会主义》2013 年第 5 期。

何平、段宜宏：《菲律宾民族国家的建构与民族整合进程》,《南亚东南亚
　　研究》2020 年第 4 期。

何西湖：《马来西亚华人政策的演变与发展》,《广西民族学院学报（哲学
　　社会科学版）》2004 年第 6 期。

黄宏伟：《整合概念及其哲学意蕴》,《学术月刊》1995 年第 9 期。

康晓丽：《战后马来西亚华人再移民：数量估算与原因分析》,《华侨华人
　　历史研究》2012 年第 3 期。

李安山：《日不落帝国的崩溃——谈英国非殖民化的"计划"问题》,《历
　　史研究》1995 年第 1 期。

李宏图：《论近代西欧民族主义和民族国家》,《世界历史》1994 年第
　　6 期。

李捷、杨恕：《"伊斯兰国"的意识形态：叙事结构及其影响》,《世界经
　　济与政治》2015 年第 12 期。

李明欢：《当代西方国际移民理论再探讨》,《厦门大学学报（哲学社会科
　　学版）》2010 年第 2 期。

李毅：《马来西亚中小企业的发展路径与政策调整——一个制度变迁的分
　　析》,《南洋问题研究》2003 年第 4 期。

《联合早报》社论：《多元与认同相辅相成》, https：//www. zaobao. com/
　　zopinions/editorial/story20190207 – 929922。

《联合早报》社论：《加强母语教育　巩固国家认同》, https：//www.
　　zaobao. com/zopinions/editorial/story20190226 – 935075。

《联合早报》社论：《坚定不移推动打造国族进程》, https：//www. zaobao.
　　com/zopinions/editorial/story20190817 – 981649。

梁英明：《马来西亚种族政治下的华人和印度人社会》,《华侨华人历史研
　　究》1992 年第 1 期。

梁永佳：《族群本体：作为"原住民"和"我们人"的马来西亚知翁

人》，《学术月刊》2022 年第 10 期。

廖小健：《马华著名财团及其中青年掌舵人》，《八桂侨史》1995 年第 1 期。

廖小健：《马来西亚的马来人教育：发展与影响》，《南洋问题研究》2007 年第 4 期。

廖小健：《马来西亚政治中的伊斯兰教因素》，《当代亚太》2003 年第 12 期。

廖小健：《战后马来西亚华人资本变化》，《东南亚研究》1991 年第 3 期。

林梅：《马来西亚的印尼劳工问题》，《当代亚太》2006 年第 10 期。

林绮纯：《马来西亚族群政治的历史剖析》，《世界历史》2022 年第 6 期。

刘稚：《新加坡的民族政策与民族关系》，《世界民族》2000 年第 4 期。

龙昇：《菲律宾精英家族政治的历史演进分析》，《南洋问题研究》2013 年第 4 期。

罗圣荣：《马来西亚印度人的由来及其困境研究》，《东南亚研究》2008 年第 4 期。

骆永昆：《2019 年马来西亚总体形势：不确定性增强》，载苏莹莹、翟崑主编《马来西亚发展报告（2020）》，北京，社会科学文献出版社，2020。

骆永昆：《马来西亚土著权威组织》，《国际研究参考》2013 年第 2 期。

《马哈迪是"马来海啸"关键》，http：//www. zaobao. com/forum/views/opinion/story20180420 － 852313。

《马哈迪：指郭鹤年金援民行党是诽谤》，http：//www. zaobao. com/news/sea/story20180228 － 838585。

《马来西亚史的重构：从 Manusia 到 Malaysia》，马来西亚《人文杂志》2001 年三月号。

马戎：《当前中国民族问题研究的选题与思路》，《中央民族大学学报（哲学社会科学版）》2007 年第 3 期。

《纳兹里攻击郭鹤年引起华社反弹》，http：//www. zaobao. com/news/sea/story20180301 － 838888。

庞卫东：《新加坡与马来西亚分离原因探析》，《史学月刊》2012 年第 9 期。

彭慧：《菲律宾的山地民族及其"土著化"问题》，《世界民族》2013 年第 4 期。

彭慧：《新加坡华族文化的建构与彷徨——以新谣运动与七月歌台为例》，

《世界民族》2015 年第 5 期。

齐顺利：《马来西亚民族建构和马来文化强势地位的形成》，《河南师范大
　　学学报（哲学社会科学版）》2008 年第 4 期。

齐顺利：《他者的神话与现实——马来民族主义研究》，《国际政治研究》
　　2011 年第 4 期。

齐顺利：《政治整合视域下的马来西亚民族建构研究》，《国际论坛》2012
　　年第 4 期。

石沧金：《独立后的马来西亚印度人政治》，《南亚东南亚研究》2009 年
　　第 1 期。

覃馥琳：《危而不乱的政权更替：马来西亚“二月政变”分析》，《中国—
　　东盟研究》2020 年第 3 期。

王建娥：《国家建构和民族建构：内涵、特征及联系——以欧洲国家经验
　　为例》，《西北师大学报（社会科学版）》2010 年第 2 期。

王文奇：《民族主义与民族国家构建析论》，《史学集刊》2011 年第 3 期。

王希恩：《论“民族建设”》，《中国社会科学院研究生院学报》2004 年第
　　3 期。

王子昌：《政治领导和马来西亚国族“打造”》，《世界民族》2004 年第
　　1 期。

王宗礼：《国家建构、族际政治整合与公民教育》，《西北师大学报（社会
　　科学版）》2013 年第 6 期。

吴杰伟：《菲律宾天主教对政治的介入》，《东南亚研究》2005 年第 6 期。

吴小安：《试论历史上的东南亚国家与国家形成：形态、属性和功能》，
　　《亚太研究论丛》（第五辑），北京，北京大学出版社，2008。

许利平：《“伊斯兰教国”课题困扰马来西亚政局》，《东南亚纵横》2003
　　年第 2 期。

杨超：《近年来国内关于“肯定性行动计划”的研究述评》，《世界历史》
　　2008 年第 4 期。

叶兴建：《马来西亚华商中小企业发展研究》，《华侨华人历史研究》2006
　　年第 4 期。

袁同凯、陈石：《对马来西亚原住民的研究——写在陈志明教授即将荣休
　　之际》，《西北民族研究》2012 年第 3 期。

曾少聪：《东南亚华人与土著民族的族群关系研究——以菲律宾和马来西
　　亚为例》，《世界民族》2002 年第 2 期。

张灏：《马来西亚为何留不住华人？种族“玻璃天花板”逼走百万华人》，

http：//world. huanqiu. com/exclusive/2018 – 05/11997627. html？qq-pf-to = pcqq. group。

张孝芳：《马来西亚元首制度：历史制度主义的分析》，《东南亚研究》 2018 年第 2 期。

张应龙：《评南洋大学走过的历史道路》，《八桂侨刊》2003 年第 3 期。

赵海立：《政治认同结构：以马来西亚华人为例》，《华侨华人历史研究》 2005 年第 4 期。

郑焕宇：《马来西亚新经济政策与华人资本》，《东南亚研究》1980 年第 2 期。

周平：《对民族国家的再认识》，《政治学研究》2009 年第 4 期。

周平、贺琳凯：《论多民族国家的族际政治整合》，《思想战线》2010 年 第 4 期。

周平：《民族国家时代的民族与国家》，《云南民族大学学报（哲学社会科 学版）》2013 年第 5 期。

周少青：《美国国家特性的三重面相及当代困境》，《美国研究》2022 年 第 1 期。

周少青：《中西比较视野下的中国民族交融发展道路》，《民族研究》2019 年第 3 期。

朱崇彰：《从反国际公约看马来西亚政治》，载吴宗玉、翟崑主编《马来 西亚发展报告（2019）》，北京，社会科学文献出版社，2019。

庄国土：《东南亚华人参政的特点和前景》，《当代亚太》2003 年第 9 期。

〔澳〕卡斯尔斯：《21 世纪初的国际移民：全球性的趋势和问题》，凤兮 译，《国际社会科学杂志》（中文版）2001 年第 3 期。

〔澳〕卡斯尔斯：《全球化与移民：若干紧迫的矛盾》，黄语生译，《国际 社会科学杂志》（中文版）1999 年第 2 期。

〔马〕Gomez：《安华 VS 马哈迪？派系斗争，金钱政治及红利票》，叶瑞 生译，《资料与研究》1996 年第 19 期。

〔马〕蔡源林：《试析"回教国"在马来西亚社会的适用性》，载潘永强、 魏月萍编《走近回教政治》，吉隆坡，大将出版社，2004。

〔马〕陈丁辉：《想象还是真实？：独立后马来（西）亚国族建构的再思 考》，载何国忠编《百年回眸：马华社会与政治》，吉隆坡，华社研究中 心，2005。

〔马〕陈泓缣：《沙巴政党政治简评》，载孙和声、唐南发主编《风云五十 年：马来西亚政党政治》，吉隆坡，燧人氏事业出版社，2007。

〔马〕陈剑虹：《战后大马华人的政治发展》，载林水檺、骆静山编《马来西亚华人史》，吉隆坡，大马留台校友会联合总会，1984。

〔马〕陈妍而、祝家丰：《马来西亚华人社会变革与国家政治发展：2013年城市政治海啸个案研究》，载林勇主编《马来西亚发展论坛》，吉隆坡，马来西亚南大教育与研究基金会，2016。

〔马〕陈志明：《族群认同与国家认同：以马来西亚为例（上）》，罗左毅译，《广西民族学院学报（哲学社会科学版）》2002年第5期。

〔马〕陈志明：《族群认同与国家认同：以马来西亚为例（下）》，罗左毅译，《广西民族学院学报（哲学社会科学版）》2002年第6期。

〔马〕陈中和：《马来西亚印度族群边缘化的根源在哪里?：一个宪政体制的分析观点》，《视角》2007年第12期。

〔马〕葛兰东：《塑造"马来西亚国族"》，《资料与研究》1996年第23期。

〔马〕何启良：《陈修信：贡献与局限》，载何启良主编《匡政与流变：马来西亚华人历史与人物政治篇》，吉隆坡，华社研究中心，2003。

〔马〕何启良：《独立后西马华人政治演变》，载林水檺、何国忠、何启良、赖观福合编：《马来西亚华人史新编》（第二册），吉隆坡，马来西亚中华大会堂总会，1998。

〔马〕洪丽芬：《马来西亚印度人社群研究——以印度人社群语言状况为例》，《南洋问题研究》2011年第4期。

〔马〕胡辛：《马来西亚国家文学》，载庄华兴主编《国家文学——宰制与回应》，吉隆坡，雪隆兴安会馆和大将出版社，2006。

〔马〕胡亚桥：《新马来人对华社的启示》，《资料与研究》1993年第6期。

〔马〕黄进发：《马来西亚50年："选举型一党制国家"的打造》，载孙和声、唐南发主编《风云五十年：马来西亚政党政治》，吉隆坡，燧人氏事业出版社，2007。

〔马〕柯嘉逊：《私有化与公众利益》，《资料与研究》1996年第23期。

〔马〕蓝中华：《第14届全国大选政权和平移交的观察》，载潘永强主编《未巩固的民主：2018年选举》，吉隆坡，华社研究中心，2019。

〔马〕廖朝骥：《三个人的恩怨情仇构成政局要素》，《世界知识》2018年第12期。

〔马〕廖文辉：《马来社会问题形成的一些可能历史解释——马来社会史的一个侧写》，《人文杂志》2002年第17期。

〔马〕林宏祥：《后505马来政治走向：寻找一个玩火的小孩》，载吴彦华、潘永强主编《未完成的政治转型：马来西亚 2013 年大选评论》，吉隆坡，华社研究中心，2013。

〔马〕林马辉：《马来西亚的种族关系和阶级关系（下）》，《南洋资料译丛》1987 年第 2 期。

〔马〕林水檺：《林苍佑：几度升沉的悲情人物》，载何启良主编《匡政与流变：马来西亚华人历史与人物政治篇》，吉隆坡，华社研究中心，2003。

〔马〕马哈蒂尔：《马来西亚：迈向前路（2020 年宏愿）》，陈亚才等译，载曾庆豹《与 2020 共舞：——新马来人思潮与文化霸权（附录二）》，吉隆坡，华社资料研究中心，1996。

〔马〕马哈蒂尔：《巫统为塑造新马来人而展开的圣战》，刘务求译，载曾庆豹《与 2020 共舞：——新马来人思潮与文化霸权（附录三）》，吉隆坡，华社资料研究中心，1996。

〔马〕马华公会：《IS 的崛起与强大》，《蓝天》2016 年第 2 期。

〔马〕穆罕穆德：《马来西亚公营企业的改革》，《南洋资料译丛》1999 年第 1 期。

〔马〕拿督阿都拉曼：《如何理解马来社会——四海融汇的往昔、错综复杂的现在、充满挑战的未来》，叶欣荣译，载林勇主编《马来西亚发展论坛》，吉隆坡，马来西亚南大教育与研究基金会，2016。

〔马〕潘永强：《新政开局顺利，前路漫漫》，《世界知识》2018 年第 12 期。

〔马〕丘光耀：《从"民族认同"到"国家认同"——1995 年马来西亚大选华人心态的分析》，《八桂侨史》1995 年第 3 期。

〔马〕丘光耀：《马来西亚华人政策日益开放的导因》，《华侨华人历史研究》1995 年第 2 期。

〔马〕沙菲：《马来西亚国族的塑造》，叶瑞生译，《资料与研究》1996 年第 23 期。

〔马〕沙尼：《新马来人：一个理念的发展和影响》，《资料与研究》1993 年第 6 期。

〔马〕诗华日报网站，《顾及国家利益主权，政府暂不承认统考》，http：//news. seehua. com/？p＝154881。

〔马〕王国璋：《马来西亚的政党政治：局限与前瞻》，载孙和声、唐南发主编《风云五十年：马来西亚政党政治》，吉隆坡，燧人氏事业出版社，2007。

〔马〕王国璋：《马来西亚政治发展》，载潘永强主编《当代马来西亚政府
　　与政治》，吉隆坡，华社研究中心，2017。

〔马〕魏月萍：《族群政治与宗教暴力：马来西亚宗教多元论的实践困
　　境》，《哲学与文化》2013 年第 2 期。

〔马〕文平强：《马来西亚华人人口比率下降：事实与对策》，载文平强编
　　《马来西亚华人人口趋势与议题》，吉隆坡，华社研究中心，2004。

〔马〕翁诗杰：《大马虽建国五十年·各族仍未真正交融》，http：//www.
　　sinchew. com. my/node/69552。

〔马〕许文荣：《马来西亚政治与文化语境下的华人文学》，http：//www.
　　fgu. edu. tw/ ~ wclrc/drafts/Malaysia/xu-wen-rong/xu-wen-rong _ 02. htm/
　　2008/03/12。

〔马〕杨培根：《修宪与国会民主》，载民主行动党社青团编委会《大家一
　　起来关心：环保·修宪·人权》，吉隆坡，民主行动党社会主义青年
　　团，1992。

〔马〕叶瑞生整理：《马来学术界对"马来西亚国族"的讨论和看法》，
　　《资料与研究》1996 年第 23 期。

〔马〕张景云：《选举委员会的独立性问题》，载孙和声、唐南发主编《风
　　云五十年：马来西亚政党政治》，吉隆坡，燧人氏事业出版社，2007。

〔马〕郑良树：《独立后华文教育》，载〔马〕林水檺、何国忠、何启良、
　　赖观福合编《马来西亚华人史新编》（第二册），吉隆坡，马来西亚中
　　华大会堂总会，1998。

〔马〕周福堂：《2020 年宏愿中的马来西亚民族概念》，《资料与研究》
　　1993 年第 6 期。

〔马〕祝家丰：《种族霸权国家的政治体制转型困境》，载林勇主编《马来
　　西亚发展论坛》，吉隆坡，马来西亚南大教育与研究基金会，2016。

〔马〕庄华兴：《叙述国家寓言：马华文学与马来文学的颉颃与定位》，载
　　庄华兴主编《国家文学——宰制与回应》，吉隆坡，雪隆兴安会馆和大
　　将出版社，2006。

〔马〕资研部整理：《初探我国土地政策的演变》，《资料与研究》1995 年
　　第 14 期。

〔马〕佐摩、依萨·萨尔里：《新经济政策是否能够实现国民团结?》，社
　　会分析学会，翻译小组译，吉隆坡，社会分析学会，出版年月不详。

〔美〕戈登：《种族和民族关系理论的探索》，载马戎编《西方民族社会学
　　的理论与方法》，天津，天津人民出版社，1997。

〔日〕岸胁诚：《独立初期马来西亚的经济开发和国民统一》，《南洋资料译丛》2005 年第 1 期。

〔日〕原不二夫：《马来西亚华人眼中的"马来西亚民族"》，《南洋资料译丛》2001 年第 2 期。

〔日〕原不二夫：《新经济政策下的马来西亚华人企业》，《南洋资料译丛》1991 年第 3 期。

〔新〕纪赟：《国族构建与多元文化之间的张力》，https：//www. zaobao. com/forum/views/opinion/story20201219 – 1109967。

〔澳〕王赓武：《华人政治文化和关于马来世界的华人学术著作》，薛学了译，《南洋问题研究》2004 年第 1 期。

学位论文

邓国宏：《东南亚华族和主体民族的融合》，博士学位论文，北京大学，2006。

赖可欣：《马来西亚之印尼籍基础劳工运用》，硕士学位论文，新北淡江大学，2010。

雷衍华：《权力共享的跨种族政党联盟何以长期存在：马来西亚个案研究》，博士学位论文，北京大学，2008。

李悦肇：《马哈迪时期马来西亚之国家整合：1981 ~ 2003》，博士学位论文，台北，中国文化大学，2004。

廖小健：《战后马来西亚族群关系研究》，博士学位论文，暨南大学，2007。

林勇：《马来西亚华人与马来人经济地位变化的比较（1957 ~ 2005）》，博士学位论文，厦门大学，2006。

英文著作

A. F. Pollard, 1907：*Factors in Modern History*, London：A. Constable and Co. Ltd.

Alias Mohamad, 1994：*PAS' Platform-Development and Change 1951 ~ 1986*, Kuala Lumpur：Gateway Publishing House Sdn. Bhd.

Andreas Wimmer, 2018：*Nation Building：Why Some Countries Come Together While Others Fall Apart*, Princeton：Princeton University Press.

Anthony D. Smith, 1986：*The Ethnic Origins of Nations*, Oxford：Blackwell.

AnthonyReid ed. , 2001：*Sojourners and Settlers：Histories of Southeast Asia and the Chinese*, Honolulu：University of Hawai'i Press.

Anwar Ibrahim, 1996：*The Asian Renaissance*, Singapore：Times Books International.

Ariffin Omar, 1993: *Malay Concepts of Democracy and Community*: *1945 ～ 1950*, Kuala Lumpur: Oxford University Press.

A. R. Walker, ed. , 1986: *Farmers in the Hills*: *Upland Peoples of North Thailand*, Penang: Universiti Sains Malaysia Press.

Benedict Anderson, 2006: *Imagined Communities*: *Reflctions on the Origin and Spread of Nationalism*, London: Verso.

Chai Hon-chan, 1971: *Planning Education for a Plural Society*, Paris: UN-SCO.

Chai Hon-chan, 1977: *Education and Nation-building in Plural Societies*: *West Malaysia Experience*, Australia: Australia National University.

Cheah Boon Kheng, 2002: *Malaysia*: *The Making of a Nation*, Singapore: Institute of Southeast Asian Studies.

Cheah Boon Kheng ed. , 2004: *The Challenge of Ethnicity Building a Nation in Malaysia*, Singapore: Marshall Cavndish Academic.

Clifford Geertz ed. , 1963: *Old Societies and New States*: *The Quest for Modernity in Asia and Africa*, London: Macmillan.

Cynthia H. Enloe, 1970: *Multi-Ethnic Politics*: *The Case of Malaysia*, California: University of California.

Donald L. Horowitz, 1985: *Ethnic Groups in Conflict*, Berkeley, Los Angeles & London: University of California Press.

Edmund Terence Gomez, 1990: *Politics in Business*: *UMNO's Corporate Investments*, Kuala Lumpur: Forum Enterprise.

Francisco J. Lara Jr. and Phil Champain, 2009: *Inclusive Peace in Muslim Mindanao*: *Revisiting the Dynamics of Conflict and Exclusion*, London: International Alert.

Fritz Machlup, 1977: *A History of Thought on Economic Integration*, New York: Columbia University.

F. Swettenham, 1955: *British Malaya*, London: George Allen and Unuin LTD.

Gordon P. Means, 1970: *Malaysian Politics*, London: University of London Press.

Hamzah Bin Ali, 2003: *The Politics of Meritocracy in Malaysia*, Master Thesis of Naval Postgraduate School （USA）.

Heng Pek Koon, 1988: *Chinese Politics in Malaysia*: *A History of the Malay-*

sian Chinese Association, Singapore: Oxford University Press.

Hugh Seton-Watson, 1982: *Nations and States, An Enquiry into Origins and Politics of Nationalism*, London: Methuen & Co. Ltd.

Hussein Mutalib, 1990: *Islam and Malay Ethnicity in Malay Politic*, New York: Oxford University Press.

Hussin Mutalib, 2012: *Singapore Malays: Being Ethnic Minority and Muslim in a Global City-state*, London: Routlege.

Ibrahim bin Abu Bakar, 1994: *Islamic Modernism in Malaya: The Life and Thought of Sayid Syeikh al-Hadi (1867 ~ 1934)*, Kuala Lumpur: University of Malaya Press.

James P. Ongkili, 1985: *Nation-building in Malaysia 1946 ~ 1974*, Singapore: Oxford University Press.

Jennifer Cushman and Wang Gungwu eds. , 1988: *Changing Identities of the Southeast Asian Chinese Since World War II*, Hong Kong: Hong Kong University Press.

John L. Esposito, 1998: *Islam and Politics*, New York: Syracuse University Press.

Judith A. Nagata, 1984: *The Reflowering of Malaysia Islam: Modern Religion Radicals and Their Roots*, Canada: The University of Columbia Press.

Karl W. Deutsch and William J. Foltz eds. , 1974: *Nation Building*, Chicago: Atherton Press.

Karl W. Deutsh, 1953: *Nationalism and Social Communication: An Inquiry into the Foundations of Nationality*, Cambridge, MA: MIT Press.

K. J. Ratnam, 1965: *Communalism and Political Process in Malaya*, Kuala Lumpur: University of Malaya Press.

Lee Kam Hing and Tan Chee-Beng, eds. , 2000: *The Chinese in Malaysia*, New York: Oxford University Press.

Leo Suryadinata, ed. , 2004: *Ethnic Relations and Nation-building in Southeast Asia: The Case of Ethnic Chinese*, Singapore: The Institute of Southeast Asian Studies Press.

Lim Kit Siang, 1978: *Time Bomb in Malaysia*, Petalingjaya: Democratic Action Party.

Ling Liong Sik and Kok Wee Kiat eds. , 1988: *The Future of Malaysian Chinese*, Kuala Lumpur: Malaysian Chinese Association.

Mahathir bin Monhamad, 1981: *The Malay Dilemma*, Kuala Lumpur: Federal Publications SDN BHD.

Muhammad Kamil Awang, 1998: *The Sultan and the Constitution*. Kuala Lumpur: Dewan Bahasa dan Pustaka.

M. V. del Tufo, 1949: *Malaya: A Report on the 1947 Census of Population*, London: HMSO.

Ozay Mehmet, 1986: *Development in Malaysia: Poverty, Wealth, and Trusteeship*, London: Croom Helm.

Peter G. Gowing, 1979: *Muslim Filipinos-Heritage and Horizon*, Quezon City: Dew Day Publishers.

Reinhard Bendix, 1964: *Nation-building and Citizenship: Studies in Our Changing Social Order*, New York: John Wiley.

Richard Winstedt, 1961: *The Malays: A Cultural History*, London: Routledge & Kegan Paul LTD.

R. K. Vasil, 1984: *Politics in Bi-Racial Societies: The Third World Experience*, New Delhi: Vikas.

Robert McKim and Jeff McMahan eds., 1997: *The Morality of Nationalism*, Oxford: Oxford University Press.

Robert W. Hefner and Patricia Horvatich, eds., 1997: *Islam: In an era of Nation-States*, Honolulu: University of Hawai'i Press.

R. S Milne and Diane K. Mauzy, 1978: *Politics and Government in Malaysia*, Singapore: Federal Publications.

Safie bin Ibrahim, 1981: *The Islamic Party of Malaysia: Its Formative Stages and Ideology*, Kelantan: Nuawi bin Ismail.

Sharom Ahmat, 1984: *Tradition and Change in a Malay State: A Study of the Economic and Political Development 1978 ~ 1923*, Malaysian Branch of the Royal Asiatic Society, Monograph NO. 12.

Signe Howell, 1989: *Society and Cosmos*, Chicago: University of Chicago Press.

Stanley S. Bedlington, *Malaysia and Singapore: The Building of New States*, New York: Cornell University Press.

Tham Seong Chee, 1983: *Malaysia Modernization: A Sociological Interpretation*, Singapore: Singapore University Press.

Thomas M. Mckenna, 1998: *Muslim Rulers and Rebels: Everyday Politics and*

Armed Separatism in the Southern Philippines, Los Angeles: University of California.

T. J. S. George, 1980: *Revolt in Mindanao: The Rise of Islam in Philippine Politics*, Kuala Lumpur: Oxford University Press.

T. N. Harper, 1999: *The End of Empire and the Making of Malaya*, Cambridge: Cambridge University Press.

Tun Salleh Abas and K. Das, 1989: *May Day for Justice*, Kuala Lumpur: Magnus Books.

Voon Phin Keong, 2007: *Malaysia Chinese and Nation-building: Before Merdeka and Fifty Years After*, Volume 1, Kuala Lumpur: Center for Malaysia Chinese Studies.

Wang Gungwu, 2005: *Nation-building: Five Southeast Asian Histories*, Singapore: Institute of Southeast Asian Studies Publication.

William R. Roff, 1967: *The Origins of Malay Nationalism*, Kuala Lumpur and Singapore: University of Malaya Press & New Haven and London: Yale University Press.

Will Kymlicka, 2002: *Contemporary Political Philosophy*, New York: Oxford University Press.

Zainah Anwar, 1987: *Islamic Revivalism in Malaysia: Dakwah among the Students*, Petaling Jaya: Pelanduk Publications.

英文论文

Alice M. Nah, Globalization, 2012: "Sovereignty and Immigration Control: The Hierarchy of Rights for Migrant Workers in Malaysia", *Asian Journal of Social Science*, Vol. 40.

Amarjit Kaur, 1998: "Tappers And Weeders: South Indian Plantation Workers In Peninsular Malaysia, 1880 ~ 1970, South Asia", *Journal of South Asian Studies*, Vol. 21, No. 1.

Anantha Raman Govindasamy, 2010: "Indians And Rural Displacement: Exclusion From Region Building In Malaysia", *Asian Journal of Political Science*, Vol. 18, No. 1.

Anthony Milner, 2005: "Historian Wring Nations: Malaysia Contests", in Wang Gungwu ed., *Nation-building: Five Southeast Asian Histories*, Singapore: Institute of Southeast Asian Studies Publication.

Carl H. Lande, "Ethnic Conflict, Ethnic Accommodation, and Nation-Building in Southeast Asia", *Studies in Comparative International Development*, Vol. 33, No. 4, Winter 1999.

Charles Taylor, 1997: "Nationalism and Modernity", in Robert McKim and Jeff McMahan eds. , *The Morality of Nationalism*, Oxford: Oxford University Press.

Cheah Boon Kheng, 2004: "Ethnicity and Contesting Nationalisms in Malaysia", in Cheah Boon Kheng ed. , *The Challenge of Ethnicity Building a Nation in Malaysia*, Singapore: Marshall Cavndish Academic.

Clifford Geertz, 1963: "The integrative revolution: Primordial sentiments and civil politics in the new states", in Clifford Geertz ed. , *Old Societies and New States: The Quest for Modernity in Asia and Africa*, London: Macmillan.

Daniel Sabbagh, 2004: *Affimative Action Policies: An International Perspective*, Human Development Report Office.

Emile YEOH Kok-Kheng, 2007: "Identity and Economic Development in a Multi-ethnic Society: Malaysian Chinese and the Making of the Nation", in Voon Phin Keong ed. , *Malaysia Chinese and Nation-building: Before Merdeka and Fifty Years After*, Volume 1, Kuala Lumpur: Center for Malaysia Chinese Studies.

Graeme Hugo, "Migration and Development in Malaysia: An Emigration Perspective", *Asian Population Studies*, Vol. 7, No. 3, November 2011.

G. William Skinner, 2001: "Creolized Chinese Societies in Southeast Asia", in Anthony Reid ed. , *Sojourners and Settlers: Histories of Southeast Asia and the Chinese*, Honolulu: University of Hawai'i Press.

Heng Pek Koon, "The New Economic Policy and The Chinese Community in Peninsular Malaysia ", *The Developing Economies*, XXXV ~ 3, September 1997.

Huhammad Syukri Salleh, 1999: "Establishing an Islamic State: Ideals and Realities in the State of Kelantan", *Southeast Asian Studies* (Kyoto University), No. 2.

Hussin Mutalib, 2011: "The Singapore Minority Dilemma", *Asian Survey*, Vol. 51, No. 6.

Hwok-Aun Lee, "Affirmative Action in Malaysia: Education and Employment

Outcomes Since the 1990s", *Journal of Contemporary Asia*, Vol. 42, No. 2, May 2012.

JamesHookway, 2008: "Affirmative Action Lies at Root of Malaysia's Political Turmoil", *The Wall Street Journal Asia*, Hong Kong, Jul 18.

Kamal Sadiq, 2005: "When States Prefer Non-Citizens over Citizens: Conflict Over Illegal Immigration into Malaysia", *International Studies Quarterly*, Vol. 49.

Karl W. Deutsch, 1974: "The Study of Nation-building, 1962 ~ 1966", in Karl W. Deutsch and William J. Foltz eds., *Nation Building*, Chicago: Atherton Press.

K. S. Jomo, *Spontaneity and Planning in Class Formation: The Ascendancy of the Bureaucrat Bourgeoisie in Malaysia*, 出版信息不详。

Lee Hock Guan, "Affirmative Action in Malaysia", *Southeast Asian Affairs* 2005.

Lee Kam Hing, 2004: "Differing Perspectives on Integration and Nation Building in Malaysia", in Leo Suryadinata ed., *Ethnic Relations and Nation-building in Southeast Asia: The Case of Ethnic Chinese*, Singapore: The Institute of Southeast Asian Studies Press.

Mark T. Berger, 2003: "Decolonisation, Modernisation and Nation-Building: Political Development Theory and the Appeal of Communism in Southeast Asia, 1945 ~ 1975", *Journal of Southeast Asian Studies*, Vol. 34, No. 3.

Michael G. Peletz, 1997: "Ordinary Muslim and Muslim Resurgent in Contemporary Malaysia: Notes On Ambivalent Relationship", in Robert W. Hefner and Patricia Horvatich, eds., *Islam: In an era of Nation-States*. Honolulu: University of Hawai'i Press.

Pang Hooi Eng, 2000: "The Economic Role of Chinese in Malaysia", in Lee Kam Hing and Tan Chee-Beng, eds., *The Chinese in Malaysia*, New York: Oxford University Press.

Renato Constantino, 1970: "The Mis-education of the Filipino", *Journal of Contemporary Asia*, Vol. 1, No. 1.

Ruanni Tupas, 2015: "The Politics of 'p' and 'f': a Linguistic history of 'Nation-Building' in the Philippines", *Journal of Multilingual & Multicultural Development*, Vol. 36, No. 6.

Stuart J. Kaufman, 2013: "The Limits of Nation-building in the Philippines", *International Area Studies Review*, Vol. 16, Issue1.

Syed Hussein Alatas, 1978: "Feudalism in Malaysian Society: A Study in Historical continuity", in Stanley S. Bedlington, *Malaysia and Singapore: The Building of New States*, New York: Cornell University Press.

Takashi Torri, "The Mechanism for State-Led Creation of Malaysia's Middle Classes", *The Developing Economies*, XLI ~ 2, June 2003.

Tan Chee Beng, 1986: "Central Government and Tribal Minorities: Thailand and West Malaysia Compared", in A. R. Walker, ed., *Farmers in the Hills: Upland Peoples of North Thailand*, Penang: Universiti Sains Malaysia Press.

Tan Chee-Beng, 1988: "Nation-Building and Being Chinese in Southeast Asian State: Malaysia", in Jennifer Cushman and Wang Gungwu eds., *Changing Identities of the Southeast Asian Chinese Since World War* II, Hong Kong: Hong Kong University Press.

统计资料与数据库

Australian Bureau of Statistics, *Migration*, *Australia*, 2014 ~ 15.

Department of Statistics Malaysia, *Current Population Estimates*, *Malaysia*, *2014 ~ 2016*, 22 July 2016.

Department of Statistics Malaysia, *Vital Statistics*, *Malaysia*, 2014, 31 December 2015.

eDatabank of Department of Statistics Malaysia, https://www. dosm. gov. my/ v1/index. php? r = column/cthree&menu_ id = cEhBV0xzWll6WTRjdkJien hoR290QT09.

Government of Malaysia, 1971: *Malaysia Second Malaysia Plan*, *1971 ~ 1975*, Kuala Lumpur: Government Printer.

Government of Malaysia, 1973: *Mid-Term Review of the Second Malaysia Plan*, *1971 ~ 1975*, Kuala Lumpur: Government Printer.

Government of Malaysia, 2006: *The Ninth Malaysia Plan*, 2006 ~ 2010, Kuala Lumpur: Government Press.

Government of Malaysia, 2010: *Tenth Malaysia Plan*, *2011 ~ 2015*, Putrajaya: The Economic Planning Unit, Prime Minister's Department.

Merdeka Center for Opinion Research, *Public Opinion Survey* 2014 *Peninsular Malaysia Voter Survey Public Opinion on Hudud Implementation*, 2014.

Merdeka Center for Opinion Research, *Sabah State Voter Opinion Survey*, 6th ~

17th September 2012.

Merdeka Center for Opinion Research, *Survey on Ethnic relations* 2011, Malaysia, 2011.

Singapore Department of Statistics, 2001: *Census of Population* 2000 *Statistical Release* 1: *Demographic Characteristics*.

Singapore Department of Statistics, 2011: *Census of Population* 2010 *Statistical Release* 1: *Demographic Characteristics*, *Education*, *Language and Religion*.

World Bank, *Malaysia Economic Monitor*, *Brain Drain*, April 2011.

后　　记

从 2006 年确定将马来西亚民族国家建构作为我的博士学位论文选题到现在，至今已有十七年。别人是十年磨一剑，我却磨了快二十年，其中原因除了个人资质有限、生性愚钝外，也在于民族国家建构是一个长期、缓慢的移动过程，需要研究者长时间关注和分析。

以马来西亚民族国家建构研究作为我的博士学位论文选题，首先得益于我在北京大学读博士时的导师李安山教授的鼓励。李安山老师治学严谨、学识渊博、见识独到，他一直鼓励我要视野开阔、思想自由、勇于开拓，我于是选择了这个难度颇大而又异常吸引我的课题。参加工作后在一次学术会议上，一位曾在短时间内拿到教育部和国家课题的青年学者直言不讳地告诉我，他不会选择我这样的冷门课题，虽有学术意义，但是出力不讨好。他的话似乎有一定道理，我在后来申请教育部和国家课题时，十年内都未能成功。课题对于今天的青年教师来说十分必要，因为考核和职称评审都有要求。我一度想更换跑道，寻找一些热门课题来研究。但我在内心深处始终无法割舍它，因为我深信这个课题的研究意义。对于我而言，这个课题显得庞大而复杂，我一直想看清，但又未看清，这吸引着我继续前行。我在学术上的坚持也受益于李老师的言传身教。毕业后每一次与李老师的相聚，都让我受益良多，令我倍感珍惜，而李老师殷切的关怀也成为我在学术上砥砺前行的动力源泉。

为完成博士学位论文，我曾在马来西亚的吉隆坡、槟城和柔佛州的居銮进行田野调查。我在柔佛州居銮，也是我的马来西亚合作导师何国忠博士的选区，全程观察了第十二届全国大选。在马来亚大学中国研究所访学的一年中，我结识了很多热心的老师和朋友。感谢中国研究所两任所长何国忠博士、杨国庆博士的指点和帮助，没有他们的热情相助，我很难顺利完成论文的资料收集工作和实地考察任务。感谢华社研究中心时任主任文平强教授、拉曼大学中华研究院张晓威院长和黄文彬副院长在资料收集和论文写作过程中的热心帮助和无私支持。感谢方奕鸿、邵颖、王晨、Ng

Fook Tim、颜湫霞和李艳萍等好友对我在学习和生活上的诸多帮助和照顾。

2009 年博士毕业后，我来到广东工业大学工作。从学生到老师，从综合性大学到以工科为主的大学，可以说整个环境和学术资源有了较大的改变。由于深感博士期间的课题没有做完，于是我通过申请，经过层层选拔来到中国社会科学院民族学与人类学研究所，跟随曾少聪研究员做博士后研究。曾老师不论在为人还是做学问上，都对我悉心教导，令我受益匪浅。对于博士后报告的选题，曾老师鼓励我要视野开阔，将新加坡、缅甸的民族国家建构纳入研究，但固执的我认为马来西亚民族国家建构还没有做完，希望继续推进。非常感谢曾老师的宽容，允许偏执的我继续研究，但事实证明曾老师的判断十分准确，曾老师认为在博士学位论文的基础上再进行研究是十分困难的，在研究过程中，我遇到了前所未有的困难，但是曾老师竭尽全力相助，不论是在民族学知识的学习上，还是在论文观点的提炼、修改上，无一不给予耐心的指导和帮助。

在博士后课题行将结束之际，恰巧是中美关系处在转折关头，我在广东工业大学一直主讲《中美关系与大国政治》课程，深感自身知识储备不足和对美国了解得不够深入，于是我向国家留学基金委提出申请到美国访学。美国访学一事得到了美国加州大学洛杉矶分校亚太中心主任，也是美国国家科学院院士、美国艺术与科学院院士周敏教授的大力支持。我整个 2020 年都待在美国，这是新冠肺炎肆虐全球的一年，我也看到了与平时不一样的美国。这里法律上提倡人人平等，与倡导马来人优先的马来西亚极为不同，但是这一年美国爆发了"黑命贵"运动，并迟迟没有得到解决。这不由得让我比较起美国和马来西亚的民族国家建构情形，比较起两个国家华人的异同，为我下一阶段的研究奠定了基础。在美国访学期间，我参与了周老师所有的本科生和研究生课程，并向周老师请教了西方学术界近期有影响的民族国家建构理论，特别是安德烈亚斯·威默的理论。我后来将安德烈亚斯·威默的理论与马来西亚民族国家建构研究相结合，形成了一些拙见。

十七年来主要做一个课题，个中的艰辛只有自己知道。我经常是三年不发表一篇文章，时间一久，在华侨大学教书的游国龙师兄问我，是不是不做马来西亚研究了？我说还在做，只是进展缓慢。与我同是做马来西亚研究，也是我的授业老师的范若兰教授一次在学术会议上也鼓励我坚持做下去，并建议我做比较研究，这应该是范老师看我好久不发表文章，以为我放弃了。师友的关怀对正在艰难跋涉的我来说是弥足珍贵的。

　　感谢中山大学硕士生导师袁丁教授多年来对我的关怀和指导。袁老师一再提醒我博士学位论文的写作是进入学术研究领域非常重要的一步，要走好这一步。感谢张锡镇、杨保筠、张玉安、王希恩、王建娥、曾玲、吴小安、石沧金、韦民等诸位先生的悉心指导。诸位先生在博士、博士后论文开题或者学术会议上，对我的研究提出了很多极其宝贵的意见，并且还用他们深厚的学养、谦和的为人影响我，让我受益良多。

　　感谢中国社会科学出版社编审，同时也是做马来西亚研究的同辈学人宋燕鹏的支持和帮助，本书在申请国家社科后期资助时得到了出版社的大力推荐。

　　感谢广东工业大学通识教育中心领导多年的支持和理解，放任我信马由缰，按照自己的兴趣开展研究。

　　感谢家人多年来对我的理解和支持。夫人在自己繁重的工作之余，尽所能支持我的工作和学习，有了夫人的陪伴，一切都是值得的。博士毕业后与自己课题同时成长的还有女儿，看到女儿一天天长大，深感欣慰，觉得所有的辛苦都不足为道。父亲、母亲对我的工作、学业，总是给予他们最大限度的支持，让我常感幸福，也常怀愧疚。家人让我在温暖的环境中潜心工作、学习。

　　所有的帮助我都将铭记在心，它们将成为我继续前进的动力！

齐顺利
2023 年 7 月 22 日